G H I J K L M
nopqrstuvwxyz abcdefghijklmnopqrstuvwxyz abcdefghijklm
z
pqrstuvwxY
JKLMNOPQRSTUVWXYZ ABCDEFGHIJKLMNOPQRSTUVWXYZ
U V W X Y Z

le Larousse des enfants

texte de simone lamblin
illustration de marianne gaunt

LAROUSSE – FRANCE LOISIRS

Qu'y a-t-il dans ce livre?

La mise en pages du présent ouvrage
a été réalisée par Frédérique Longuépée
d'après des maquettes de Henri Serres-Cousiné

Librairie Larousse (Canada) limitée, propriétaire pour le Canada des droits d'auteur et des marques de commerce Larousse.
Distributeur exclusif au Canada : les Éditions Françaises Inc., licencié quant aux droits d'auteur et usager inscrit des marques pour le Canada.

ISBN 2-7242-0783-1

Un dictionnaire pour tous les goûts, pour les petits et les plus grands

Des images

En feuilletant ce grand album en couleurs, on voit toutes sortes d'images de plantes, d'animaux, d'objets, de machines, avec leur nom et des explications qui permettent de mieux les connaître.

Un arbre, par exemple, tu sais ce que c'est et tu reconnais le dessin qui le représente.

Le dictionnaire montre comment on écrit le mot « arbre ».

Il dit comment l'arbre vit, avec ses racines, son tronc, ses branches, ses feuilles.

Tu peux chercher dans le livre les mots « racine », « tronc », « branche », « feuille », et tu apprendras encore d'autres choses.

Tu verras aussi deux pages en couleurs pleines d'arbres différents, grands ou petits, qui poussent dans notre pays ou dans d'autres parties du monde, et le nom de chaque arbre est écrit à côté du dessin.

D'autres grandes images représentent :

les animaux, les bateaux, les fleurs, les fruits, les insectes, les jeux et les jouets, les légumes, les machines et les outils, les maisons, les oiseaux, un paysage, les poissons, les saisons, les sports, les vêtements, les voitures.

Des réponses à tes questions

Le dictionnaire répond à tes questions : Qu'est-ce qu'un aquarium? À quoi sert une bêche? D'où vient la pluie? Comment fait-on une omelette? Avec quoi fait-on le café? Que fait-on avec une règle? Comment fabrique-t-on le papier?

Tu trouveras la réponse en regardant les images et en lisant les phrases imprimées sous les mots « aquarium », « bêche », « pluie », etc.

Toute une famille et des amis

Il y a beaucoup de monde dans ce dictionnaire, toute une famille que tu apprendras à connaître :

d'abord Sophie et Marc, qui sont des enfants comme toi, et puis leur grande sœur Marie, Éric, leur frère aîné, et leur petit frère Thomas;

leur père et leur mère, les grands-parents, oncle Albert, tante Clara et le cousin Arnaud; les amis, Nathalie, Nicolas, Isabelle, Philippe, Aline, Robert, la voisine, la maîtresse; les commerçants du quartier, les gens qui travaillent dans la rue, dans les champs, au bureau et à l'atelier, sur les chantiers...

Chacun a son caractère, ses petites histoires, ses activités. Ils racontent ce qu'ils font chaque jour, à la maison, à l'école, au travail, en vacances.

Comment trouver un mot

Un dictionnaire, c'est surtout un livre qui aide à connaître les mots, à comprendre ce qu'ils veulent dire et comment on peut s'en servir pour parler et pour écrire.

Ce livre commence par l'alphabet; avec ses vingt-six lettres, on peut écrire tous les mots.

Quand on sait l'alphabet par cœur, on peut chercher ce qu'on veut dans le dictionnaire parce que les mots y sont rangés de la même façon : d'abord les mots qui commencent par la lettre « a », puis ceux qui commencent par un « b », par un « c » ... jusqu'à la fin, où l'on trouve « x », « y » et « z ».

Mais tous les mots qui commencent par un « a » ne sont pas à la même page. Avant « arbre », par exemple, on trouve des mots qui commencent par « ab », « ac », « ad », etc., jusqu'à « ar » : arbre.

Et c'est la même chose pour la troisième lettre du mot que tu cherches, et pour la quatrième, la cinquième, et toutes les lettres s'il en a beaucoup.

Cela paraît compliqué la première fois, mais ce n'est pas si terrible que ça et on s'y habitue vite.

Mais comment ça s'écrit?

Il faut tout de même faire attention à une chose : c'est qu'il y a des mots qui commencent par une lettre, alors qu'on croyait qu'ils commençaient par une autre!

Les mots « haricot », « hibou », « hôtel » ont l'air de commencer par un « a », un « i », un « o », quand on les entend; mais ils ont tous les trois un « h » comme première lettre : c'est donc à la lettre « h » qu'il faut d'abord chercher.

Voici quelques mots à surveiller de près :

éclair — aiguille — hérisson
auto — eau — haut — hôtel — oreille
carré — Christine — képi — quai
facile — phare
silence — cigogne...

Tu en découvriras d'autres toi-même.

Les faux frères

Connais-tu des mots qui sont tout à fait pareils, mais qui ne veulent pas dire la même chose?

Qu'est-ce qu'un mousse? la mousse? de la mousse?
La glace? une glace? de la glace?
Un livre? une livre? un moule? une moule?
Un manche? une manche?

Et ceux qui ont presque le même son et qui ne s'écrivent pas de la même manière :
ver, vert, vers, verre...
mer, mère, maire...

Cherche-les et tu t'amuseras à faire des « jeux de mots » en les mettant ensemble dans des phrases très difficiles à comprendre! Cela fera des devinettes pour tes amis.

À quoi servent les mots?

Les mots du dictionnaire servent à nommer ce que nous voyons autour de nous : un garçon, une femme, le chien, l'auto, la maison, la neige... Ces mots sont des **noms.**

Il y en a d'autres pour montrer comment sont les choses ou comment nous les voyons : grand ou petit, lourd ou léger, rouge, noir, utile, désagréable, drôle, terrible sont des mots qu'on appelle des **adjectifs.**

Les mots pour dire ce qu'on fait, ce qu'on sent, ce qui vous arrive s'appellent des **verbes** : aller, venir, parler, manger, rêver, dormir, être, faire...

Beaucoup de noms, d'adjectifs, de verbes sont expliqués dans ce dictionnaire : en lisant les phrases, tu comprendras ce qu'ils veulent dire et tu verras qu'on peut les utiliser de plusieurs façons. Il existe souvent deux ou trois mots pour dire la même chose : enlever = ôter; commencement = début; finir = terminer, etc. Mais il y a aussi des mots qui ont deux ou trois sens différents : le verbe « passer » en a plus de dix (passer dans la rue, passer le temps, passer par la tête, passer le sel, passer un examen, etc.).

Et puis nous nous servons encore d'autres mots, chaque jour, en parlant, sans y faire attention : **le, la, les, une, des, qui, quoi, mon, ton, je, moi, vous, et, mais...** Tout seuls, ils ne veulent pas dire grand-chose, mais ils vont avec les noms et les verbes, et l'on ne peut pas faire de phrases sans eux.

Tu rencontreras ces mots-là à toutes les pages, à toutes les lignes, mais c'est à la fin du livre qu'on les a mis ensemble, avec le jeu des questions :

Qui parle? À qui parle-t-on? et de quoi? Où? Quand? Comment? Combien? Pourquoi? Oui ou non?

La vie des mots

Les mots ont une histoire : ils changent, on les oublie, on en invente de nouveaux. Nous avons vu que certains se ressemblent et c'est quelquefois par hasard; mais il y a aussi des **familles** de mots.

Voici deux exemples :

bon**heur**	**terr**e
mal**heur**	en**terr**er
mal**heur**eux	dé**terr**er
mal**heur**eusement	**terr**ier
heureux	**terr**ain
heureusement	**terr**asse
	at**terr**ir
	at**terr**issage

Dans les mots de chaque famille, il y a une partie qui reste la même, mais en changeant le début ou la fin, on trouve un mot nouveau : faire, défaire, refaire. Tu verras que tu connais beaucoup de familles de mots comme celles-là.

Les mots de ce dictionnaire sont souvent réunis par familles. Quand on les voit ensemble, on comprend mieux ce qu'ils veulent dire; on se rappelle aussi plus facilement comment ils s'écrivent.

Si tu sais très bien te servir du dictionnaire, tu pourras t'amuser à chercher les mots qui vont ensemble : jambon et enjamber vont avec **jambe**; illumination va avec **lumière**; hérisser va avec **hérisson**; machin avec **machine**.

C'est un jeu difficile, parce que les mots de la même famille ne commencent pas forcément par les mêmes lettres. Et puis, les mots sont très vieux, ils servent depuis longtemps; alors, souvent, ils ont perdu des lettres ou bien ils ont un peu changé de forme : affamé va avec **faim**; nouer et dénouer avec **nœud**...

Regarde à la fin du livre, pages 319 et 320, la liste de mots ajoutés. Tu sauras où les trouver et tu comprendras aussi comment se font les « familles ».

Jouer avec les mots

Les mots, c'est un grand jeu pour les enfants qui n'ont pas les yeux dans leur poche et qui ouvrent bien leurs oreilles.

Vive les jeux de mots, la poésie, les charades, les mots croisés, les calligrammes, les comptines, les rébus, les devinettes!

mon premier est ce que fait mon tout s'il attrape mon second
mon second est un prénom féminin
mon tout est très dangereux, même quand il pleure!

Retourne le livre et tu auras la solution

croque-Odile   crocodile

Ma chère Sophie, comment vas-tu ? Il y a un oiseau qui chante sur le toit ; mais je ne comprends pas ce qu'il dit. A bientôt, Aline

Calligramme

image, agité, théâtre, attraper, péniche, niche à chien, chien méchant, chanter, thé au lait, laitue, tunnel, élastique, ticket, képi, pyramide, idée, déraille, aïe, aïe, aïe !

Retourne le livre et tu auras la solution

on ne fait pas d'omelette sans casser des œufs

A a

abandonner
J'ai trouvé un chien qui était tout seul;
il avait l'air perdu : il était **abandonné.**
Quand on **abandonne** quelque chose,
on le laisse parce qu'on n'en veut plus.
Marc essaie de dessiner le chien,
mais c'est difficile :
« Continue, Marc, dit Arnaud,
n'**abandonne** pas ton dessin,
tu réussiras! »

abat-jour
L'**abat-jour** est posé sur la lampe;
il empêche la lumière de l'ampoule
de nous faire mal aux yeux.

abattre
Pour démolir la vieille maison,
les ouvriers **abattent** les murs :
ils les font tomber par terre
en les cassant avec leurs outils.
Marie sait bien jouer aux quilles :
elle en a **abattu** cinq d'un coup
en les renversant avec sa boule!

abeille
L'**abeille** est un insecte jaune et brun
qui vole. C'est elle qui fabrique le miel
avec ce qu'elle prend dans les fleurs.
Les **abeilles** vivent en groupe
dans une ruche, avec leur reine.

abîmer
Sophie n'a pas fait attention,
elle a sali son livre,
elle a déchiré sa robe,
elle a cassé sa poupée : tout est **abîmé.**

abonner
Nous recevons le journal par la poste
parce que nous sommes **abonnés.**
Maman a donné de l'argent d'avance
pour qu'on nous envoie chaque numéro :
elle a payé notre **abonnement** pour un an.

aboyer
Le chien ne peut pas parler,
mais on entend sa voix quand il **aboie.**
Le cri du chien est un **aboiement.**

abri
Les voyageurs attendent le car
sous un **abri,** qui les protège
de la pluie ou du grand soleil.
Un **abri** est une petite construction
avec des murs et un toit.
« Il pleut, viens **t'abriter**
sous mon parapluie;
comme ça, tu ne seras pas mouillée :
tu seras **à l'abri** de la pluie. »

abricot
L'**abricot** est le fruit de l'arbre
qui s'appelle l'**abricotier.**

absent
Nathalie n'est pas à l'école ce matin :
elle est **absente,** elle n'est pas là.
« Je sors un moment, dit Maman;
je **m'absente,** je reviendrai bientôt.
Soyez sages pendant mon **absence.** »

absolument
«C'est mercredi aujourd'hui.
— Tu en es sûre?
— Oh! oui, tout à fait!
j'en suis **absolument** sûre. »

accent
Les **accents** sont des petits signes
qu'on met sur les lettres *a, e, i, o, u.*
Connais-tu l'**accent** aigu : *é*?
l'**accent** grave : *è*?
l'**accent** circonflexe : *ê*?
On ne dit pas de la même façon
la lettre *e* dans *é*pi et dans ch*è*re;
la lettre *o* dans c*o*l et dans c*ô*te.
Apprends à bien **accentuer** les mots.

accepter
Quand on te demande
de faire quelque chose, si tu dis : « Oui,
je veux bien », tu **acceptes;**
mais, au contraire, si tu dis : « Non »,
tu refuses.

accident
Marc est tombé de bicyclette :
il a eu un **accident**
et il s'est fait très mal au genou.
Le voisin a eu un **accident** d'auto :
sa voiture est tombée dans un fossé,
on l'a transporté à l'hôpital
parce qu'il est blessé
et la voiture **accidentée** est au garage :
elle est abîmée, il faut la réparer.

accompagner
Tu sors? Je vais avec toi :
je t'**accompagne.**
Marie restera avec les enfants
pour qu'ils ne soient pas seuls :
elle leur tiendra **compagnie.**
Sophie joue avec ses amies de l'école :
avec ses **compagnes.**

accord (d')
Philippe et Arnaud s'entendent bien,
ils sont toujours **d'accord,**
toujours du même avis :
« Tu reviens demain? — Oui, **d'accord,**
c'est entendu, je veux bien. »

accrocher
Pendant que je grimpais à l'arbre,
une branche m'a **accroché** :
elle s'est prise dans mes habits;
alors j'ai voulu l'enlever,
mais en essayant de la **décrocher...**
crac! j'ai fait un **accroc** à ma culotte :
l'étoffe s'est déchirée
et ça fait un trou!
Le tableau est **accroché** au mur :
il est pendu à un clou
ou à un crochet.

accroupir (s')
Marc s'est **accroupi** sur le tapis :
il est assis sur ses talons.

accuser
« Qui a renversé le lait?
— C'est le chat!
— Qui a mangé la crème?
— C'est le chat! »
On **accuse** toujours le chat :
on dit toujours que c'est lui
qui fait les bêtises...

acheter
Je vais chez le boulanger **acheter** du pain
pour le goûter : pour payer le pain,
je lui donnerai de l'argent.
Quand on **achète** quelque chose,
on donne de l'argent en échange.

acide
Les fruits qui ne sont pas mûrs
ont un goût **acide,**
mais les citrons sont toujours **acides.**
Aimes-tu les bonbons **acidulés?**

acrobate
Au cirque, on voit des **acrobates**
qui sautent et qui grimpent à la corde.
Les pilotes peuvent faire aussi
des **acrobaties** en auto, en avion
ou à motocyclette :
ce sont des exercices
difficiles et souvent dangereux.

acteur
Les personnes qui jouent la comédie
au théâtre, au cinéma ou à la télévision
sont des **acteurs** et des **actrices.**

action
Chaque fois que tu fais quelque chose,
tu fais une **action,** tu **agis;**
marcher, travailler, jouer, courir
sont des **activités.**
Les gens **actifs** sont toujours occupés,
ils ont beaucoup d'**activité.**

addition
Deux souris vertes,
et puis encore deux souris vertes,
ça fait combien de souris en tout?
2 + 2 = 4 (deux plus deux égale quatre) :
nous avons fait une **addition.**
Et si tu **additionnes**
deux souris et deux crocodiles,
cela fait quatre quoi?

adolescent
Arnaud est un **adolescent,**
et Marie est une **adolescente** :
ils ne sont plus des enfants,
et ils seront bientôt des adultes.

adopter
Tu sais que nous avons un chien?
Comme il était abandonné,
nous avons décidé de l'**adopter** :
nous l'avons pris chez nous
pour nous en occuper,
ainsi, il a une nouvelle famille.

adresse
« Quand j'écris à tante Clara,
je mets son **adresse** sur l'enveloppe.
— N'oublie pas d'écrire aussi
ton **adresse** au dos de l'enveloppe :
ton nom, le numéro de ta maison,
le nom de la rue où tu habites,
le numéro et le nom de ton pays... »

adroit
Arnaud répare tout dans la maison;
il nous a fait de jolis découpages,
il sait se servir de ses mains :
il est **adroit!**
Sophie aussi est **adroite :**
elle gagne souvent aux fléchettes
et aux autres jeux d'**adresse.**
Marc, au contraire, est souvent
maladroit : il a renversé son verre
et il ne sait pas bien viser.

adulte
Les grandes personnes sont des **adultes** :
elles ne sont plus des enfants
ni des adolescents,
car elles ont fini de grandir.

affaires
Maman dit souvent : « Range tes **affaires** ! »,
parce que je laisse traîner mes jouets,
mes vêtements, mes livres,
toutes les choses dont je me sers.

affiche
Dans la rue, on voit des **affiches** :
ce sont de grandes feuilles de papier
avec des images qui montrent
les choses qu'on peut acheter.
Le colleur d'**affiches**
monte à l'échelle pour les coller,
les **afficher** sur le mur.
Quand les **affiches** sont très grandes,
il les colle en plusieurs morceaux.

affreux
Il pleut, il fait froid,
c'est désagréable : quel temps **affreux!**
La figure de l'ogre est **affreuse** :
elle est vraiment vilaine à voir.

âge
« Quel **âge** as-tu? — J'ai sept ans :
je suis **âgé** de sept ans,
il y a sept ans que je suis né.
Ma sœur a deux ans de plus que moi :
elle est plus **âgée** que moi.
Ma grand-mère est très **âgée** :
elle est vieille. »

agent
L'**agent** est debout au carrefour,
avec son képi et ses gants blancs,
il surveille la circulation.

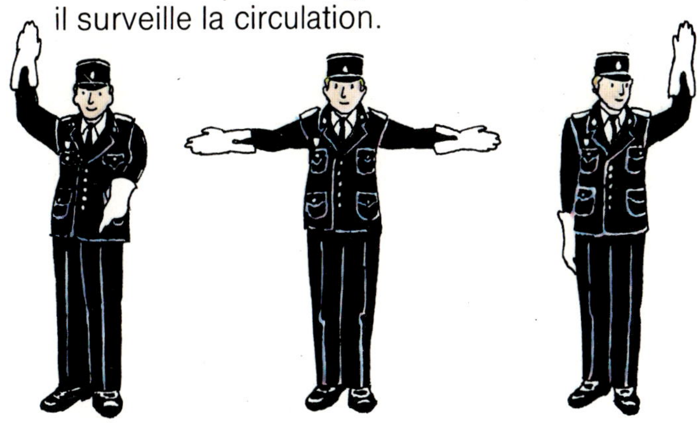

agiter
Le vent fait bouger les feuilles :
il les **agite.**
Bébé **s'agite** dans son berceau :
il remue les bras et les jambes.

agréable
Ce qui fait plaisir est **agréable** :
rencontrer des amis, se promener,
se baigner quand il fait chaud...,
mais c'est **désagréable** d'être enrhumé,
surtout pendant les vacances!

agriculteur
Mon oncle travaille dans les champs,
il est **agriculteur** :
il laboure, il sème, il cultive la terre,
il fait de l'**agriculture.**
L'été, il paie des ouvriers **agricoles**
pour l'aider à faire la moisson.
Il a une charrue, une moissonneuse
et d'autres machines **agricoles**
utiles pour son travail.

aider
Éric m'a demandé de l'**aider**
à laver l'auto : je la lave avec lui.
Quand je n'arrive pas à finir un devoir,
je demande de l'**aide** à Éric :
il m'explique et cela va mieux.
Le travail est vite fait quand on **s'entraide** :
quand on **s'aide** les uns les autres.

aigle
L'**aigle** est un très grand oiseau
qui a un bec crochu et de larges ailes.
Il fait son nid sur les montagnes
et ses petits s'appellent des **aiglons**.

aiguille
L'**aiguille** est en métal;
elle est fine et pointue.
À un bout, elle a un trou
par lequel on fait passer le fil.
Marie sait faire du tricot
avec deux **aiguilles à tricoter**.
La montre a deux **aiguilles** :
une petite pour marquer les heures
et une grande pour indiquer les minutes.
Les **aiguilles** du sapin et du pin
sont de petites feuilles pointues.
Les abeilles et les guêpes piquent
avec un **aiguillon** pointu
qui leur sert à se défendre.

aile
Les oiseaux ont deux **ailes**
qu'ils agitent pour voler.
Il y a aussi des insectes **ailés**.
L'avion vole sans remuer ses **ailes**.

aimant
Un **aimant** est un objet en métal
qui attire les clous, les épingles :
quand on approche l'**aimant**,
ils viennent se mettre tout contre lui.
Tu feras des expériences amusantes
avec des **aimants** et des objets **aimantés**.

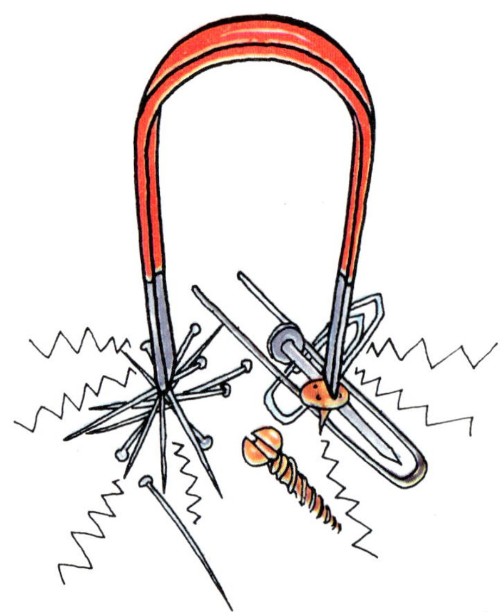

aimer
Je suis content quand Maman est là
parce que je l'**aime** :
j'ai envie de lui faire plaisir.
C'est bon de se sentir **aimé.**
J'**aime** bien aussi ce qui m'amuse
et tout ce qui est agréable.
Isabelle a un **amoureux** : c'est Philippe;
il est heureux quand il la voit.
Regarde comme ils s'embrassent,
ils ont vraiment de l'**amour**
l'un pour l'autre!
Peut-être qu'ils se marieront?

aîné
Ma sœur Marie est plus âgée que moi :
c'est ma sœur **aînée.**
Éric est l'**aîné** de la famille :
il est né le premier de nous tous.

air
Quand je respire,
l'**air** entre dans mon corps.
L'**air** ne se voit pas, mais on le sent
quand il bouge : dans la maison
cela fait un **courant d'air,**
et dehors cela fait du vent.
Maman ouvre les fenêtres pour **aérer** :
pour changer l'**air** de la maison.
« Lève la tête : regarde **en l'air,**
vois-tu l'avion qui descend?
Il va se poser sur l'**aérodrome,**
qui est la gare des avions.
As-tu déjà vu le métro **aérien?**
C'est celui qui roule
sur un pont au-dessus des rues. »
Je connais l'**air** d'*Au clair de la lune,*
mais j'ai oublié les paroles :
l'**air** est la musique de la chanson.
« Sophie, chante-nous un petit **air.** »
Philippe **a l'air** heureux :
on voit qu'il est bien content.
La chatte **a l'air de** dormir :
on croirait qu'elle dort, mais non,
elle surveille ses petits
sans en avoir l'air.

ajouter
« Puisque Philippe dîne avec nous,
il faut **ajouter** une assiette :
mets-en encore une sur la table.
Si la compote est acide,
mets-y un peu plus de sucre :
ajoute une cuillerée de sucre en poudre. »

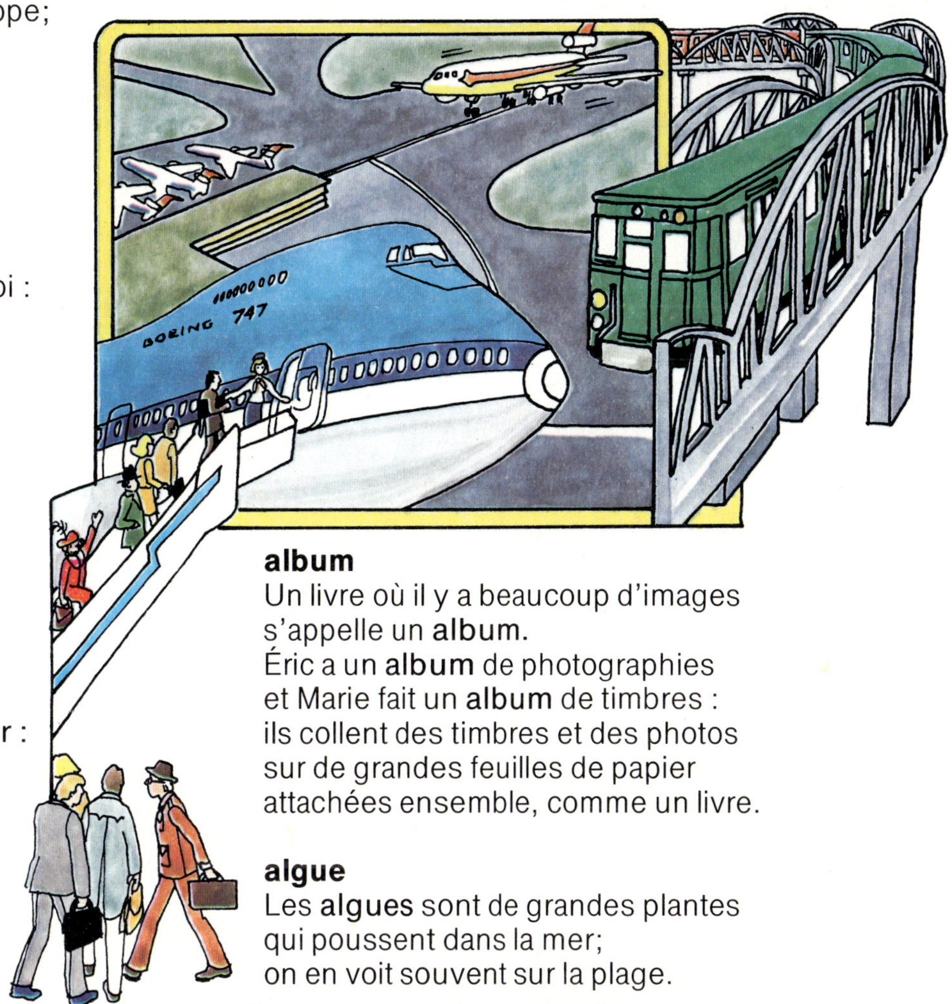

album
Un livre où il y a beaucoup d'images
s'appelle un **album.**
Éric a un **album** de photographies
et Marie fait un **album** de timbres :
ils collent des timbres et des photos
sur de grandes feuilles de papier
attachées ensemble, comme un livre.

algue
Les **algues** sont de grandes plantes
qui poussent dans la mer;
on en voit souvent sur la plage.

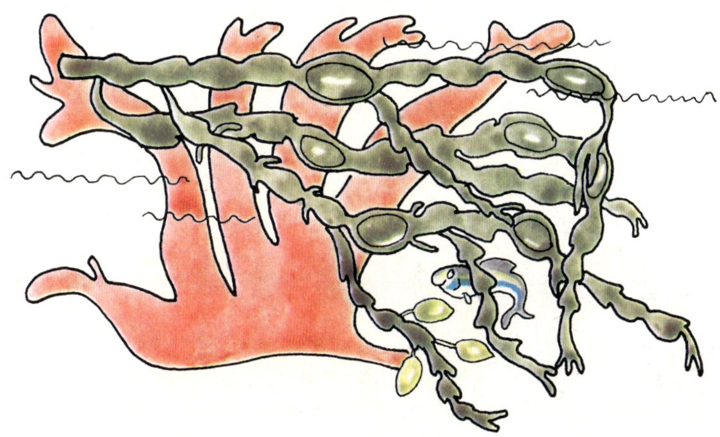

aliment
Les choses que nous mangeons
sont des **aliments** : le pain, la viande,
les légumes servent à nous nourrir,
à **alimenter** notre corps.
Ce sont des « produits **alimentaires** »,
qu'on achète dans les boutiques
et dans les magasins d'**alimentation.**

allée
Les **allées** du jardin sont des chemins
bordés d'arbres ou de plantes
et où l'on peut se promener.

aller
« C'est l'heure de partir :
il faut **aller** à l'école.
Sophie, **va** t'habiller!
J'**irai** vous chercher à midi.
Papa **va** partir aussi : il **s'en va,**
il faut qu'il **aille** travailler.
Sortons tous, **allons-nous-en.** »
Marie a mis son bonnet rouge,
il **va bien** avec son manteau :
les couleurs s'accordent bien.
« Bonjour! comment **allez**-vous?
— Ça **va bien,** merci, et vous?
— Tout le monde est en bonne santé. »

allonger
Quand je tire sur un élastique,
il **s'allonge** : il devient plus long.
Si mon pantalon est trop court,
il faut **allonger** les jambes
en défaisant les ourlets.
Marc **s'allonge** pour se reposer :
comme on est bien, **allongé** sur l'herbe,
couché de tout son long!

allumer
Pour **allumer** du feu dans la cheminée,
on approche une flamme du bois
et alors il commence à brûler.
Les **allumettes** sont de petits bâtons
qui font une flamme
quand on les frotte sur leur boîte;
elles servent à **allumer** le gaz,
le poêle ou les cigarettes.
On **allume** aussi avec un briquet.
Pour **allumer** l'électricité,
j'appuie sur un bouton
et voici la lumière!

alouette
L'**alouette** est un petit oiseau
qui vit dans les champs.
Elle s'envole en montant tout droit
vers le ciel, en chantant.

alphabet
Je peux écrire tous les mots
avec les 26 lettres de l'**alphabet** ;
a b c d e f g h i j k l m n o p
q r s t u v w x y z.
Les mots du dictionnaire sont rangés
comme les lettres de l'**alphabet** :
ils sont dans l'ordre **alphabétique.**
Si tu veux chercher un mot
qui commence par un *z,* comme « zoo »,
regardes-tu au début ou à la fin
du dictionnaire?

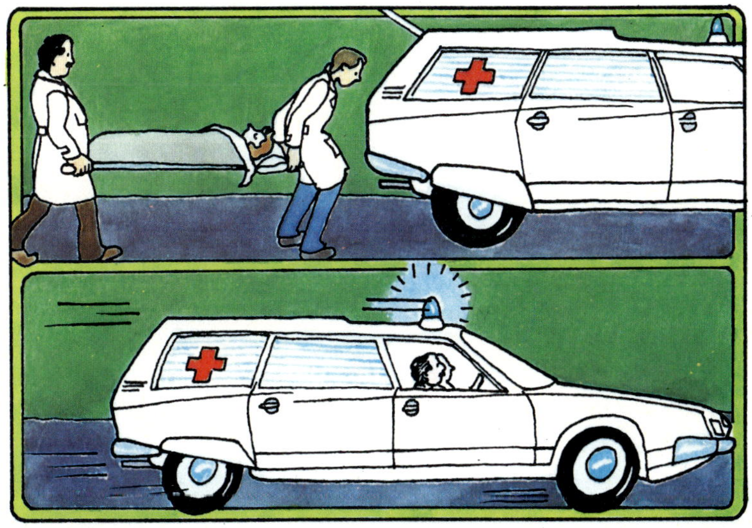

ambulance
L'**ambulance** est une voiture
où l'on peut allonger les malades
pour les transporter à l'hôpital.
Elle a un klaxon et une lumière bleue
pour que les autres autos
la reconnaissent et la laissent passer.

amener
« Si tu viens goûter demain,
tu peux **amener** ton petit frère :
il sera content de venir avec toi. »

amer
La bière a un goût **amer** :
Philippe et Arnaud l'aiment bien;
Marc n'aime pas les choses **amères.**
Le cacao sans sucre est **amer** aussi.

ami
Nicolas est mon meilleur **ami** :
c'est mon copain, je l'aime bien,
nous nous amusons souvent ensemble
et nous partageons tout.
Maman a reçu une carte de son **amie**
Aline, et à la fin de la carte il y avait :
« Mes **amitiés** aux enfants » :
ça veut dire qu'Aline pense à nous.

ampoule
L'**ampoule électrique** est en verre,
et dedans il y a un fil en métal
qui devient lumineux
quand on allume l'électricité.
Le docteur m'a donné un médicament
enfermé dans de petits tubes en verre
qu'on appelle aussi des **ampoules.**
Mes chaussures neuves me font mal :
j'ai une **ampoule** au talon : une cloque.

amuser
Éric nous fait rire : il nous **amuse**
en nous faisant des grimaces.
Philippe et Sophie **s'amusent**
avec le chien : ils jouent avec lui.
Marie ne peut pas s'empêcher de rire :
l'histoire qu'elle lit est si **amusante!**

koala
baleine
singe
cerf
éléphant
zèbre
chameau
girafe
rhinocéros
hermine
renard
ours
raton laveur
hippopotame
lion
kangourou
lionne
léopard
phoque
porc-épic
blaireau

écureuil
bélier
moineau
pigeon
oie
oisillons
porcelet
brebis
agneau
truie
chien
dindon
pintade
dinde
lapin
souris
âne
cheval
chèvre
chat
vache
canard
poule
veau
coq

ananas
L'**ananas** est un gros fruit parfumé
qui pousse dans les pays chauds.

ancien
Sophie a reçu de nouveaux jouets,
mais elle aime encore les **anciens** :
ceux qu'elle a depuis longtemps.
Éric regrette notre **ancienne** maison :
celle où nous habitions avant;
mais moi je préfère la nouvelle.

âne
Les **ânes** sont des animaux domestiques,
souvent gris, avec de longues oreilles.
Ils peuvent tirer des charrettes
ou porter des sacs sur leur dos.
Le petit de l'**âne** et de l'**ânesse**
s'appelle un **ânon.**

regarde l'image des animaux pages 18 et 19

animal
L'âne, le chien, la mouche, le poisson,
l'oiseau, la baleine sont des **animaux.**
L'**animal** est vivant, comme nous :
il peut changer de place, marcher,
nager, voler ou ramper.
Quand on le touche, il le sent.
Les **animaux** ont des petits
qui leur ressemblent en grandissant.

anneau
Sophie s'est fait une bague
avec un **anneau** en métal.
Un **anneau** est un objet rond
qui est tout vide au milieu.
Une chaîne est faite avec des **anneaux.**

année
J'ai sept **ans** : cela veut dire
que j'ai déjà vécu pendant sept **années.**
Un **an** (ou une **année**) dure douze mois,
ce qui fait trois cent soixante-cinq jours.
La Terre met tout ce temps-là
à tourner autour du Soleil.
L'**année** commence le 1er janvier :
ce jour-là on fête le **nouvel an**
en souhaitant une **bonne année**
à sa famille et à ses amis.

anniversaire
Aujourd'hui, c'est mon **anniversaire :**
il y a sept ans que je suis né.
C'est pour ça qu'il y a sept bougies
sur mon gâteau d'**anniversaire.**
L'année prochaine, il y en aura huit
puisque j'aurai un an de plus!

annoncer
Savez-vous ce qui va arriver?
je vais vous le dire :
je vous **annonce** une grande nouvelle;
Arnaud va venir habiter chez nous!

anorak
Pour l'hiver, j'ai une veste
chaude et imperméable
qu'on appelle un **anorak;**
mon **anorak** a un capuchon
pour protéger ma tête quand il pleut.

anse
Je tiens le panier par son **anse :**
c'est une sorte de grande poignée
qui sert à le porter.
Quand je bois dans une tasse,
je la tiens aussi par son **anse.**

antenne
Regarde bien cet insecte,
il a deux petites tiges très fines
sur la tête : ce sont ses **antennes;**
elles lui servent à sentir
et à trouver son chemin.
Les **antennes** qu'on voit sur les toits
sont en métal et servent à la télévision.
Il y a aussi une **antenne** sur les autos
qui ont un poste de radio.

apercevoir
Il y a quelqu'un là-bas,
mais je ne le vois pas bien
parce qu'il est loin : je l'**aperçois.**
J'ai **aperçu** Philippe hier :
je ne l'ai pas vu longtemps,
il n'est resté que cinq minutes!
En arrivant à l'école,
je **m'aperçois** que je n'ai pas mon livre :
je l'ai oublié à la maison.
La maîtresse a bien vu
que j'étais un peu étourdi :
elle s'en est déjà **aperçue!**

apparaître
Voici le soleil qui brille!
Il **apparaît** entre les nuages :
on commence à le voir.
Mais il n'a fait qu'une **apparition,**
et je ne le vois déjà plus :
il a **disparu.** Le ciel est gris.

appareil
Une balance, un thermomètre,
une montre sont des **appareils :**
un **appareil** est un objet fabriqué
avec plusieurs morceaux assemblés
pour servir à quelque chose.
L'aspirateur marche à l'électricité :
c'est un **appareil électrique.**
Éric a un **appareil photographique.**
« Allô, qui est à l'**appareil?** »
Le téléphone aussi est un **appareil.**

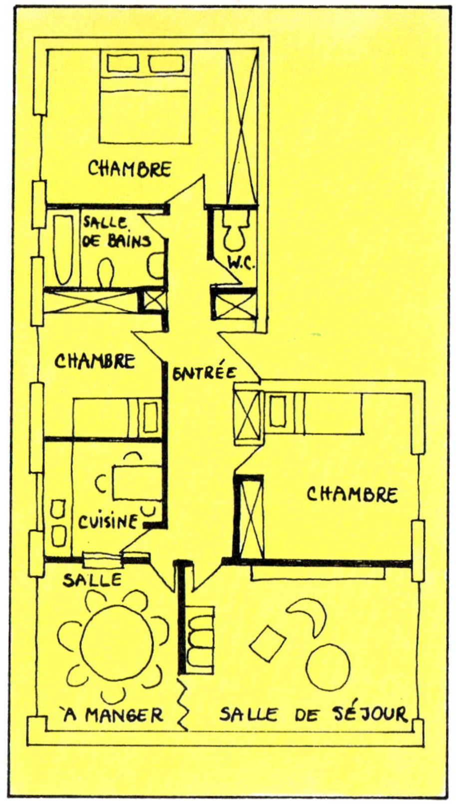

appartement
Les parents de mon amie Nathalie
habitent dans un **appartement** :
plusieurs pièces dans une grande maison;
il y a souvent plusieurs **appartements**
au même étage.
Sais-tu dessiner le plan
de l'**appartement** où tu habites?

appartenir
« À qui est ce livre?
— Il est à moi : il m'**appartient**,
c'est le mien. »

appeler
« Marc! » C'est maman qui m'**appelle**,
alors je réponds : « Oui, je suis là! »
Je **m'appelle** Marc : c'est mon nom.
Il faut chercher un nom pour le chat,
on ne sait pas comment l'**appeler**.
Quand je dis : « Tom, viens ici! »
le chien obéit à mon **appel**.

appétit
Éric mange bien : il a bon **appétit**.
Sophie ne veut pas de soupe :
elle n'a pas d'**appétit**, ce soir;
mais voilà un gâteau **appétissant**,
on a envie d'y goûter,
« Ah! j'ai faim! » dit Sophie.

applaudir
Au théâtre, on criait : « Bravo! bravo! »
et tout le monde **applaudissait**
en battant des mains.
Les acteurs avaient beaucoup de succès :
ils étaient très **applaudis**.
Les **applaudissements**
faisaient beaucoup de bruit.

appliquer (s')
Sophie écrit soigneusement :
elle **s'applique** à bien écrire,
elle fait attention.
Il faut beaucoup d'**application**
pour écrire une page sans fautes!

apporter
Demain, **apporte** ta balle pour jouer :
prends-la avec toi si tu viens.
Moi, j'amènerai mon chien,
nous lui lancerons la balle
et tu verras comme il sait la **rapporter** :
il viendra nous la donner
en la portant dans sa gueule.

apprendre
Je ne sais pas encore monter à bicyclette, mais Éric va m'**apprendre** : il va me montrer comment il faut faire. L'été dernier, j'ai **appris** à nager, il me donnait tous les jours des leçons. Marie **apprend** une poésie : elle la lit en essayant de répéter chaque phrase sans regarder le livre. C'est long, mais bientôt elle la saura par cœur. Je ne savais pas qu'Aline allait venir, mais Sophie me l'a dit tout à l'heure : c'est elle qui m'a **appris** la nouvelle. Philippe voulait être mécanicien, il a **appris** son métier dans un atelier où il travaillait comme **apprenti** : un **apprenti** est celui qui **apprend** à travailler avec ses mains. Maintenant il a fini son **apprentissage** : il sait bien réparer les machines.

apprivoiser
Un oiseau vient tous les jours manger du pain sur ma fenêtre, il me connaît : il est **apprivoisé**. Au début, il avait peur de moi, mais j'ai mis des miettes pour lui, en essayant de ne pas l'effrayer, parce que je voulais l'**apprivoiser**. Les animaux domestiques **s'apprivoisent** facilement, mais il faut beaucoup de patience pour approcher une bête sauvage.

approcher
L'oiseau **s'approche** de Sophie : il vient tout près d'elle. « Si tu as froid, Marc, **approche-toi** du poêle. »

appuyer
Je pose ma bicyclette contre le mur : je l'**appuie** contre la maison pour qu'elle ne tombe pas. Je sonne à la porte en **appuyant** sur le bouton de sonnette : en poussant dessus avec mon doigt.

après-midi
Entre l'heure du déjeuner et l'heure du dîner, c'est l'**après-midi**. « Nous déjeunons à midi, je viendrai te voir après, dans l'**après-midi**. »

aquarium
À l'école, nous avons des poissons qui vivent dans un **aquarium** en verre : c'est comme un bassin rempli d'eau. Nous y avons mis des petits cailloux et des plantes **aquatiques** : des plantes qui vivent dans l'eau.

chêne
peuplier
laurier
saule
hêtre
houx
platane
érable

leul
bouleau
pin
frêne
châtaignier
cyprès
marronnier

araignée
L'**araignée** est une petite bête
qui a huit grandes pattes.
L'as-tu déjà vue tisser sa « toile »
avec un fil fin comme de la soie?
Elle fabrique ce fil avec sa bouche.
La toile de l'**araignée** est un piège
où elle attrape les mouches
et d'autres insectes pour les manger.

regarde l'image des arbres pages 24 et 25

arbre
C'est beau un **arbre**!
Ses racines s'enfoncent dans la terre,
son tronc monte vers la lumière
et ses branches portent les feuilles
qui lui servent à respirer.
Il nous donne son bois, ses fruits;
il nous abrite du grand soleil.
Les **arbustes** et les **arbrisseaux** sont de
petits **arbres**.

arc
Avec des branches, Marc a fait un **arc**
et des flèches pour **tirer à l'arc** :
pour envoyer des flèches sur une cible.
Si le soleil brille, à travers la pluie,
tu peux voir un **arc-en-ciel;**
il a sept couleurs : violet, indigo, bleu,
vert, jaune, orange et rouge
(l'indigo, c'est une sorte de bleu).

ardoise
Beaucoup de maisons
ont un toit couvert d'**ardoises** :
ce sont des plaques gris foncé
posées les unes à côté des autres.
À l'école, j'écris sur une **ardoise;**
maintenant les **ardoises** des écoliers
sont souvent faites avec du carton.

arête
Quand le poisson est mangé,
que reste-t-il ? Les **arêtes.**
Les **arêtes** sont les os du poisson.

argent
L'**argent** est un métal clair et brillant.
Il sert à faire des bijoux
et beaucoup de choses utiles.
Ce poisson a des écailles **argentées** :
elles ont la couleur de l'**argent.**
On appelle aussi **argent**
les pièces de monnaie et les billets
qui nous servent à payer
quand nous achetons quelque chose.

arme
Les épées, les fusils, les canons,
les revolvers sont des **armes.**
Les hommes ont inventé les **armes**
pour se défendre et pour chasser.
Chaque pays a une **armée** :
c'est un grand nombre de soldats
qui ont des **armes;** ils sont **armés**
pour pouvoir faire la guerre.

armoire
Une **armoire** est un grand meuble
avec des portes. On y range le linge,
les vêtements, la vaisselle...

arracher
Quand on a planté un clou dans le mur,
il faut tirer très fort pour l'**arracher** :
pour le faire sortir du trou
où il est enfoncé.
Papa **arrache** les mauvaises herbes
qui ont poussé dans le jardin.

arranger
« Ma robe est tachée, elle est décousue.
Maman, s'il te plaît, **arrange**-la
pour qu'elle soit comme avant! »
Isabelle met des fleurs dans un vase
en les **arrangeant** bien
pour que cela fasse un joli bouquet.
« Je t'attends pour le dîner,
arrange-toi pour arriver à l'heure! »

arrêter
Les autos **s'arrêtent** au feu rouge :
elles ne roulent plus, elles attendent
en restant immobiles.
« Attends-moi à l'**arrêt** de l'autobus :
à l'endroit où le bus **s'arrête**
pour laisser monter et
descendre les gens. »
J'**arrête** le car pour y monter :
je fais un signe au chauffeur du car
pour lui demander de **s'arrêter.**
Un voleur a été **arrêté** :
les gendarmes l'ont emmené.

arrière
En auto, les enfants sont assis derrière :
sur les sièges **arrière** de l'auto.
La voiture recule : elle va **en arrière,**
elle fait marche **arrière.**
J'ai un feu rouge à l'**arrière**
de ma bicyclette.

arriver
Voici le train, il vient : il **arrive.**
Marc attendait avec impatience
l'**arrivée** de son cousin Arnaud.
Arnaud est **arrivé,** il est là!
« J'avais peur que tu n'aies un accident,
qu'il t'**arrive** quelque chose!
— J'ai eu du mal à trouver une place,
mais j'ai réussi à m'asseoir :
j'y suis **arrivé.** »

arroser
Les plantes ont besoin d'eau,
il faut les **arroser** en versant de l'eau
sur la terre au pied de chaque plante.
Un **arrosoir** sert à **arroser** :
ses trous laissent passer l'eau
comme une petite pluie.

artichaut
L'**artichaut** est un légume
qui a beaucoup de feuilles;
elles sont serrées autour du milieu,
qu'on appelle le cœur de l'**artichaut**.

as
Dans un jeu de cartes, il y a quatre **as** :
l'**as** de cœur, l'**as** de carreau,
l'**as** de trèfle et l'**as** de pique.
Quand on joue, les **as** comptent souvent
plus que les autres cartes.
De quelqu'un qui est très habile,
on dit : « C'est un **as**! »

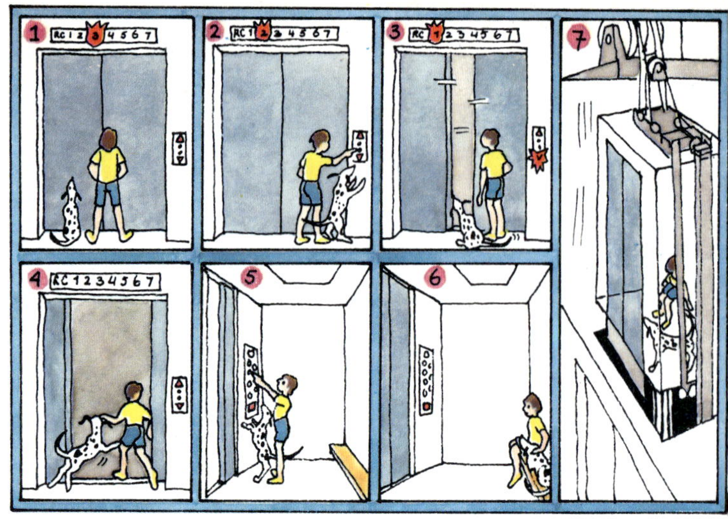

ascenseur
Dans les maisons très hautes,
qui ont beaucoup d'étages,
il y a souvent un **ascenseur** :
c'est une petite cabine
qui peut monter et descendre.
Presque tous les **ascenseurs**
fonctionnent à l'électricité.

aspirer
Marc boit avec une paille : il **aspire**
le jus de fruits avec ses lèvres.
L'**aspirateur**, lui, **aspire** la poussière
et c'est pratique pour faire le ménage.

assaisonner
Papa **assaisonne** la salade : il met du sel,
du poivre, de l'huile et du vinaigre.
L'**assaisonnement** donne du goût
à ce que nous mangeons.

assembler
Sophie joue avec son jeu de construction,
elle place les morceaux
les uns contre les autres,
elle les **assemble** pour faire une maison.

asseoir
Sophie a installé sa poupée sur la chaise :
elle l'**a assise** à côté d'elle.
« Ne reste pas debout, Marc, **assieds-toi.**
Asseyons-nous à table pour déjeuner. »
Pour **m'asseoir,** je plie les genoux
et je pose mes fesses sur un siège.

assiette
Nous mangeons dans des **assiettes.**
Mon **assiette** est ronde, un peu creuse,
et elle est en porcelaine ou en faïence.
J'ai tellement faim que je mangerai
au moins deux **assiettées** de soupe :
je remplirai deux fois mon **assiette**
et je mangerai tout!

astre
Le soleil, la lune, les étoiles
sont des **astres,** on les voit dans le ciel.
Les savants qui connaissent bien
le ciel et les **astres** sont des **astronomes.**
Les hommes qui voyagent dans l'espace
sont des **astronautes** ou des
cosmonautes.

atelier
Philippe travaille dans un **atelier :**
c'est une salle pleine de machines
avec des ouvriers et des ouvrières.
Moi aussi je vais à un **« atelier »,**
mais c'est pour peindre et dessiner.
Un **atelier** est un endroit
où plusieurs personnes travaillent.

atlas
Éric a un **atlas :** c'est un grand livre
avec des cartes en couleurs
qui représentent tous les pays du monde
comme si on les voyait de très haut,
en avion ou sur les ailes d'un oiseau.

attacher
« Tes lacets sont défaits, **attache**-les :
mets-les ensemble en faisant un nœud.
— Je les ai déjà **rattachés** deux fois!
— Tu ne serres pas assez le nœud,
c'est pour ça qu'ils se **détachent.** »
Pour fixer deux choses ensemble,
on peut les **attacher** avec une ficelle.

attaquer
À l'école, deux enfants se battent :
« C'est toi qui as **attaqué** ton camarade?
demande la maîtresse.
Qui a commencé? »
Les bandits se jettent sur les gens
pour les voler : ils les **attaquent.**

attarder
« Tu es en retard, Marc, dit Maman,
tu en as mis du temps pour rentrer!
Tu t'es **attardé** en chemin?
— Oui, c'est vrai, je suis resté longtemps
à regarder les ouvriers sur le chantier. »

attendre
Éric a promis qu'il m'écrirait,
sa lettre va sûrement arriver :
je l'**attends.** Je vais rester là
pour **attendre** le facteur.
C'est long! j'ai **attendu** déjà ce matin!
Je vais lire un peu **en attendant,**
et j'espère qu'il ne va pas tarder.
« Marc! il y a une lettre pour toi!
— C'est vrai? Je l'ai tant **attendue...**
Je croyais qu'elle ne viendrait plus :
je ne **m'y attendais** plus. »

attention
« **Attention!** regardez bien!
Arnaud va faire un tour de cartes. »
Tout le monde s'approche,
on est très **attentif...** Mais voilà,
on a beau regarder **attentivement,**
on ne peut pas voir comment il fait.
La prochaine fois, je le surveillerai,
je ferai encore plus **attention.**

atterrir
L'avion descend, il tourne lentement
et puis ses roues touchent la terre :
il **atterrit.** Le terrain d'**atterrissage**
est l'endroit où les avions **atterrissent.**

attirer
Les insectes s'approchent de la lampe :
la lumière les **attire.**
Les abeilles et les guêpes arrivent
pour manger la confiture :
elles sont **attirées** par le sucre,
elles aiment bien cela.

attraper
Éric court après Sophie : « Attends un peu
que je t'**attrape!** — Tu ne m'auras pas!
— Si! je t'ai **attrapée :** tu es prise. »
Marc s'est fait **attraper :** on l'a grondé.
Marie a pris froid :
elle a **attrapé** un rhume.

aujourd'hui
C'est **aujourd'hui** mercredi :
aujourd'hui est le jour
qui a commencé ce matin
et qui finira ce soir.
Hier, c'était mardi,
et quand nous aurons dormi cette nuit,
ce sera demain, jeudi.
Aujourd'hui est entre hier et demain.

automne
L'**automne** vient après l'été;
c'est la saison des feuilles mortes,
des marrons, des noix.
Il fait moins beau. On rentre à l'école.
L'**automne** dure trois mois :
du 23 septembre au 21 décembre,
et après l'**automne** c'est l'hiver.

automobile ou **auto**
Une **auto,** ou une voiture,
est une machine qui peut rouler
quand on fait marcher son moteur.
Celui qui conduit une **automobile**
est un **automobiliste.**
Les **autobus** et les **autocars**
sont de grandes voitures
où l'on peut voyager en payant sa place.
L'**autorail** roule sur des rails,
comme un train.

autre
Nous ne sommes que trois à table :
« Où sont les **autres?** » demande Papa.
Marie a perdu son mouchoir,
elle est allée en chercher un **autre.**
L'**autre** jour, déjà, Éric a oublié
de déjeuner; il pensait à **autre chose!**
« Tant pis, commençons sans eux,
autrement, tout sera froid. »
Autrefois, il y a des années,
nous étions moins nombreux,
il n'y avait qu'Éric et Marie,
car les **autres** enfants n'étaient pas nés.

autruche
L'**autruche** est un très gros oiseau
qui ne vole pas, mais qui court vite.
Elle a un long cou
et de grandes plumes frisées.

avaler
On dit que l'autruche **avale** tout,
même des cailloux, sans être malade :
elle les prend dans son bec
et les fait descendre dans son estomac.
Marc aussi mange n'importe quoi :
il a un « estomac d'autruche »!

avancer
« Venez **en avant,** mes enfants, **avancez :**
ne restez pas en arrière.
Vous êtes **en avance** aujourd'hui :
vous n'êtes pas en retard.
— C'est que ma montre va trop vite :
elle **avance** de dix minutes. »
Pour être bien à l'heure,
il faut se préparer **à l'avance :**
avant l'heure du départ.

aventure
Éric aime les voyages et les **aventures :**
les choses extraordinaires,
qui n'arrivent pas tous les jours.

avenue
Dans notre ville, il y a de grandes rues
très larges : ce sont des **avenues.**
L'**avenue** du Parc est bordée d'arbres.

averse
Ce matin il faisait beau,
et voici qu'il pleut tout d'un coup!
Ce n'est qu'une **averse :**
une petite pluie qui ne dure pas.

aveugle
« Pourquoi marches-tu les yeux fermés?
— Pour savoir comment
font les **aveugles :** ils ne voient pas
la lumière, ni les couleurs, ni rien. »
Il y a des gens qui sont **aveugles**
depuis leur naissance
et d'autres qui perdent la vue
parce qu'ils ont eu un accident
et que leurs yeux sont abîmés.

avion
Les **avions** sont très lourds
et pourtant ils volent dans l'air.
Ce sont de grandes machines
qui ont un ou plusieurs moteurs
et qui peuvent emmener très vite
les voyageurs dans des pays lointains.
Éric voudrait bien apprendre
à piloter un **avion**, pour être **aviateur**
et faire de l'**aviation**.

avis
« Je voulais aller au cinéma ce soir,
mais j'ai changé d'**avis** : j'irai demain.
— Tu as demandé l'**avis** de Maman?
— Oui, elle pense comme moi :
elle est de mon **avis**.
— À mon **avis**, ce sera mieux :
je trouve aussi que tu as raison,
car Arnaud sera là et il ira avec toi. »

avoine
L'**avoine** pousse dans les champs.
Elle sert à nourrir les chevaux
et d'autres bêtes de la ferme.
Nous mangeons des **flocons d'avoine**
en bouillie, avec du lait sucré.

avoir
J'**ai** des crayons : ils sont à moi,
et toi, tu **as** des couleurs;
Marie **a** des craies,
vous **avez** aussi des pinceaux;
Nathalie et Nicolas **ont** du papier.
Nous **avons** ce qu'il faut pour dessiner.
Pourvu que nous **ayons** le temps
de faire un grand tableau!
Après cela, nous **aurons** faim,
il y **aura** des gâteaux pour goûter;
il y en **avait** déjà hier
et Thomas en **a eu** au dessert.

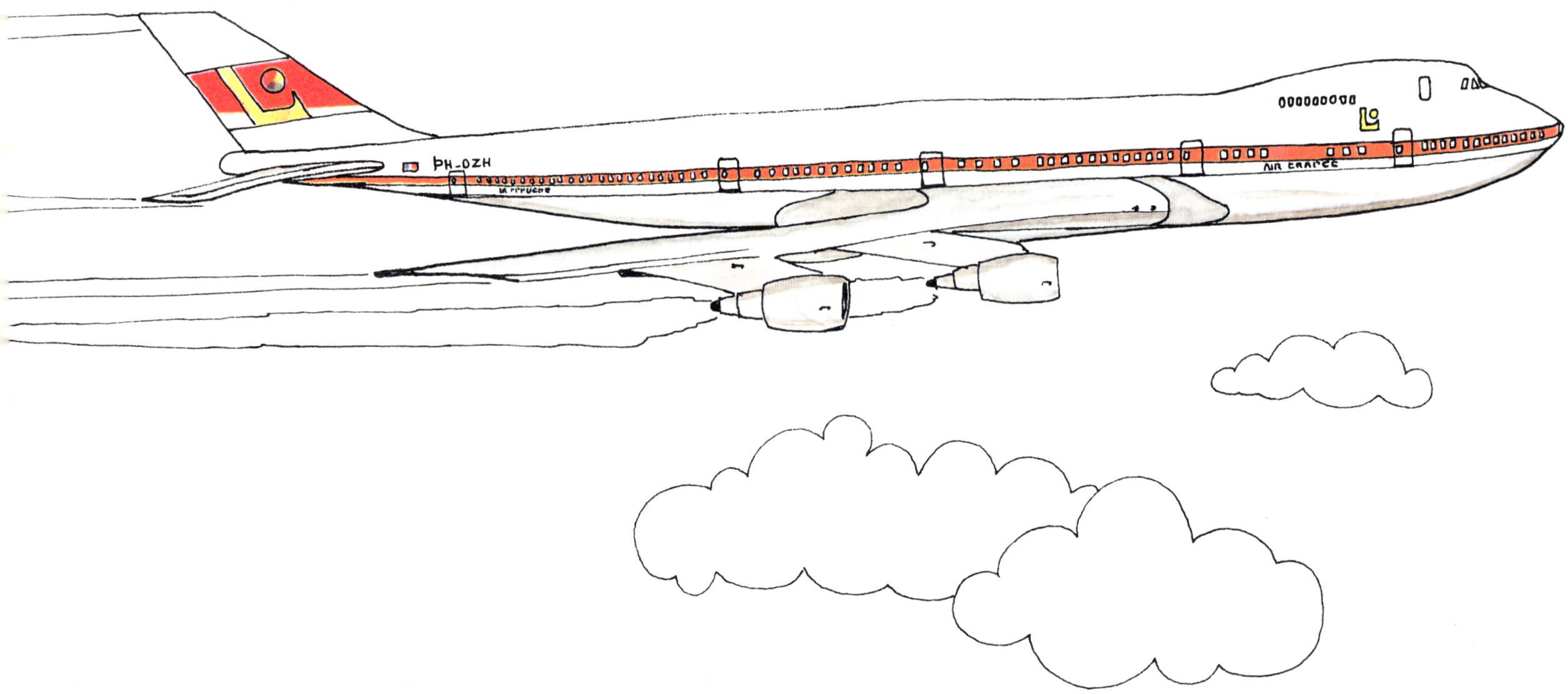

Bb

bagages
Nous partons en vacances demain et chacun prépare ses **bagages** : malle, valise, sac de voyage, sac à dos...
Les **bagages** servent à ranger ce qu'on emporte en voyage.

bague
Une **bague** est un bijou en forme d'anneau, qu'on met à son doigt.

baguette
On joue du tambour avec des **baguettes**, le chef d'orchestre fait des gestes avec sa **baguette** pour montrer aux musiciens comment il faut jouer la musique : une **baguette** est un petit bâton.
Le boulanger vend des **baguettes de pain**, qui sont longues et minces.

bâiller
Marc a sommeil. Il **bâille**, il ouvre la bouche en faisant : « Aaaah! »
« Arrête tes **bâillements**, dit Mamie, ou alors mets la main devant ta bouche. »
Quand on voit des gens qui **bâillent**, on ne peut pas s'empêcher de les imiter!

bain
Quand on se plonge dans l'eau, on **se baigne**, ou on prend un **bain** ; l'été, nous prenons des **bains de mer**.
À la maison, il y a une **salle de bains** : c'est une pièce avec une **baignoire** qu'on peut remplir d'eau chaude pour **se baigner** dedans et se laver.
Nathalie veut faire nager son **baigneur** : c'est une poupée qu'on peut mouiller, ça ne l'abîme pas.

baiser
Thomas veut embrasser tout le monde;
il tend aussi sa joue pour avoir un **baiser**.

baisser
« Papa, tu es trop grand pour moi,
baisse-toi : penche-toi vers moi
pour que je t'embrasse. »
La porte de ma cabane est si basse
qu'il faut **baisser** la tête en entrant
pour ne pas se cogner.
« Ne parle pas si haut : **baisse** la voix. »
« L'eau bout dans la casserole,
baisse un peu le gaz : tourne un peu
le bouton pour que le feu
brûle moins fort sous la casserole. »

bal
Le soir de la fête, il y avait un **bal** :
c'est une réunion où on va pour danser.

balai
Le **balai** est une brosse
ou un bouquet de brindilles
attaché à un bâton. Il sert à **balayer**
en poussant les feuilles mortes,
les vieux papiers ou la poussière
pour en faire des tas et les jeter.
Le **balayeur** est celui qui **balaie**,
il nettoie les rues en **balayant** le sol.
Une **balayette** est un petit **balai**.

balance
Marie achète un kilo de pommes,
et le marchand pèse les pommes
en les mettant sur la **balance** :
c'est un appareil qui mesure le poids.
Sur le cadran, on voit des chiffres
et une aiguille qui indique le poids
des pommes et le prix qu'il faut payer.
Sophie **se balance** sur la **balançoire** :
elle va en avant et en arrière.

balcon
Aline a un **balcon** devant sa chambre,
elle y va par la porte-fenêtre
pour regarder dans la rue
et pour arroser ses fleurs.

baleine
La **baleine** est un très gros animal
qui vit dans la mer.
Ses petits sont des **baleineaux**.
Les **baleiniers** sont des pêcheurs
qui chassent les **baleines** pour les tuer
et fabriquer de l'huile avec leur graisse.

balle
Ma **balle** est ronde,
elle est en caoutchouc et, si je la lance
par terre ou sur le mur, elle rebondit.
Un **ballon** est une grosse **balle**
qui est creuse et remplie d'air ;
Éric joue au football avec un **ballon.**
Marc avait acheté un **ballon** rouge,
mais il a lâché la ficelle
et le **ballon** s'est envolé dans le ciel!
Autrefois, quand il n'y avait pas d'avions,
on voyageait quelquefois dans l'air
avec des **ballons** très très gros.
Dans les fusils et dans les revolvers,
on met des **balles** de métal ;
quand on tire, elles sont poussées
avec tant de force qu'elles peuvent faire
beaucoup de mal aux gens
ou aux bêtes qui les reçoivent.

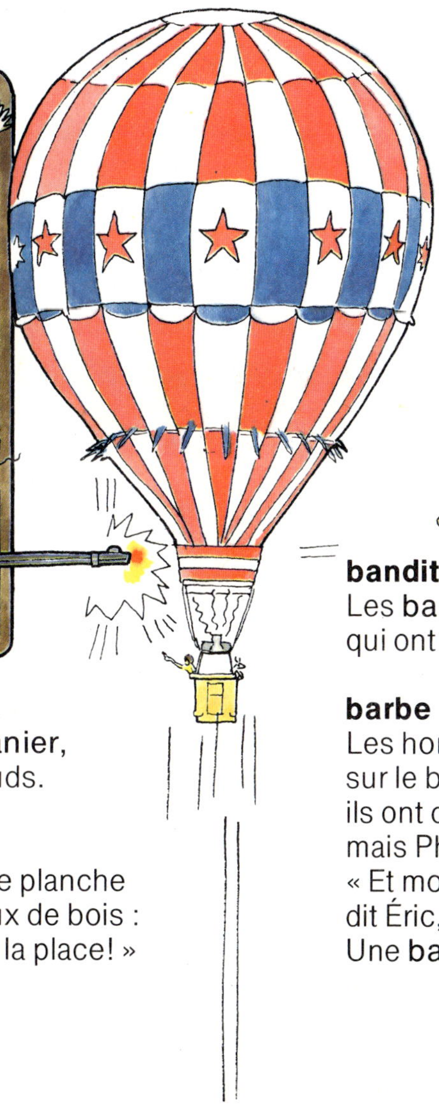

banane
La **banane** est le fruit du **bananier,**
qui est un arbre des pays chauds.

banc
Arnaud a fait un **banc** avec une planche
clouée sur deux gros morceaux de bois :
« Venez vous asseoir, il y a de la place! »

bande
Sophie découpe du papier
en faisant des **bandes** :
des morceaux très longs et étroits.
Marc s'est blessé en tombant,
alors Marie lui fait un pansement
en enroulant une **bande** de tissu
autour de sa blessure :
il a le genou **bandé.**
Marc regarde des **bandes dessinées** :
beaucoup d'images en **bandes,**
les unes à côté des autres.
Nous nous amusons bien cet été
parce que nous sommes toute une **bande** :
nous avons beaucoup de camarades
avec qui nous pouvons jouer.

bandit
Les **bandits** sont des voleurs
qui ont des armes pour attaquer les gens.

barbe
Les hommes ont des poils qui poussent
sur le bas de leur figure :
ils ont de la **barbe.** Éric est rasé,
mais Philippe laisse pousser sa **barbe.**
« Et moi, j'aurai une fausse **barbe,**
dit Éric, ça fera deux **barbus!** »
Une **barbiche** est une petite **barbe.**

barboter
Thomas a les pieds dans l'eau
et il envoie des gouttes partout :
il remue l'eau, il **barbote.**
Il a mouillé sa **barboteuse,**
sa petite culotte à bretelles.

barbouiller
Thomas a pris la boîte de couleurs
et il s'est mis de la peinture partout :
quel **barbouillage!** Sa figure est
toute **barbouillée,** elle est toute sale.
« Viens mon garçon, que je te lave,
je vais te **débarbouiller.** »

baromètre
« Est-ce qu'il fera beau demain?
— Regarde l'aiguille du **baromètre,**
elle change de place sur son cadran :
si elle est à « beau fixe »,
il y aura du soleil,
si c'est « variable », le temps changera,
mais, si c'est « pluie ou vent »,
il fera mauvais temps! »

barrer
Quand j'ai mal écrit un mot, je le **barre :**
je fais un trait dessus,
cela veut dire qu'il ne compte pas.
La **barre** de la lettre *t,*
c'est le petit trait qui est en travers.
Quand la rue est **barrée,**
on n'a pas le droit d'y passer.
Philippe peint les **barreaux** de l'échelle :
ce sont les bâtons où on met les pieds.
Il a déjà peint en vert la **barrière**
qui sert de porte pour fermer le jardin.
On a construit un **barrage** sur la rivière :
c'est une sorte de grand mur très épais
qui empêche l'eau de passer.

bas
L'hiver, je mets des **bas**
pour avoir chaud aux jambes.
Mamie tricote un **bas** de laine :
elle a déjà fini la jambe,
elle n'a plus qu'à faire le pied du **bas.**

bas
Les bouteilles sont **en bas** du placard,
tout près du sol; au contraire,
les verres sont en haut.
« Cette chaise est trop **basse** pour
Thomas, donne-lui
une chaise plus haute. »
Sophie dit un secret à l'oreille d'Éric,
elle parle tout **bas,** je ne l'entends pas.
Ce chien est **bas sur pattes :**
il a les pattes courtes, c'est un **basset.**
À la ferme, l'endroit où sont les poules
s'appelle la **basse-cour.**

bassin
Au jardin, il y a un **bassin** plein d'eau
où nous faisons flotter nos bateaux.
Aline lave du linge dans une **bassine** :
c'est une grande cuvette
en métal ou en plastique.

bateau
Une barque, un canot, une péniche,
un voilier, un cargo sont des **bateaux.**
Un **bateau** sert à voyager sur l'eau
et à transporter des marchandises.
il existe des **bateaux** à rames, à voiles
ou à moteur. Les vaisseaux, les navires,
les paquebots sont de grands **bateaux.**

regarde l'image des bateaux pages 38 et 39

bâtir
Les maçons font une maison :
ils la **bâtissent** en construisant les murs
et puis le toit. Pendant les vacances,
nous avons **bâti** une cabane en bois.
Les maisons, les immeubles, les hangars
sont des **bâtiments.**

bâton
Un **bâton** est un morceau de bois
long et mince. Éric a pris un **bâton**
pour faire tomber les pommes
du pommier.
Au théâtre de marionnettes,
Guignol reçoit souvent des **coups de bâton.**

battre
Nicolas tape sur le chien, il le **bat** :
« Pourquoi **bats**-tu ce pauvre Tom?
Il a fait quelque chose de mal?
— Oui, il s'est **battu** avec le chat,
ils se sont disputés,
mais c'est lui qui l'a attaqué. »
L'équipe d'Éric a gagné le dernier match
de football et les autres ont perdu :
ils ont été **battus.** Ils ont mal joué,
alors ils se sont fait **battre.**
Les soldats qui **se battent**
pendant la guerre sont des **combattants;**
beaucoup sont tués
ou blessés pendant la **bataille.**
L'oiseau s'envole en **battant** des ailes :
il remue les ailes très vite, pour voler.
« Mets ton oreille sur ma poitrine :
entends-tu le **battement** de mon cœur?
C'est le bruit qu'il fait en **battant.**
Notre cœur **bat** toute notre vie
pour faire circuler notre sang. »

bavarder
Nicolas a toujours quelque chose à dire,
il parle, il parle : il **bavarde** sans arrêt.
« Il est **bavard** comme une pie », dit Papa.
« Son **bavardage** m'amuse », dit Mamie.

A
B
C
D
E
F
G
H
I
J
K
L
M
N
O
P
Q
cargo
remorqueur
paquebot
aéroglisseur
jonque
canot pneumatique
bateau de pêche
yacht
73
canot automobile
barque

porte-avions
pétrolier
sous-marin
bateau-phare
ROYAL SOVEREIGN
car-ferry
SEA
radeau
péniche
pirogue
hors-bord
canoë
péniche d'habitation
dériveur
R
S
T
U
V
W
X
Y
Z

baver
« Essuie la bouche de Thomas,
un peu de lait a coulé de sa bouche :
il a **bavé.** » Heureusement, Maman
a pensé à lui mettre son **bavoir** :
c'est une petite serviette
qu'on attache autour du cou des bébés.
L'escargot **bave** en glissant sur l'herbe,
et sa **bave** laisse une trace brillante
sur les feuilles où il est passé.
« Ne prends pas trop de peinture
avec ton pinceau, sinon elle coulera
et ça fera des **bavures** sur le papier. »

beau
Quel **beau** dessin! j'aime le regarder,
ses **belles** couleurs me plaisent :
ce qui est **beau** est agréable à voir.
Il fait beau ce matin : le soleil brille,
c'est une **belle** journée.
Tom **fait le beau,** il se tient debout
sur ses pattes de derrière
pour avoir du sucre : « Non, mon chien,
c'est fini. Tu **auras beau** demander,
c'est inutile, tu n'en auras plus. »

beaucoup
« Veux-tu un peu de sucre?
beaucoup? ou pas du tout? »
« **Beaucoup** » veut dire :
une grande quantité.
Il y avait **beaucoup** d'amis hier :
un grand nombre d'amis,
et nous nous sommes **beaucoup** amusés :
tout le monde était très content.

bébé
Thomas est un tout petit enfant,
c'est encore un **bébé** :
il ne peut pas marcher tout seul
et il ne sait pas encore parler.

bec
Les oiseaux n'ont pas de dents,
mais ils ont un **bec** dur et pointu
qui leur sert à chercher des graines,
à attraper des insectes, à bâtir leur nid
et aussi à se défendre.
L'oiseau donne la **becquée** à ses petits :
il leur apporte à manger avec son **bec.**

bêche
Une **bêche** est un outil en métal,
avec un long manche en bois;
elle sert à creuser la terre
et à la remuer. Il faut **bêcher** le jardin
avant de semer de nouvelles graines.

beige
Maman a un manteau **beige** :
le **beige** est une couleur claire,
entre le marron et le blanc.

beignet
« Aimes-tu les **beignets** aux pommes? »
Pour faire des **beignets,**
on trempe des morceaux de fruits,
de légumes, de viande ou de poisson
dans une pâte liquide,
faite avec de la farine,
et puis on les fait frire
dans de l'huile bouillante.

bêler
Le mouton fait « bêêê... » : il **bêle.**
Le **bêlement** est le cri du mouton.

bercer
Marie a pris Thomas dans ses bras
et elle le balance doucement :
elle le **berce.**
Elle lui chante une **berceuse** :
c'est une chanson lente et douce,
pour endormir les bébés.
Voilà, Thomas est dans son petit lit :
il dort dans son **berceau.**

berger
Les **bergers** et les **bergères**
s'occupent des moutons. Ils ont des chiens
pour les aider à garder leur troupeau.
Le **berger allemand** est un chien de **berger.**
La **bergerie** est la maison des moutons.

besoin
Thomas a sommeil : il **a besoin de** dormir.
Tout le monde **a besoin de** manger :
on ne peut pas vivre sans nourriture.
« Prête-moi les ciseaux, j'**en ai besoin** :
je veux m'en servir
pour découper des images. »

bête
Arnaud aime les **bêtes** : les chevaux,
les chiens, les oiseaux, les lézards...
tous les animaux. Il sera fermier
pour élever des vaches, des cochons,
des moutons, qui sont des **bestiaux,**
ou du **bétail.** Il s'intéresse aux insectes,
aux petites **bêtes,** aux **bestioles.**
Il est intelligent, Arnaud :
il n'est pas **bête!** Et pourtant,
il dit quelquefois des **bêtises** :
des choses qui ne veulent rien dire,
mais c'est pour nous faire rire.

bétonnière : machine à faire le béton.

biberon
Quand Thomas était plus petit,
il buvait du lait dans un **biberon** :
c'est une petite bouteille en verre
avec une tétine en caoutchouc.

bibliothèque
Philippe range ses livres
sur les planches de sa **bibliothèque.**
Nous allons souvent à la **bibliothèque** :
c'est une grande salle
où il y a beaucoup de livres,
et où l'on peut en emprunter.
Les **bibliothécaires** travaillent
à la **bibliothèque** : ils nous aident
à choisir des albums, des contes,
et ils racontent aussi des histoires.
Dans le pays de tante Clara,
le **bibliobus** passe souvent :
c'est une voiture pleine de livres
pour les petits et les grands.

béton
Les ouvriers sont en train de construire
une grande maison en **béton** :
le **béton** est une pâte qu'on fait
avec du ciment, du sable
et des petits cailloux. En séchant,
le **béton** devient dur comme la pierre.

betterave
Les **betteraves** sont des plantes
qu'on cultive dans les champs;
elles servent à fabriquer du sucre
et à nourrir les bestiaux.
On mange la **betterave rouge** en salade.

beurre
On fabrique le **beurre**
en battant la crème du lait.
Sophie va se faire une tartine
en **beurrant** une tranche de pain :
en étalant du **beurre** dessus
avec un couteau.

biche
La **biche** est la femelle du cerf,
et leurs petits s'appellent des faons.

bicyclette
Sophie a une **bicyclette** neuve
avec des poignées rouges au guidon.
Les deux pneus sont bien gonflés.
«Tu me prêtes ton vélo ? » demande Arnaud,
mais c'est pour s'amuser,
car il a un vélomoteur :
une **bicyclette** avec un moteur.
Celui qui roule avec une **bicyclette**
est un **cycliste.** Nathalie a un **tricycle** :
une sorte de vélo à trois roues.

bien
Je **vais bien** : je suis en bonne santé,
mais quelquefois je suis malade,
alors ça va mal au contraire.
Mon problème est fait, je sais ma leçon :
j'ai **bien** travaillé,
j'espère que j'aurai de bonnes notes.
« Tu **veux bien** m'emmener, Papa?
J'aime **bien** sortir avec toi :
cela me plaît beaucoup.
— Oui, **bien sûr,** viens,
mais nous ne resterons pas longtemps,
nous reviendrons **bientôt,** dans un moment. »

bière
La **bière** est une boisson qui mousse;
elle est faite avec des plantes
qui lui donnent un goût un peu amer.
La **bière blonde** est jaune clair
et la **bière brune** est presque marron.

bifteck
Un **bifteck** est une tranche
de viande de bœuf qu'on fait cuire
dans la poêle ou sur le gril.

bijou
Les bagues, les colliers, les bracelets,
les boucles d'oreilles sont des **bijoux.**
Isabelle porte toujours un **bijou**
parce qu'elle trouve cela joli.
On achète les **bijoux** chez le **bijoutier** ;
il y a aussi des montres
dans la vitrine de sa **bijouterie.**

bille
Nicolas et Marc jouent aux **billes** :
ce sont de petites boules
qu'on fait rouler par terre.
J'écris avec un **stylo à bille** :
on l'appelle comme ça
parce qu'il a une petite **bille** au bout.

billet
Quand j'achète quelque chose,
je paie avec de l'argent
en pièces ou en **billets de banque.**
Les **billets** sont en papier imprimé
avec des chiffres dessus.
On voit des **billets** de 10 francs,
de 50 francs, de 100 francs...
Pour voyager par le train, en avion,
en car, en bateau, on achète un **billet** :
un petit papier qu'il faut montrer,
c'est la preuve qu'on a payé sa place.
Marie a acheté un **billet de loterie** :
il y a un numéro dessus,
c'est peut-être le numéro gagnant.

blanc
Le **blanc** est la couleur du lait.
Mon livre est imprimé sur du papier **blanc.**
La neige aussi est **blanche;**
elle **blanchit** les toits, en hiver.

blé
Le pain est fait avec la farine du **blé** :
le **blé** est une plante qu'on cultive
dans les champs et qui donne des grains.
Quand le **blé** est mûr, on coupe les épis
et on écrase les grains de **blé**
pour faire de la farine.

blesser
« Tu saignes? tu es **blessé?**
— Oui, je me suis fait mal en tombant.
Aide-moi, il faut laver la **blessure,**
à l'endroit où la peau est abîmée,
et arrêter le sang avec un pansement. »

bleu
De quelle couleur est le ciel?
Il est **bleu** quand il n'y a pas de nuages.
Le **bleuet** est une fleur des champs
qui est **bleue** comme les yeux de Marc.
« Tu as une marque **bleue** sur le bras!
— Oui, c'est un **bleu** que je me suis fait
en me cognant contre la table. »

blond
Isabelle est **blonde,**
elle a les cheveux **blonds,**
d'une couleur jaune clair.

blottir (se)
Le chat ne tient pas beaucoup de place
quand il est **blotti** dans son panier,
quand il est roulé en boule.
Thomas **se blottit** contre Maman :
il se fait tout petit dans ses bras.

blouse
L'infirmière a une **blouse** blanche :
un vêtement de toile qui couvre sa robe.
Marie porte une **blouse** à fleurs,
qui est courte, comme un chemisier.
Éric a mis son **blouson** pour sortir :
un **blouson** est une sorte de veste courte,
serrée à la taille.

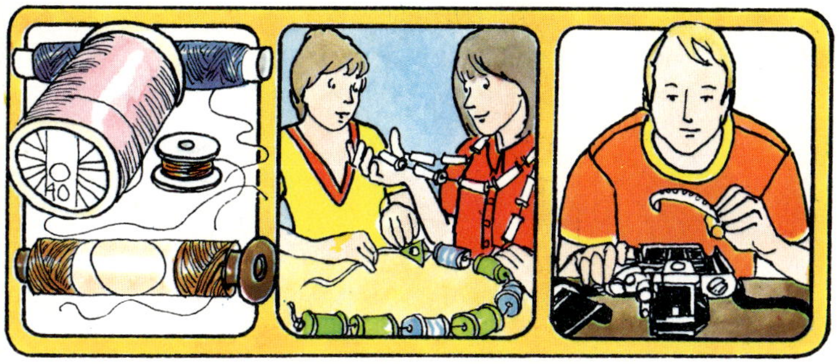

bobine
Le fil est enroulé sur une **bobine.**
La **bobine** est un objet rond, en bois,
en métal, en plastique ou en carton.
Quand il n'y a plus de fil dessus,
la **bobine** est vide. Alors les enfants
peuvent la prendre pour jouer.
Éric met des **bobines** de film
dans son appareil photo
et dans sa caméra.

bocal
Tante Clara conserve des fruits
en les mettant dans des **bocaux.**
Un **bocal** est un pot en verre
qui se ferme avec un couvercle.

bœuf
Le **bœuf** est un animal domestique
qu'on élève surtout pour la boucherie.
On mange la viande de **bœuf** en rôti,
en bifteck, en pot-au-feu.

boire
Si tu as soif, tu peux **boire** de l'eau,
du lait, du jus de fruits,
ce sont des **boissons** : des liquides
qu'on peut avaler en **buvant.**
On **boit** frais quand il fait chaud
parce que c'est agréable
et que notre corps a besoin d'eau,
mais l'hiver je **bois** avec plaisir
du café au lait ou du chocolat chaud.

bois
Nos tables, nos chaises sont en **bois** ;
les meubles et les objets de **bois**
sont fabriqués avec le tronc
et les branches des arbres.
On coupe le **bois** de l'arbre avec une scie
pour en faire des planches.
Le **bois** sert aussi à faire du feu
pour nous chauffer; il brûle facilement.
Un endroit où il pousse beaucoup d'arbres
s'appelle un **bois.** « Allons dans les **bois**
nous promener sous les arbres. »

boîte
Tu peux fabriquer une **boîte**
avec une feuille de papier épais
découpée, pliée et collée comme cela.
On se sert des **boîtes**
pour ranger des choses dedans
et on les ferme avec un couvercle.

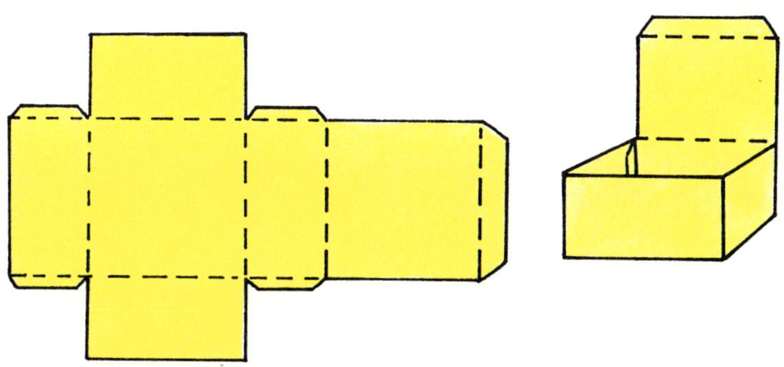

boiter
Arnaud s'est fait mal au pied,
alors il marche mal : il **boite.**
Cette table est **boiteuse** :
elle ne tient pas droit
parce qu'elle a un pied plus court
que les autres.

bol
Un **bol** est un objet rond et creux
dans lequel on peut verser
un liquide pour boire.

bon
« Ton gâteau est **bon** : il est bien fait
et il a un goût agréable.
Et quelle **bonne** crème!
Elle est encore meilleure que d'habitude.
— Tu as faim, tu as **bon appétit!** »
Il fait bon dehors : on est bien,
il ne fait ni trop chaud ni trop froid.
« **Bonjour** Philippe : je te souhaite
une **bonne** journée.
Viens donc chez nous,
après ton travail, nous dire **bonsoir.**
— **Bon!** c'est entendu, je viendrai. »
Philippe est très gentil :
c'est un **bon** camarade.

bonbon
Les **bonbons** sont faits avec du sucre
qu'on mélange avec de bonnes choses :
du chocolat, des amandes, du miel,
du jus de fruits...

bondir
Sophie est si contente
qu'elle saute en l'air :
elle **bondit** de joie.
Le chien a sauté par-dessus la barrière :
il a fait un **bond**
et il arrive en **bondissant,**
à toute vitesse, pour voir Papa.
Quand ma balle tombe, elle touche le sol
et puis elle remonte en l'air :
elle **rebondit.**

bonhomme
Nicolas a dessiné un **bonhomme,**
un petit personnage avec une tête,
des bras et des jambes.
Sophie se moque de Nicolas :
« Quand tu fais des **bonshommes,** on dirait
des pommes de terre avec des pattes! »

bonnet
Sophie a mis sur sa tête un **bonnet**
qui couvre ses cheveux;
il est en laine tricotée.

bord
La route est **bordée** d'arbres :
il y a des arbres de chaque côté.
Elle passe le long de la rivière :
au **bord** de l'eau, tout près de l'eau.
« Sophie, ne va pas trop près du **bord,**
tu pourrais tomber dans la rivière! »
Marc a rempli son verre jusqu'au **bord** :
jusqu'en haut du verre.
« Attention, il va **déborder** !
L'eau va couler par-dessus **bord!** »
Maman arrange la couverture de Thomas :
elle le **borde** dans son lit
pour qu'il ait bien chaud.
La couverture a une **bordure** bleue :
une bande d'étoffe bleue tout autour.

bosse
Je me suis fait une **bosse** au front
en me cognant la tête :
cela fait comme une boule sous la peau.
Le chameau a deux **bosses** sur le dos,
c'est un animal **bossu.**

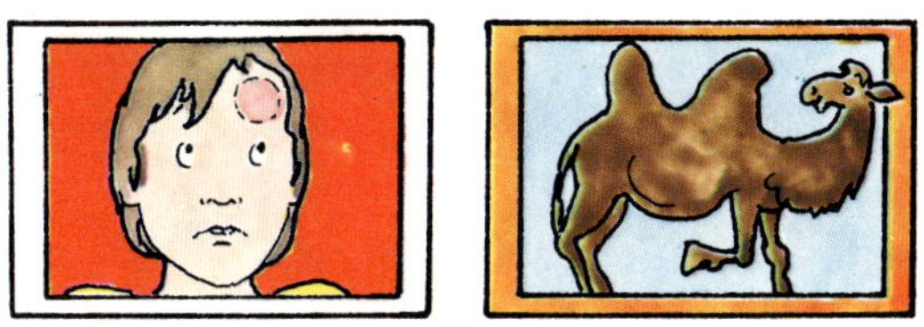

botte
Au marché, j'achète une **botte** de radis :
beaucoup de radis attachés ensemble;
les poireaux aussi sont en **bottes.**
Mon oncle porte une **botte** de foin.
Et les chaussures
qui couvrent une partie des jambes
s'appellent aussi des **bottes.**

bouche
Thomas ouvre la **bouche,**
on voit sa langue et ses petites dents ;
c'est qu'il voudrait encore une **bouchée**
de ce bon gâteau : il veut en manger
encore un morceau.
Nathalie a acheté une **bouchée** :
c'est un gros bonbon au chocolat.
Philippe attend Isabelle
devant la **bouche** du métro : à l'endroit
où se trouve l'escalier pour entrer et sortir.

boucher
Pour fermer une bouteille,
on la **bouche** avec un **bouchon.**
Les **bouchons** sont ronds,
ils sont en liège, en plastique,
en caoutchouc ou en verre.
Éric **débouche** une bouteille de
champagne :
il va l'ouvrir, attention!
le **bouchon** va peut-être sauter...
Sophie **se bouche** les oreilles :
elle les ferme avec le bout de ses doigts
pour ne pas entendre le bruit.

boucherie
Nous achetons la viande à la **boucherie.**
Le **boucher** découpe les biftecks,
les côtelettes, les escalopes
que nous mangerons.

boucle
Isabelle n'a pas les cheveux raides :
elle a des **boucles** blondes,
ses cheveux sont **bouclés.**
Elle porte des **boucles d'oreilles** :
ce sont des bijoux.
Une **boucle** est aussi un petit objet
qui sert à fermer une ceinture.

boue
Quand il pleut, l'eau se mélange
avec la terre et cela fait de la **boue**;
alors, les chemins sont **boueux.**

bouger
« Sophie, tiens-toi tranquille,
ne **bouge** pas. Si tu remues comme cela,
je ne pourrai jamais te coiffer. »
Sophie aime bien changer de place :
elle a la **bougeotte**!

bougie
Nous avons allumé les **bougies**
du gâteau d'anniversaire;
maintenant, il faut les souffler
pour les éteindre toutes à la fois!
On fabrique les **bougies**
en versant de la cire fondue
dans un moule
avec un brin de coton au milieu.

bouillir
Marie a mis une casserole d'eau
sur le feu; alors l'eau chauffe,
elle fait du bruit : elle va **bouillir.**
« Regarde, elle fait des bulles : elle **bout.**
— Attention! elle est **bouillante** :
n'y touche pas, tu te brûlerais. »
Si l'on fait **bouillir** longtemps
de la viande et des légumes dans de l'eau,
cela fait un liquide très bon
qu'on appelle du **bouillon.**
Thomas mange de la **bouillie** :
c'est de la farine cuite avec du lait.

boulanger
Nous achetons le pain à la **boulangerie.**
Le **boulanger** travaille la nuit :
il pétrit la pâte et fait cuire le pain
pour que la **boulangère** puisse le vendre
le matin, de bonne heure, à ses clients.

boule
Une **boule** est toute ronde :
on peut la faire rouler.
Une bille, une orange, une balle
ont la forme d'une **boule.**
Ce soir, nous mangeons des **boulettes :**
des petites **boules** de viande hachée.
L'hiver je fais des **boules** de neige,
et l'été j'aime bien jouer aux **boules.**

bouquet
Marie a cueilli des fleurs
et elle attache les tiges ensemble
pour faire un **bouquet.**

bourgeon
Au printemps, les branches des arbres
portent des **bourgeons.**
Bientôt les **bourgeons** s'ouvrent :
il en sort des feuilles ou des fleurs.

bourrer
Sophie fait une poupée avec un vieux bas.
Elle le remplit avec de la laine
ou du coton : elle le **bourre,**
et, quand il est bien plein,
bien **rembourré,** elle dessine dessus
une figure, avec une bouche et des yeux.

bousculer
À la fête, les gens se poussent
pour voir le feu d'artifice :
« Ne vous **bousculez** pas comme ça,
j'ai failli tomber, dans la **bousculade!** »

bout
Tom a le **bout** de la queue tout blanc :
sa queue finit par des poils blancs.
Marc est assis au **bout** de la table,
et il découpe des images
avec des ciseaux à **bouts** ronds :
« Moi, dit Sophie, je trouve ça trop long,
je ne suis pas assez patiente pour finir,
pour aller **jusqu'au bout.**
Au bout de cinq minutes, j'en ai assez! »
Un **bout,** c'est aussi un petit morceau :
un **bout** de pain, un **bout** de ficelle...

bouteille
Le lait, le vin, tous les liquides
se conservent dans des **bouteilles.**
Une **bouteille** est en verre
ou en plastique; elle est plus étroite
en haut qu'en bas, et on peut la fermer
avec un bouchon.

boutique
Il est tard, le marchand range tout
dans son magasin, il éteint la lumière,
il tire le rideau devant sa vitrine :
la **boutique** est fermée.

bouton
Les **boutons** sont de petits objets cousus sur les vêtements et qui servent à les fermer.
Pour **boutonner** mon manteau, je fais passer le **bouton** dans un trou qu'on appelle une **boutonnière.**
J'appuie sur le **bouton électrique** pour allumer ou éteindre la lumière, et je tourne un **bouton** pour faire marcher la télévision.
Sophie a un point rouge sur la figure, c'est un **bouton** : « Cela fait un peu mal, mais ne te gratte pas, Sophie! »
Le **bouton-d'or** est une fleur des champs.
Quand les fleurs ne sont pas encore bien ouvertes, elles sont en **bouton.**

branche
Sais-tu dessiner les **branches** d'un arbre?
Elles poussent sur le tronc de l'arbre et portent ses feuilles, ses fleurs et ses fruits.
Les lunettes aussi ont des **branches** qui les font tenir sur les oreilles.

bras
J'ai deux **bras**, attachés à mes épaules; je peux les remuer et les plier.
Mes mains sont au bout de mes **bras.**
Maman me prend dans ses **bras** pour m'**embrasser.**
Thomas porte une **brassière** : une veste courte, attachée dans le dos.
Les **bracelets** et les **bracelets-montres** se mettent autour du **bras.**
Le fauteuil a deux **bras** : je peux poser mes coudes dessus quand je suis assis.

bravo
« C'est très bien, Thomas, **bravo!** »
Thomas comprend : quand on dit **bravo,** il bat des mains, il applaudit.

bretelle
Les **bretelles** sont des bandes d'étoffe, de cuir ou de tricot qui servent à tenir un pantalon ou une jupe.

briller
Le soleil **brille** : il donne de la lumière, et les lampes **brillent** dans la maison.
Le verre est **brillant** et la soie aussi est **brillante** : ils reflètent la lumière.
Sophie a les yeux **brillants.**

brin
Un **brin** d'herbe, un **brin** de paille, ce sont des tiges très petites.
Une **brindille** est une branche très fine.
Je coupe un **brin** de laine : un peu de laine, pour enfiler mon aiguille.

brique
Les **briques** servent à construire des maisons. Elles sont rouges.
On les fabrique avec une sorte de terre que l'on fait sécher ou cuire et qui devient dure.

briquet
Le **briquet** sert à allumer le feu,
le gaz, les cigarettes.
Il fait des étincelles et une flamme,
mais, quand il n'y a plus d'essence
ou de gaz dedans, il ne marche plus.

bronzer
Quand je reste longtemps au soleil,
ma peau devient toute brune : je suis
bronzée. Marc **bronze** vite, lui aussi.

brosse
Pour nettoyer mes dents, je les frotte
avec une **brosse** : je **me brosse** les dents.
Les **brosses** sont faites avec des poils
très solides, fixés sur du bois
ou sur du plastique.
On **brosse** les habits et les tapis
pour en faire sortir la poussière.
Les souliers bien **brossés** sont brillants.
« As-tu **brossé** tes cheveux, Sophie? »

brouette
La **brouette** sert à transporter des
pierres, de la terre ou d'autres choses.
Elle n'a qu'une roue et deux bras;
on tient les bras de la **brouette**
pour la pousser devant soi.

brouillard
Ce matin, tout est gris,
c'est comme si on était dans un nuage;
on ne voit même pas les maisons
au bout de la rue, ni le haut des arbres :
il y a du **brouillard.**

brouter
Les moutons, les chèvres **broutent** :
ils mangent l'herbe
en l'arrachant avec leurs dents.

bruit
« Écoute! tu entends tous ces **bruits?**
— J'entends les autos dans la rue,
les machines sur le chantier,
une porte qui claque, des voix... »
Tout cela fait du **bruit.**
La ville est **bruyante** :
elle est pleine de **bruits.**
Quand on n'entend pas de **bruit,**
c'est le silence.

brûler
Le feu **brûle** dans la cheminée
avec de grandes flammes rouge et jaune.
Le bois et le papier noircissent
en **brûlant.**Quand le feu a tout **brûlé,**
il ne reste plus que des cendres.
Maman sort le plat du four. Attention!
il est très chaud : il est **brûlant.**
« Aïe! je me suis **brûlée!**
— Va voir Mamie,
elle soignera ta **brûlure.** »
En jouant à cache-cache,
quand j'ai presque deviné
et que je suis tout près de la cachette,
Sophie dit : « Tu **brûles,** Marc! »

brun
Arnaud est **brun,** il a les cheveux
d'une couleur **brune,** marron.
Sa peau aussi est **brune,**
c'est le soleil qui l'a **brunie.**

brusque
Marc fait une grande pyramide de cubes :
« Attention, Sophie! ne va pas trop vite,
ne fais pas de gestes **brusques,**
pose tout doucement le dernier cube,
sinon tout tombera d'un seul coup :
brusquement. »

bûche
Une **bûche** est un gros morceau de bois
qu'on brûle pour se chauffer.
Le **bûcheron** coupe le bois dans la forêt :
il abat les arbres et scie les branches
pour en faire des **bûches.**
Une **bûche de Noël** est un gâteau
qui a la forme d'une petite **bûche.**

buffet
Un **buffet** est un meuble en bois
où l'on range la vaisselle.
Il a des portes comme une armoire,
mais il est beaucoup moins haut.

bulle
Si tu souffles avec une paille
dans un bol d'eau savonneuse,
cela fait des **bulles** de savon :
comme des petits ballons transparents.
La **bulle** grossit, grossit...
et pfft!... elle éclate!

bureau
Éric a un **bureau** dans sa chambre ;
c'est une table avec des tiroirs
où il met ce qu'il faut pour écrire.
À l'école, la maîtresse aussi a un **bureau.**
Tous les matins, Maman va au **bureau** :
cela veut dire qu'elle va travailler
dans une maison avec d'autres employés,
qui téléphonent et qui tapent à la machine.
La pièce où elle travaille
s'appelle aussi un **bureau.**

but
Tu vois le poteau qui est là-bas ?
Ce sera le **but** de la course;
celui qui touchera le **but** le premier
aura gagné la course.

Cc

cabane
Les enfants construisent une **cabane** avec des branches et des planches : ce sera leur petite maison.

cabine
Sur les grands bateaux, il y a de petites chambres qu'on appelle des **cabines.** Dans un avion, la **cabine** c'est l'endroit où est le pilote. Une **cabine téléphonique** est un abri où l'on entre pour téléphoner. À la piscine, on se déshabille dans une **cabine de bain.**

cacahouète
La **cacahouète** est le fruit d'une plante des pays chauds qu'on appelle l'« arachide ». On mange les **cacahouètes,** grillées, mais on en fait surtout de l'huile qui sert pour la cuisine.

cacao
Le chocolat est fait avec du **cacao** : c'est une poudre qui vient de la graine d'un arbre, le **cacaoyer.** Le **cacao** a un goût amer si l'on ne met pas de sucre dedans.

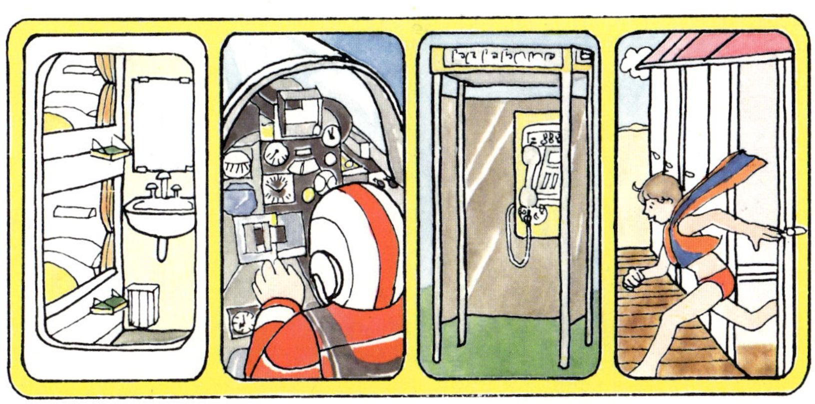

cacher
Sophie s'est mise derrière la porte
pour qu'on ne la voie pas :
elle s'est **cachée.**
Nous jouons à **cache-cache,**
et c'est Marc qui doit chercher.
On peut aussi **cacher** un objet,
mais il faut avoir une bonne **cachette :**
un endroit où l'on ne puisse pas
le retrouver facilement!
Quand il fait très froid,
je mets un **cache-nez** autour de mon cou :
c'est une grande bande de laine
qui me tient chaud;
je peux **cacher** mon nez avec!

cactus
Le **cactus** a des tiges très épaisses
et de toutes petites feuilles
en forme d'épines ou de piquants.

cadeau
Pour la fête de Maman,
nous avons tous préparé des **cadeaux :**
un **cadeau** est une chose qu'on donne
à quelqu'un pour lui faire plaisir.

cadran
Les aiguilles de la montre
sont fixées au milieu du **cadran;**
la pointe des aiguilles avance
et montre les chiffres autour du **cadran**
pour indiquer quelle heure il est.
L'aiguille de la balance
bouge sur le **cadran** quand je me pèse,
et elle s'arrête devant le chiffre
qui indique mon poids.

cadre
Le tableau a un bord en bois :
c'est son **cadre.**
Arnaud a **encadré** mon dessin
pour l'accrocher au mur :
il l'a mis dans un **cadre**
qu'il a fabriqué avec quatre baguettes.

café
Le **café** est une boisson brune
qu'on boit le matin ou après les repas.
On le fait avec les graines d'un arbre
qui s'appelle le **caféier.**
Il faut d'abord griller les grains
puis les écraser dans un **moulin à café.**
On fait le **café** dans une **cafetière**
en versant de l'eau bouillante
sur la poudre de **café.**
« Éric nous a emmenés au **café :**
c'est une grande salle où l'on peut boire
en donnant de l'argent en échange.
Et devine ce que Marc a demandé :
une glace au **café!** »

cage
La voisine a deux oiseaux dans une **cage.**
Au zoo, les animaux sauvages
sont quelquefois enfermés
dans de grandes **cages,**
derrière des barreaux.

cahier
Marie a un **cahier** neuf,
il est fait de feuilles de papier
pliées et attachées ensemble.
Qu'est-ce qu'elle va écrire
sur toutes ces pages blanches?

caillou
Un **caillou** est un petit morceau de pierre.
Le Petit Poucet semait des **cailloux**
en marchant dans la forêt,
pour pouvoir retrouver son chemin.

caisse
Une **caisse** est une grande boîte en bois
fabriquée avec des planches clouées.
Papa m'a donné une **caisse** vide
pour y ranger mes jouets.
Dans un magasin, l'endroit où l'on paie
s'appelle aussi la **caisse,**
et on donne l'argent à la **caissière.**

calendrier
« Aujourd'hui, c'est le 3 mai.
— Tiens, c'est la fête de Philippe!
je le vois sur le **calendrier.** »
Sur les pages du **calendrier,**
on peut lire les jours de la semaine
et les mois de toute l'année.

camarade
Sophie joue avec ses **camarades :**
les enfants qui vont avec elle à l'école,
ou ceux qu'elle connaît dans le quartier.
Philippe a des **camarades** d'atelier,
il aime bien travailler avec eux;
mais Arnaud est son meilleur ami.

caméra
Éric fait du cinéma avec sa **caméra :**
elle ressemble à un appareil photo,
mais quand Éric nous aura filmés,
nous pourrons voir notre image
qui bougera sur l'écran.

camion
Un **camion** est une grosse voiture
qui sert à transporter des marchandises.
Une **camionnette** est un petit **camion.**

campagne
Mon oncle Albert vit à la **campagne :**
il habite une ferme, près d'un village,
au milieu des champs et des bois.

camper
L'été, Éric va **camper** avec des amis :
ils font la cuisine en plein air,
et la nuit ils couchent sous une tente.
Souvent, le soir, avec d'autres **campeurs,**
ils chantent et jouent de la guitare,
assis autour d'un **feu de camp.**
Les gens qui **campent** font du **camping.**
Pour jouer au ballon,
les enfants se mettent en deux groupes :
« Viens avec moi, Nicolas,
tu es dans mon **camp,** tu joues avec moi,
et Nathalie est dans l'autre équipe. »

canard
Le **canard** est un oiseau,
et les **canards sauvages** volent très loin;
mais ceux de la ferme aiment surtout
barboter dans la mare avec leur famille :
les **canes** et les **canetons.**

canif
Un **canif** est un petit couteau ;
on peut plier la lame
et la faire rentrer dans le manche.

caniveau
Dans la rue, quand il pleut beaucoup,
l'eau coule dans les **caniveaux.**
Un **caniveau** est une sorte de petit fossé
au bord du trottoir.

canne
Marc s'est fait une **canne** avec un bâton
qu'il a taillé avec son canif.
Il a aussi une **canne à pêche**
avec une ligne et un hameçon
pour pêcher des poissons.

caoutchouc
Les pneus des autos et des bicyclettes
sont en **caoutchouc,** et mon ballon aussi.
On peut gonfler les pneus et les ballons
parce que le **caoutchouc** est élastique.
Avec des bottes en **caoutchouc,**
on peut marcher dans l'eau
sans se mouiller les pieds
parce que le **caoutchouc** est imperméable.

capuchon
Sophie met un **capuchon** sur sa tête
pour se protéger de la pluie.

car
Un **car** est une grande voiture qui peut
transporter beaucoup de voyageurs.
C'est la même chose qu'un **autocar.**

carabine
À la fête, Philippe et Isabelle
s'amusent à tirer à la **carabine.**
Une **carabine** est une sorte de fusil.

caractère
Sophie se fâche souvent :
« Tu as **mauvais caractère,** Sophie,
tu devrais être plus gentille.
Les gens qui ont **bon caractère**
ne se mettent pas en colère,
comme toi, pour rien! »

caramel
Le **caramel** est brun; c'est du sucre
qu'on a fait cuire dans un peu d'eau.
Les **caramels mous** sont des bonbons
fabriqués avec du miel, de la crème
et souvent du chocolat ou du café.

caresser
Viens, Patapon, que je te **caresse.**
Ta fourrure est douce sous ma main,
et tu te frottes contre moi.
Quel chat **caressant,** ce Patapon!

carnaval
Aujourd'hui, nous sommes déguisés
parce que c'est le **carnaval.**
C'est une fête où l'on met des masques
et de drôles de costumes, pour s'amuser.

carnet
Un **carnet** est un petit cahier.

carotte
La **carotte** est un légume;
c'est sa racine que nous mangeons.

carré
Mon mouchoir est **carré** :
il a quatre côtés pareils.
Un **carré** a quatre côtés égaux,
de la même longueur.
Ta chemise a des dessins **carrés,**
elle est en étoffe à **carreaux.**
Le sol de la cuisine
est couvert de **carreaux** : il est **carrelé.**
Mon cahier est en papier quadrillé :
il y a des lignes imprimées dessus
qui font des petits **carrés.**
La fenêtre a des **carreaux** en verre.

carrosserie
Les autos sont recouvertes
de métal peint : c'est leur **carrosserie.**
Autrefois, il y avait de belles voitures
tirées par des chevaux
et qu'on appelait des **carrosses.**

cartable
Marie a un **cartable** :
une sorte de sac
où elle met ses livres et ses cahiers.

carte
Éric nous a envoyé une **carte postale :**
c'est une photo ou une image imprimée
qu'on peut mettre à la poste,
avec un timbre, comme une lettre.
Grand-Père et Marie jouent aux **cartes**
avec des **cartes à jouer.**
Quand nous nous promenons en auto,
Maman regarde quelquefois la **carte**
pour voir quelle route il faut suivre :
les dessins de la **carte** montrent
en tout petit les pays et les chemins.
Dans l'atlas d'Éric, on voit des **cartes**
de tous les pays du monde.
Sur la porte de l'école,
il y a une **pancarte** en carton,
regarde ce qui est écrit dessus.
Les **cartes** et les **pancartes**
sont en papier ou en carton.

carton
Le **carton** est un papier très épais.
Mon livre a une couverture en **carton :**
c'est un livre **cartonné.**
Mes souliers neufs sont rangés
dans un **carton** à chaussures :
dans une boîte en **carton.**

casque
Quand Robert part à motocyclette,
il met un **casque** pour protéger sa tête.
Le **casque** des pompiers est en métal.
Marc porte une **casquette** de marin :
elle est en étoffe bleu marine,
avec une visière pour abriter les yeux.

casser
Le verre est tombé par terre
et il s'est **cassé** en plusieurs morceaux.
On ne peut pas le réparer.

casserole
Pour faire cuire quelque chose
sur le feu, on le met dans une **casserole.**
Les **casseroles** sont souvent en métal,
elles ont une queue, ou un manche,
pour qu'on puisse les prendre
sans se brûler les mains.

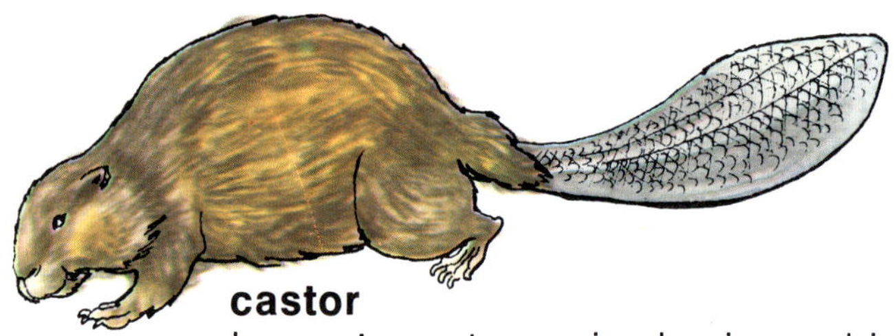

castor
Le **castor** est un animal qui nage bien.
Il abat des arbres en les rongeant
pour construire des barrages sur la rivière.
Il a une belle fourrure brun doré
et une queue plate couverte d'écailles.

cauchemar
Sophie s'agite en dormant :
« Qu'est-ce que tu as, Sophie?
— Quelque chose m'a fait peur...
— Mais il n'y a rien, tu vois bien;
tu as fait un **cauchemar** en dormant :
ce n'était qu'un mauvais rêve. »

cave
La **cave** est une pièce sous la maison;
on y descend par un escalier.
Il y fait noir, allumons l'électricité.
Qu'y a-t-il dans la **cave?** du charbon,
du bois, des bouteilles de vin.

ceinture
Marie noue la **ceinture** de sa robe.
Une **ceinture** est une bande d'étoffe
ou de cuir qu'on attache
autour de la taille; elle se ferme
avec une boucle ou avec un nœud.

cendre
Quand on a fait brûler du papier,
du bois ou du charbon,
il n'en reste plus qu'une poudre grise
qu'on appelle de la **cendre.**
« Attention, la **cendre** de ta cigarette
va tomber. Mets-la dans le **cendrier.** »
« Connais-tu l'histoire de **Cendrillon?**
Pourquoi l'appelait-on comme ça? »

cercle
Un anneau, une bague, une roue
ont la forme d'un **cercle** :
le **cercle** est rond.
Peux-tu dessiner un **cercle?**

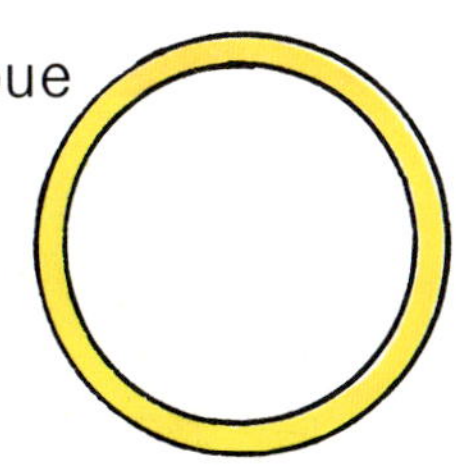

cerf
Le **cerf** est un bel animal
qui a de très grandes cornes :
on dirait des branches d'arbre.
Il vit dans la forêt avec sa famille :
les biches et les petits faons.

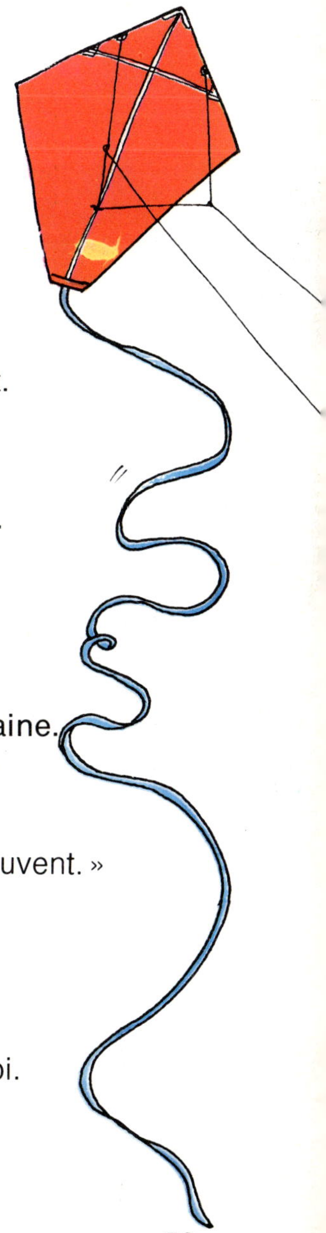

cerf-volant
Un **cerf-volant** n'est pas un cerf
qui vole! non, c'est un jouet.
Tu peux fabriquer un **cerf-volant**
avec du papier et des baguettes;
attache-le au bout d'une ficelle
et il s'envolera, s'il y a assez de vent.

cerise
La **cerise** est un fruit rouge
qui pousse sur un arbre : le **cerisier.**
« Quand tu manges des **cerises,**
n'avale pas les noyaux! »

certain
« Est-ce que Marie est là? — Oui.
— Tu en es sûre? — J'en suis **certaine.**
Je l'ai vue, elle est **certainement** là.
— Nous voudrions sortir avec elle,
mais on ne sait pas s'il fera beau :
le temps est **incertain,** il change souvent. »

chagrin
« Pourquoi pleures-tu?
Tu as du **chagrin?** — Oh! oui,
je suis triste, j'ai beaucoup de peine
parce que Maman est partie sans moi.
— Ne **te chagrine** pas pour cela,
elle t'emmènera une autre fois! »

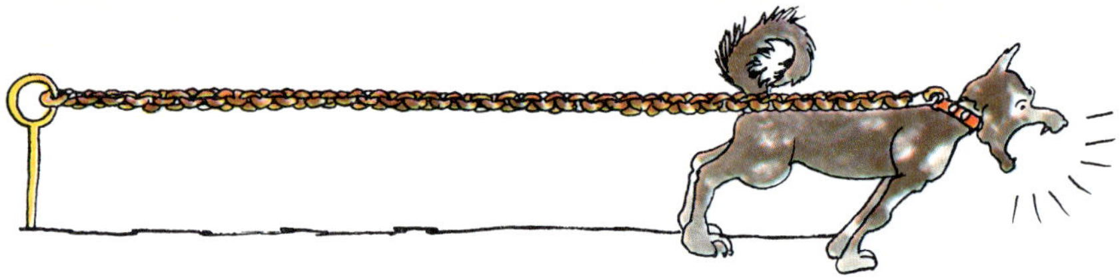

chaîne
Le chien est attaché avec une **chaîne** :
la **chaîne** est faite de petits anneaux
enfilés les uns dans les autres;
chaque anneau de métal est un **chaînon.**
Mais Tom n'aime pas être **enchaîné!**
Le bracelet de Marie est une **chaînette** :
c'est une petite **chaîne** en argent.
La **chaîne** de ma bicyclette
sert à faire tourner les roues
quand j'appuie sur les pédales.

chair
Sous ma peau, il y a ma **chair**;
mon corps est fait de **chair** et d'os.
La viande que nous mangeons
est la **chair** des animaux.

chaise
Je suis assis sur une **chaise** :
une **chaise** est un meuble
qui a quatre pieds et un dossier.

chambre
Une **chambre à coucher** est une pièce
où il y a un lit pour dormir.

chameau
Le **chameau** est un animal domestique
qui peut porter entre ses deux bosses
des gens et des marchandises;
il vit surtout dans les pays chauds.
La femelle du **chameau** est la **chamelle.**

champ
Oncle Albert vit à la campagne
et il travaille dans les **champs** :
un **champ** est un endroit
où l'on cultive la terre
pour y faire pousser des plantes utiles.

champignon
Le **champignon** est une petite plante
qui pousse dans les prés ou dans les bois;
il est fait d'un « chapeau »
posé sur un pied, comme une grosse tige,
mais il n'a pas de feuilles.
Il y a des **champignons** bons à manger,
mais d'autres sont très dangereux,
et, si on les mangeait,
on pourrait mourir empoisonné.

champion
Éric joue très bien au football
et il deviendra peut-être un **champion** :
les **champions** sont ceux qui gagnent
très souvent dans les matches
qu'on appelle des **championnats.**
Il faut travailler longtemps
pour devenir **champion** de natation,
de ski, de boxe ou de tennis.
« Sophie, deviendras-tu **championne**? »

chance
Marie a eu de la **chance** aujourd'hui :
il lui est arrivé une chose agréable,
elle a gagné à la loterie.
Il fait beau ce matin : quelle **chance!**
nous pouvons aller jouer dehors.
« À toi de jouer, Marc. **Bonne chance!**
j'espère que tu réussiras. »

chandail
Mamie a acheté de la laine bleue
pour me tricoter un **chandail**
avec des manches longues.
Un **chandail,** c'est comme un pull-over.

changer
« Sophie, ta robe n'est pas propre,
tu devrais en mettre une autre :
va donc **changer** de robe.
— Oui, je veux bien, **ça me changera;**
j'aime bien le **changement** :
c'est plus amusant quand les choses
ne sont pas toujours pareilles... »
Je me demande comment une chenille
peut **se changer en** papillon!

chanter
J'entends Isabelle qui **chante** :
elle fait de la musique avec sa voix.
« Apprends-moi la chanson
que tu **chantais** hier.
— Attends que je me rappelle l'air...
Tralalalalère... — Oui, c'est cela,
mais tu sais les paroles? — Oh oui!
je les ai copiées sur mon cahier de **chant.** »
Ceux qui savent **chanter**
sont des **chanteurs** et des **chanteuses.**
Si je **chante** doucement, je **chantonne.**
Une petite chanson est une chansonnette.

chantier
On bâtit une maison à côté de chez moi;
les ouvriers creusent la terre,
d'autres poussent des brouettes,
il y a des pierres, des planches
et des tas de sable sur le **chantier** :
à l'endroit où on travaille
pour construire le bâtiment.

chapeau
L'été, je mets un **chapeau** sur ma tête
pour me protéger du soleil.
Marc a un **chapeau** de paille,
le mien est en étoffe.
« Sais-tu faire un **chapeau de gendarme**
en pliant une feuille de papier? »

charbon
Pour avoir chaud l'hiver,
nous faisons brûler du **charbon**
dans un poêle. Le **charbon** est noir,
on le trouve dans les mines
en creusant profondément dans la terre.
On achète le **charbon** chez le **charbonnier.**
Le **charbon** sert aussi dans les usines,
pour faire marcher des machines.

charcutier
Le **charcutier** vend de la viande de porc
et fabrique de la **charcuterie** :
des saucisses, du pâté, du boudin...
Sa boutique est une **charcuterie.**

charger
« Éric porte beaucoup de paquets.
Comme il est **chargé!** Ça doit être lourd.
— Et ce n'est pas tout, il y a encore
beaucoup de choses dans la voiture :
tout un **chargement.** Aide-nous,
nous allons **décharger** les valises :
nous les sortirons pour vider l'auto.
Sophie, occupe-toi du panier du chat.
— Oui, je le prends, je **m'en charge.** »

chariot
Nicolas a mis ses jouets dans le **chariot**
pour les transporter dans le jardin.
Un **chariot** est une petite voiture
qu'on fait rouler en la tirant.
Une **charrette** est une voiture à cheval.
Le **charretier** conduit la **charrette.**

charrue
On laboure le champ avec une **charrue** :
c'est une machine agricole
qui creuse des sillons dans la terre
pour qu'on puisse y semer des graines.

chasser
Oncle Albert et ses amis vont **chasser** :
ils iront par la campagne avec leur fusil
pour tuer des lapins
ou d'autres bêtes des bois et des champs.
Ceux qui **chassent** sont des **chasseurs.**
Le chat aussi **chasse** les souris,
mais il va à la **chasse** sans fusil!

chat
Le **chat** a une fourrure douce,
des oreilles pointues, une longue queue
et de grandes moustaches.
Sa femelle, la **chatte,** élève ses **chatons**
en les nourrissant avec son lait.

châtain
Marc a les cheveux **châtains** :
ils sont d'une couleur brun clair.
C'est aussi la couleur des **châtaignes,**
qui sont des fruits comme les marrons
et poussent sur un arbre, le **châtaignier.**

château
Sophie dessine une grande maison
avec beaucoup de portes et de fenêtres,
des tours et des toits pointus :
c'est un **château.**

chatouiller
Thomas rit aux éclats
parce que Sophie le **chatouille** :
elle le touche doucement
avec le bout de ses doigts.
« Et toi, Sophie, es-tu **chatouilleuse?**
ça te fait rire quand on te **chatouille?** »

chaud
Il fait chaud l'été, au soleil,
mais l'hiver, quand le temps est froid,
il faut allumer du feu pour se chauffer :
alors la maison est bien **chaude.**
« Ferme la porte, pour que la **chaleur**
ne s'en aille pas, et, si tu as froid,
bois du lait **chaud** pour te réchauffer. »

chauffeur
Un **chauffeur** est celui qui conduit
une auto, un camion, une locomotive.

chaussette
Pour avoir chaud aux pieds,
je porte des **chaussettes** de laine;
elles sont plus courtes que des bas
et ne montent pas au-dessus du genou.

chaussure
Les souliers, les bottes, les sandales
sont des **chaussures.**
Les **chaussures** ont des semelles
et des talons pour protéger nos pieds
quand nous marchons.
« Mets tes **chaussures,** Marc :
il faut **te chausser,** mon garçon. »
Thomas a enlevé ses chaussons de laine :
il est **déchaussé,** le voilà pieds nus.

chef
Dans la maison où Philippe travaille,
il y a un **chef** d'atelier :
c'est lui qui explique aux ouvriers
ce qu'ils doivent faire.
Sophie et Marc se disputent :
« C'est moi qui commande, je suis le **chef!**
— Non, c'est moi! Toi, tu obéis!
— Allons, dit Éric, ne vous fâchez pas,
chacun sera **chef** à son tour!»

chemin
Hier, nous nous sommes promenés
dans un **chemin** au milieu des champs.
On passe par un **chemin**
pour aller d'un endroit à un autre.
« Marc, connais-tu le **chemin** de l'école?
— Oui, je sais par où il faut passer
pour aller à l'école;
je ne me trompe pas de **chemin.** »
Quand on voyage par le train,
on dit qu'on prend le **chemin de fer,**
parce que le train roule
sur des rails en métal.

cheminée
Sur le toit de la maison,
il y a une **cheminée** : un gros tuyau
où passe la fumée quand on fait du feu.
Les usines ont souvent des **cheminées**
très, très hautes, comme des tours,
et les grands bateaux ont aussi
des **cheminées,** d'où sort la fumée.
Chez tante Clara, on peut faire du feu
dans la **cheminée** : c'est un endroit
où l'on fait brûler du bois,
dans la maison, pour se chauffer.

chemise
Marc porte une **chemise** blanche
qui a un col et des manches;
elle se ferme devant avec des boutons.
Ma **chemisette** a des manches courtes.
Maman a un **chemisier** à rayures.
Ce soir, je mettrai ma **chemise de nuit** :
c'est un vêtement léger
qu'on porte la nuit, pour dormir.

chêne
Le **chêne** est un grand arbre.
Nous avons une table en **chêne** :
elle est faite avec le bois d'un **chêne.**

chenille
Quand un papillon a pondu ses œufs,
il en sort bientôt des **chenilles.**
La **chenille** est une petite bête
qui rampe sur les feuilles
et les mange pour se nourrir;
à l'automne, elle fabrique un cocon
dans lequel elle dort tout l'hiver,
avant de se changer en papillon.

cher
Quand j'écris à des amis,
je mets d'abord : « **Cher** Robert »,
ou « **Chère** Isabelle », ou « **Chers** amis ».
Quand je fais une lettre pour Papa
et Maman, j'écris souvent :
« Maman **chérie,** Papa **chéri** »,
cela veut dire que je les aime
de tout mon cœur.
En faisant les courses,
Mamie voit les prix sur les étiquettes.
Souvent elle dit : « C'est trop **cher!** »
Ça veut dire qu'il faut trop d'argent
pour acheter ce qu'elle voudrait.
Mais les sucettes ne sont pas **chères** :
elles ne coûtent pas beaucoup d'argent...

chercher
Marie a perdu son stylo, où est-il?
Elle regarde partout pour le retrouver :
elle le **cherche.** Ah! le voilà,
il était caché sous un livre.
Arnaud est parti **chercher** du pain :
il va en acheter chez la boulangère;
en revenant, il ramènera Sophie :
il ira la **chercher** à l'école.

cheval
Le **cheval** est un animal domestique.
Sa femelle est une jument
et ses petits sont des poulains.
Autrefois, quand les autos n'existaient pas,
les **chevaux** tiraient les voitures.
Aline et Robert aiment monter à **cheval,**
ils font souvent du **cheval** le dimanche.
Ceux qui vont **à cheval** sont des **cavaliers**.
Marc est assis **à cheval sur** le banc,
les jambes de chaque côté du banc.

cheveu
Les **cheveux** poussent sur notre tête;
il y en a beaucoup. Chaque **cheveu**
est fin et long comme un fil.
Thomas a les **cheveux** courts et frisés,
les miens sont longs et plats,
et Isabelle a une **chevelure** bouclée.

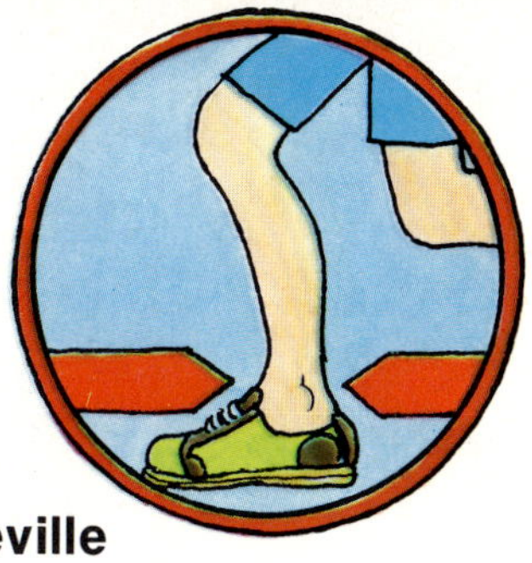

cheville
L'endroit où mon pied est attaché
à ma jambe, c'est ma **cheville.**
Quand on se tord le pied,
on a mal à la **cheville.**

chèvre
La **chèvre** est un animal domestique
qui a deux cornes sur le front.
Le mâle de la **chèvre** s'appelle le bouc
et ses petits sont des **chevreaux.**
On fait du fromage avec le lait de **chèvre.**

chien
Tom est un **chien,** c'est un animal
qui aime bien vivre avec les gens.
Sa mère était une belle **chienne** noire.
Un bébé chien est un **chiot.**

chiffon
Je nettoie mon vélo avec un **chiffon :**
c'est un vieux morceau d'étoffe
qu'on jette quand on n'en a plus besoin.
« Il faut repasser ta robe, Marie,
elle est pleine de petits plis,
comme un **chiffon** : elle est **chiffonnée.** »
Le **chiffonnier** ramasse les **chiffons**
et les vieux papiers pour les vendre,
parce qu'on en fait du papier neuf.

chiffre
1 2 3 4 5 6 7 8 9 0 : ce sont les **chiffres.**
Les **chiffres** servent à compter
et à écrire tous les nombres.
Le numéro de cette page
est écrit avec des **chiffres.**
« Sais-tu écrire le nombre vingt-quatre
avec des **chiffres?** »

chocolat
On fabrique le **chocolat**
avec de la poudre de cacao et du sucre.

choisir
« Préfères-tu aller au zoo ou au cinéma?
Choisis l'un ou l'autre :
tu ne peux pas faire les deux à la fois. »
Marc ne sait pas quel gâteau **choisir**
parce qu'il y en a beaucoup :
« Allons, tu as **choisi?**
Il faut faire ton **choix** : tu sais bien
que tu ne peux pas les manger tous! »

chose
« Je pense à **quelque chose...**
— Ce n'est pas une personne? — Non.
— Ni un animal? — Non plus.
— Alors c'est une **chose,** un objet!
— Vous jouez toujours aux devinettes,
on ne pourrait pas jouer à **autre chose?** »

chou
Il y a plusieurs sortes de **choux :**
chou pommé, chou-fleur, chou-rave,
chou de Bruxelles. Ce sont des légumes.
On fabrique la choucroute avec du **chou.**
« Et le **chou à la crème,** c'est quoi?
— C'est un gâteau.
— Quand tu m'appelles « mon **chou** »,
tu penses à un légume ou à un gâteau? »

chuchoter
Isabelle dit quelque chose à Marie,
mais on n'entend rien
parce qu'elle parle tout bas :
elle **chuchote.**
« Qu'est-ce que vous **chuchotez?**
— **Chut!** les enfants. C'est un secret. »

cible
« Essaie de lancer une flèche sur la **cible.** »
Notre **cible** est un grand rond
où l'on voit des cercles et des chiffres.
« Si ta flèche se plante juste au milieu,
c'est que tu as très bien visé! »

cicatrice
Je me suis coupé l'autre jour;
maintenant mon doigt est guéri,
mais on voit une petite trace blanche
sur ma peau : c'est la **cicatrice.**
Les blessures et les brûlures
laissent quelquefois des **cicatrices.**

cidre
Le **cidre** est une boisson
qu'on fabrique avec le jus des pommes.

ciel
Couché dans l'herbe, je regarde le **ciel** :
il est bleu et le soleil brille,
mais des nuages passent là-haut,
loin de moi, au-dessus de la terre.
Les oiseaux volent dans les **cieux**
et les avions traversent l'espace.
La nuit, c'est la lune qu'on voit,
avec les étoiles, dans le **ciel** noir.

cigarette
Une **cigarette,** c'est du tabac haché
entouré d'une feuille de papier fin.
Maman aime les **cigarettes** blondes
et Papa fume quelquefois un **cigare** :
c'est une feuille de tabac roulée.

cigogne
La **cigogne** est un grand oiseau blanc
qui a de longues pattes, un long cou
et un grand bec pointu.
Elle fait son nid sur les cheminées
et puis, à l'automne, elle s'en va
passer l'hiver dans les pays chauds.

ciment
Le maçon assemble les briques du mur
avec du **ciment.** On prépare le **ciment**
avec une poudre grise et de l'eau :
cela fait une pâte qui durcit en séchant.

cinéma
Au **cinéma,** on voit des images
qui bougent sur un écran, et on entend
les personnages du film qui parlent
comme s'ils étaient dans la salle.

circuler
Éric aime voyager, aller et venir :
il **circule** tout le temps.
Dans la rue, on voit beaucoup de gens
et de voitures qui vont et viennent :
il y a beaucoup de **circulation.**

cirer
Pour faire briller le parquet,
il faut le frotter avec de la **cire,**
il faut le **cirer.** La **cire** est jaune,
ce sont les abeilles qui la fabriquent,
pour construire les rayons de la ruche
où elles conservent leur miel.
Avec de la **cire,**
on peut faire aussi des bougies.
Les souliers brillent
quand on les a bien **cirés**
en les frottant avec du **cirage** :
c'est une pâte qu'on fait avec de la **cire.**

cirque
Ce soir, nous allons au **cirque** :
sous une grande tente
on s'assied tous en rond.
Au milieu, sur la piste,
on voit des clowns, des acrobates,
des chevaux, des tigres bien dressés.

ciseaux
Je découpe des images avec des **ciseaux.**
Les **ciseaux** sont en métal;
ils ont deux branches, fixées au milieu
par une petite vis;
d'un côté elles sont coupantes,
de l'autre elles forment des anneaux
où l'on peut passer les doigts.

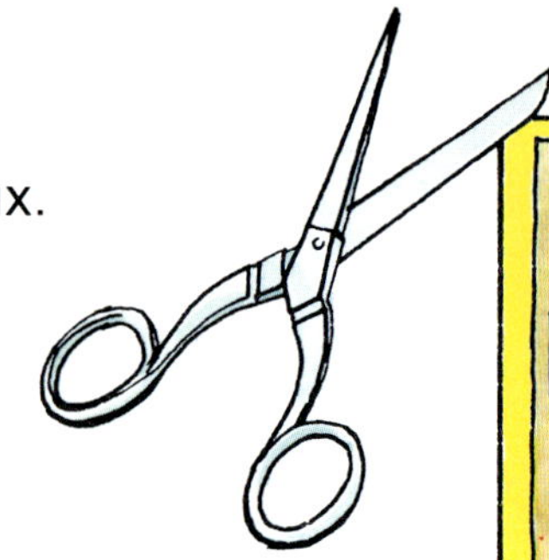

citron
Le **citron** est le fruit du **citronnier.**
Sa peau jaune clair s'appelle le « zeste ».
La **citronnade,** c'est du jus de **citron**
avec de l'eau; on y met aussi du sucre
parce que les **citrons** sont acides.

clair
On voit **clair** dans la maison,
sous la lumière de la lampe
qui **éclaire** la table où nous dînons.
Dehors, au contraire, il fait sombre,
on ne voit briller que le **clair de lune,**
qui fait un peu de **clarté** dans la nuit.
Quand l'eau est **claire,**
on voit au travers : elle est transparente.
Le jaune est une couleur **claire,**
tandis que le marron est sombre,
c'est une couleur foncée.

classe
Sophie et Marc vont **en classe.**
À l'école, les enfants ne sont pas tous
ensemble, il y a plusieurs **classes :**
la **classe** des petits, celle des moyens
et celle des grands.
Dans la salle de **classe,**
il y a des tables et des chaises;
la maîtresse explique la leçon
à ses élèves : elle **fait la classe.**

clé
Pour **fermer la porte à clé,**
je fais tourner la **clé** dans la serrure :
je **donne un tour de clé.**
La **clé** est un instrument en métal
qui sert à fermer une porte,
ou à l'ouvrir. Il faut une petite **clé**
pour mettre la voiture en marche.
Ma petite auto est un jouet mécanique
que l'on remonte avec une **clé.**

client
Le docteur reçoit chez lui
les gens qui viennent pour être soignés :
ce sont ses **clients.**
Les magasins sont pleins de **clients :**
de gens qui veulent acheter
quelque chose aux marchands.
Sophie achète beaucoup de bonbons :
c'est une bonne **cliente**
pour la marchande de bonbons.

cloche
Les **cloches** de l'église sont suspendues
dans le **clocher;** elles sont en métal,
et quand on les frappe, elles sonnent
en faisant un bruit
qui est le son de la **cloche.**

cloche-pied
Marc s'amuse à sauter **à cloche-pied** :
il avance en sautant sur un seul pied.

cloque
Aïe! je me suis brûlé le doigt.
Cela fait une petite boule
avec de l'eau sous la peau :
j'ai une **cloque.**

clou
Le couvercle de la caisse est **cloué** :
il est fixé avec des **clous.**
Un **clou** est un petit objet de métal
qui a une tête et une pointe;
pour **clouer** deux planches ensemble,
on enfonce la pointe du **clou**
en tapant sur la tête avec un marteau.

clown
Au cirque, les **clowns** sont très drôles
avec leur figure peinte
et leurs costumes extraordinaires.
Ils font des culbutes
et racontent des histoires.

coccinelle
La **coccinelle** est un petit insecte rond
qu'on voit sur les plantes, en été;
elle est rouge avec des points noirs;
on l'appelle aussi « bête à bon Dieu ».
La **coccinelle** trotte, trotte...
et tout d'un coup, elle s'envole!

cochon
Les **cochons** sont des animaux
domestiques;
on les appelle aussi des porcs.
Ils dorment dans la porcherie.
La femelle du **cochon** est la truie.
Nicolas a un **cochon d'Inde** :
c'est un petit animal à fourrure,
qui grignote toute la journée.

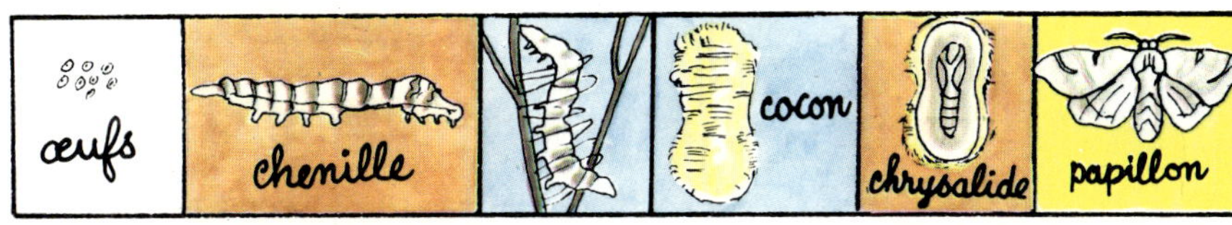

cocon
La chenille fabrique un **cocon**
en enroulant autour d'elle un fil
qu'elle fait elle-même;
elle y dort l'hiver, changée en chrysalide;
au printemps, elle devient un papillon
qui déchire le **cocon** pour s'envoler.

cœur
« Qu'est-ce qui bat dans ta poitrine?
— C'est mon **cœur.** Il bat jour et nuit
pour faire circuler mon sang
dans tout mon corps. »
Le **cœur** de la salade, de l'artichaut,
ce sont les petites feuilles du milieu.
La marguerite a un **cœur** jaune
au milieu de ses pétales blancs.
Nicolas **a le cœur gros** : il est triste
parce qu'il est tout seul chez lui;
Marc, qui **a bon cœur,** va le consoler.
J'ai fini d'apprendre ma leçon,
je peux la réciter : je la sais **par cœur.**
Isabelle aime beaucoup Philippe;
elle l'aime **de tout son cœur.**

coffre
Nous avons un **coffre** à jouets :
c'est une très grande boîte
qui est posée par terre, dans la chambre,
et qui se ferme avec un couvercle.
L'auto a aussi un **coffre**
où l'on peut mettre des bagages.

cogner
Marie s'est levée si brusquement
qu'elle s'est **cognée** contre la table.
Quel coup! elle aura un bleu demain!

coiffer
Sophie peigne et brosse ses cheveux :
elle **se coiffe.** Mais une heure après,
elle est déjà **décoiffée** :
ses cheveux sont en désordre.
« Je vais changer de **coiffure** : demain,
j'arrangerai mes cheveux autrement. »
Maman va chez le **coiffeur**
pour se faire couper les cheveux.

coin
La boulangerie est au **coin** de la rue :
à l'endroit où deux rues se croisent.
Tom a dû faire une bêtise : il se couche
dans un **coin,** tout contre le mur,
et il me **regarde du coin de l'œil.**
Dans la cour de l'école,
les enfants **jouent aux quatre coins.**

col
Qu'est-ce qu'on porte autour du cou?
Un **col** de chemise,
une collerette comme celle de Pierrot,
un **cache-col** pour se tenir chaud,
un **collier** de perles, un **collier** de chien!

colère
Thomas est tout rouge, il crie,
il serre les poings : il fait une **colère.**
Les gens qui se mettent **en colère**
et qui se fâchent souvent sont **coléreux.**

collection
Éric a beaucoup de beaux timbres,
il **en fait collection** : il les garde
et les range dans un album.
Arnaud a une **collection** de papillons,
et moi je **collectionne** les coquillages.

coller
Marc découpe des images,
puis il les **colle** sur son cahier :
il met de la **colle** derrière l'image,
qu'il pose sur une page du cahier;
alors l'image ne s'en va plus :
elle est **collée.** La **colle** est un liquide
ou une pâte, qui fait tenir ensemble
des papiers, des morceaux de bois,
de carton, d'étoffe, ou autre chose.
Le **papier collant** se fixe tout seul
quand on le pose sur un objet.
Marie porte un **collant** rouge :
c'est à la fois une culotte et des bas.
Quand un avion quitte le sol
pour s'envoler, on dit qu'il **décolle.**

colline
Une **colline** est une petite montagne.

comédie
Les acteurs et les actrices
sont des **comédiens**
et des **comédiennes;**
ils **jouent la comédie.**
Une **comédie** est une pièce de théâtre;
les personnages sont souvent drôles :
ils sont **comiques.**

commander
« Viens ici, Nicolas! Donne-moi ça,
Nathalie! Dépêche-toi! »
Sophie aime bien **commander**,
elle donne des ordres à tout le monde.
« Ce n'est pas toi qui **commandes,**
nous ferons ce que nous voudrons. »
Maman a **commandé** un gâteau :
elle a demandé au pâtissier de le faire
pour dimanche, à midi.
« C'est entendu, a dit la marchande,
votre **commande** sera prête à midi. »

commencer
« Il est bien, ton livre?
— Je ne sais pas encore, je **commence** :
j'ai lu seulement la première page,
c'est le début. » Quelquefois, en lisant,
je ne comprends pas le **commencement**
de l'histoire, mais après je lis tout
jusqu'à la fin, et ça me plaît.
J'ai même envie de **recommencer,**
pour revoir encore les images.

commission
Marie prend un panier
pour aller faire les **commissions.**
Maman lui a donné de l'argent
et la liste de ce qu'il faut acheter :
« N'oublie rien, Marie,
et fais attention à la monnaie. »
Marie est une bonne **commissionnaire**
et elle aime bien faire les courses.

commode
Je range mes habits dans ma **commode.**
C'est un meuble en bois,
avec des tiroirs, et sur le dessus
je peux poser des livres et des jouets.
Quand on a beaucoup de paquets,
c'est pratique d'avoir un panier :
c'est plus **commode** que de tout porter
à la main ou dans les bras!

complet
Marc a rangé tous les cubes
de son jeu de construction,
la boîte est **complète :** il n'y manque rien.
Nous n'avons pas pu prendre l'autobus
parce qu'il était **complet :**
toutes les places étaient prises.
Éric cherche des timbres nouveaux
pour **compléter** sa collection :
il a encore de la place dans son album;
mais quand il sera **complètement** fini,
il en achètera sûrement un autre!

compliqué
Je n'arrive pas à apprendre ma leçon
parce qu'il y a des mots difficiles
et des choses que je ne comprends pas :
elle est **compliquée!**
J'aimais mieux la leçon d'hier,
elle était plus simple.

comprendre
« Qu'est-ce que ça veut dire, ce mot-là?
Et cette machine, comment marche-t-elle?
Et pourquoi il ne faut pas faire ça? »
Il y a beaucoup de choses
que je ne **comprends** pas,
alors je pose des questions;
si l'on m'explique bien,
avec des mots que je connais,
tout devient clair dans ma tête
et je dis : « Ça y est, j'ai **compris!** »

compter
Sophie connaît les chiffres,
elle sait faire une addition :
elle a appris à **compter.**
Quand elle fait les commissions,
elle sait **compter** la monnaie,
elle ne se trompe pas dans ses **comptes.**
« Tu es une grande fille, dit Maman,
j'ai confiance en toi : je **compte sur** toi. »
Nathalie joue à la marchande
et Marc la paie avec des haricots,
mais c'est pour rire : **ça ne compte pas.**

concierge
Dans les maisons qui ont plusieurs étages,
il y a parfois des **concierges** ou des gardiens :
des personnes qui gardent la maison.

concours
Nous allons faire un **concours** :
Éric nous posera des questions,
et ceux qui sauront bien répondre
auront gagné, ils auront un prix.

condition
Maman m'a permis de sortir,
mais à une **condition** : c'est de ranger
tous mes jouets avant de partir;
si je veux aller me promener,
il faut d'abord que je range tout.

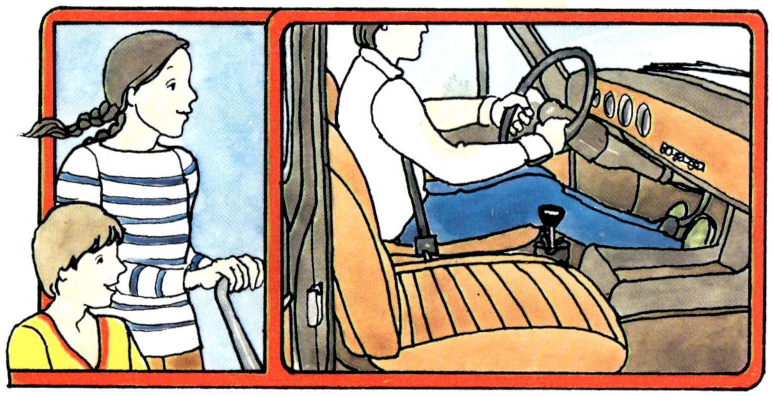

conduire
Nicolas est encore trop jeune
pour aller à l'école tout seul,
alors sa maman le **conduit** :
elle va avec lui.
Marie va me **conduire** chez Philippe
parce que je ne connais pas le chemin,
et, ce soir, Philippe me **reconduira** :
il viendra avec moi
quand je rentrerai à la maison.
L'auto ne marche pas toute seule,
il faut savoir la **conduire** :
la faire aller où on veut
en se servant des pédales et du volant.
Le **conducteur** fait marcher l'auto
en la **conduisant.**

confetti
Le jour du carnaval, on s'amuse
à lancer des **confettis** :
ce sont de tout petits ronds de papier
roses, bleus, verts, jaunes...

confier
« Je sors une minute, dit Maman,
fais bien attention à Thomas :
je te le **confie,** occupe-toi de lui.
— Oui, je ferai ce que tu me demandes,
tu peux **avoir confiance** en moi. »

confiture
Pour préparer les **confitures,**
on fait cuire des fruits avec du sucre,
alors on peut les garder longtemps
dans des pots bien fermés.
Les **fruits confits**
se conservent aussi dans le sucre;
on les achète dans les **confiseries :**
les boutiques où on vend les bonbons.

conserver
J'ai gardé la carte que tu m'as envoyée :
je la **conserve** en souvenir de toi.
On garde les légumes, les sardines, etc.
dans des **boîtes de conserve**
pour qu'ils ne s'abîment pas
et restent longtemps bons à manger.
Les aliments **se conservent** aussi
dans des bocaux bien fermés
ou dans des endroits très froids,
par exemple dans un réfrigérateur.

consoler
Sophie a eu un gros chagrin,
mais Maman a su la **consoler :**
elle lui a fait oublier sa peine;
maintenant Sophie ne pleure plus,
elle sourit : elle est **consolée.**

connaître
« **Connaissez**-vous mon petit frère?
— Oui, je l'ai vu plusieurs fois :
je le **connais ;** quand je le rencontre,
je vois bien que c'est lui :
c'est Thomas, je le **reconnais.** »
Thomas commence à parler,
il **connaît** déjà beaucoup de mots :
il les comprend et sait les répéter.
Il sourit à tout le monde, dans la rue,
même aux **inconnus :**
aux gens que nous ne **connaissons** pas.
Il a vite fait de **faire connaissance :**
les passants lui disent bonjour
et après ils le **reconnaissent**
quand je le promène dans le quartier.

construire
Viens, Sophie, on va faire une maison
avec mon **jeu de construction :**
on pose les cubes les uns sur les autres
pour **construire** les murs.
Quand nous aurons tout fini
et que la maison sera **construite,**
nous bâtirons une tour à côté.

conte
Mamie connaît beaucoup d'histoires
de fées, de sorcières, de bêtes
qui savent parler comme des personnes :
toutes ces histoires sont des **contes.**
Les aventures qu'on **raconte**
dans les **contes de fées**
ne sont pas arrivées, on les a inventées.
À la bibliothèque pour enfants,
j'aime bien écouter des histoires
pendant « l'heure du **conte** ».

content
Thomas sourit : il a l'air **content;**
et Marie est **contente** d'aller chez Aline :
elle va bien s'amuser.
Mais Philippe est fâché : il est **mécontent**
parce qu'il voulait partir trois jours,
et il n'a que deux jours de vacances!
Tant pis! il faudra **s'en contenter** :
Philippe sera quand même **content**
de se reposer pendant deux jours.

continuer
Quand Marie a commencé ses devoirs,
elle ne s'arrête pas : elle **continue**
tant qu'elle n'a pas fini son travail;
mais après, elle va s'amuser.
« Marc! arrête de faire du bruit.
Si tu **continues,** tu vas réveiller Thomas. »

contraire
Éric est très grand,
Thomas, **au contraire,** est tout petit :
grand est le **contraire** de petit.
Quel est le **contraire** de « lourd »?
Sophie n'est jamais de mon avis,
elle dit tout le **contraire**
de ce que je veux, elle me **contrarie** :
« Viens jouer, Sophie. — Non, je lis.
— Si on dessinait? — Non, je sors.
— Tu fais exprès de me **contredire.** »

copier
Quand je lis une poésie qui me plaît,
je la **copie** sur un cahier : je l'écris
toute pareille, sans oublier un mot;
et puis, quand j'ai fini ma **copie,**
je dessine quelque chose de joli à côté.

coq
Le **coq** se promène dans la basse-cour
avec ses femelles, les poules.
C'est un oiseau qui a une crête rouge
sur la tête et une belle queue en plumes.
Il chante très fort : « Cocorico! »

coquelicot
Le **coquelicot** est une fleur des champs
qui est rouge comme la crête du coq.

coquet
Isabelle aime être bien coiffée
et bien habillée : elle est **coquette;**
mais la **coquetterie** est-elle un défaut?
Est-ce qu'il vaut mieux être **coquet**
ou toujours sale et mal habillé?

coquille
Pour manger un œuf à la coque,
je le mets dans un coquetier,
puis, avec ma cuillère,
je casse la **coquille** de l'œuf.
L'escargot a une boule sur le dos,
mais elle est creuse : c'est sa **coquille,**
où il peut se mettre à l'abri.
Beaucoup de petites bêtes, dans la mer,
vivent aussi dans leur **coquille** :
ce sont des **coquillages.**

corde
Une **corde** est une ficelle très épaisse;
on la fabrique avec de gros fils
tordus ensemble.
Les enfants sautent à la **corde,**
et Arnaud grimpe à la **corde à nœuds.**
Une **cordelette** est une petite **corde.**
On tire les rideaux avec des **cordons.**
La brassière de Thomas est attachée
avec une **cordelière** en laine.
Le violon et la guitare ont des **cordes**
qui font de la musique si on les touche.

cordonnier
En marchant j'use mes souliers,
alors on les porte chez le **cordonnier,**
pour qu'il répare les talons abîmés
et les semelles percées.

corne
La vache, la chèvre, le cerf
ont des **cornes** dures et pointues
qui poussent sur leur tête;
ce sont des animaux **cornus.**
Sophie enroule une feuille de papier
en la tenant par un coin :
cela fait un **cornet** pointu,
où elle mettra des bonbons pour Mamie.
Marc mange un **cornet** de glace.

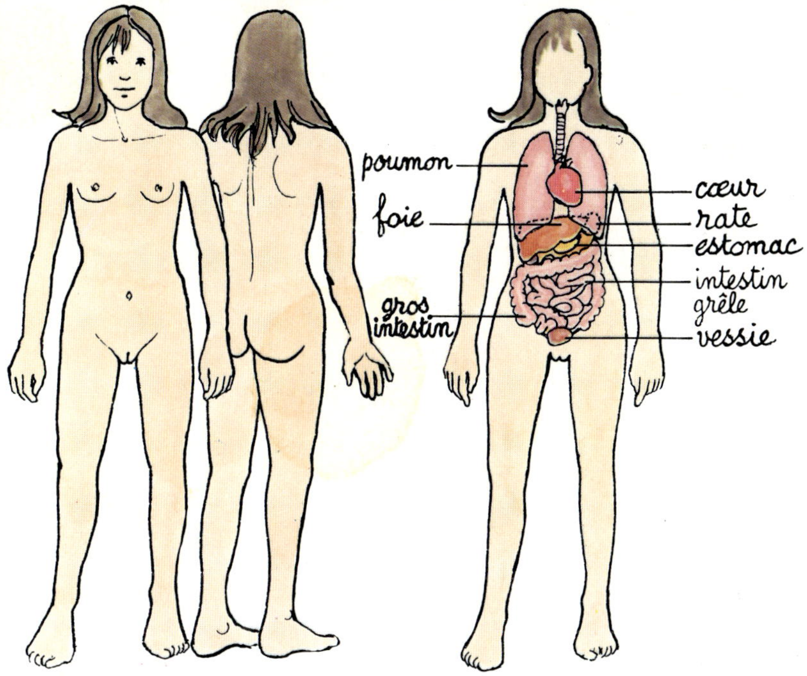

corps
J'ai une tête, un tronc, des membres :
tout cela, c'est mon **corps;**
il est fait de chair et d'os
et tout recouvert de peau.
Mon **corps** est vivant, il respire,
il se nourrit de ce que je mange,
et mon sang circule à l'intérieur.
Tous les êtres vivants ont un **corps.**

corriger
La maîtresse lit nos devoirs;
si un mot est mal écrit,
elle le récrit comme il faut
dans la marge du cahier :
elle **corrige** les fautes.
« Marc, tu t'es encore trompé,
il faut **te corriger** de ton étourderie.
Tom a fait une bêtise et il a été battu :
il a reçu une **correction.** »

costume
Nicolas a une veste et un pantalon
qui vont ensemble : il a un **costume.**
« Viens avec nous te déguiser,
nous avons des **costumes** en papier ;
Sophie s'est **costumée** en fée
et je suis habillé en astronaute. »

côte
Sens-tu les os que tu as de chaque côté
de la poitrine? Ce sont tes **côtes.**
Les os des **côtelettes** de mouton
sont les **côtes** du mouton.
Tante Clara vit au bord de la mer :
elle habite sur la **côte.**
Une **côte,** c'est aussi un chemin
qui monte beaucoup. C'est fatigant
de monter une **côte** à bicyclette,
mais, pour redescendre, c'est facile!

côté
Pour dessiner un carré,
je trace quatre lignes :
ce sont les quatre **côtés** du carré.
« Je vois Aline, en face de chez nous,
de l'autre **côté** de la rue.
Je vais l'embrasser, c'est tout près :
c'est tout **à côté** d'ici.
— Avant de traverser, regarde bien
à droite, à gauche, **de tous côtés,**
s'il n'arrive pas une voiture. »

coton
Quand je me suis coupée,
Maman a essuyé le sang avec du **coton.**
Le **coton** est blanc et léger,
il est fait avec une plante
qui pousse dans les pays chauds;
il sert aussi à fabriquer des étoffes,
et du fil pour coudre et pour tricoter.

cou
Sophie embrasse son cher grand-père
en lui mettant les bras autour du **cou** :
« Tu as une belle cravate, Grand-Père!
— As-tu vu la girafe, avec son long **cou?**
Elle pourrait en porter, des cravates! »

couche
Marc a étalé sur son pain
une bonne **couche** de confiture.
Les bébés mouillent souvent leur culotte,
c'est pourquoi on leur met des **couches**
qu'on change plusieurs fois par jour.

coucher
Maman a **couché** Thomas : elle l'a allongé
dans son petit lit pour qu'il dorme.
Allons **nous coucher** aussi; il est tard,
et il faut se lever tôt demain matin.
Dans le train, ou sur un bateau,
on peut dormir sur des **couchettes.**
L'été, Éric dort souvent en plein air,
dans un **sac de couchage** en toile
rempli de duvet chaud et léger.

coucou
Au printemps, dans les bois,
on entend chanter le **coucou** :
c'est un oiseau qui a l'air de jouer
à cache-cache. Il chante :
« **Coucou! coucou!** »,
mais on ne le trouve jamais.
Les fleurs jaunes et parfumées
dont on fait des bouquets en avril
s'appellent aussi des **coucous.**

coude
L'endroit où mon bras peut se plier,
c'est mon **coude.** « Marc, tu me fais mal!
ne me donne pas de coups de **coude,**
tu as les os trop pointus! »

coudre
La voisine **coud** :
elle assemble des morceaux d'étoffe
en les **cousant** avec une aiguille et du fil.
Elle sait faire des robes, des vestes,
des pantalons : elle est **couturière,**
elle fait de la **couture,** en piquant
avec sa **machine à coudre.**
Pour **coudre,** on pique l'étoffe
et on fait passer le fil
en tirant l'aiguille : ça fait un point.
Ma robe est **décousue,**
c'est la **couture** qui est défaite;
il faut la **recoudre.**

couler
Quand on ouvre le robinet, l'eau **coule** :
elle s'échappe en **coulant.**
« Regarde **couler** la rivière,
vois-tu de quel côté elle va? »
Mon bateau a fait naufrage, il a **coulé** :
il est tombé au fond de l'eau!

couleur
« J'ai fait un dessin au crayon noir,
et j'ai envie de le **colorier** :
je vais y mettre du vert, du rouge...
Sophie, prête-moi tes **couleurs,**
pour faire mon **coloriage.**
— J'ai du bleu, du jaune et du rouge.
En les mélangeant, tu peux faire
toutes les **couleurs** de l'arc-en-ciel. »

coup
Pan! pan! pan! le guignol va commencer ;
on a frappé les trois **coups.**
Gnafron tape sur Guignol :
il lui donne des **coups** de bâton.
Mais la sorcière donne un **coup de balai** :
elle a tout balayé et, **tout à coup,**
on ne voit plus personne.
« Allô! Guignol? je t'appelle,
je te donne un **coup de téléphone**
pour savoir si tu as besoin de moi.
Si tu veux, je viens t'aider :
je te donnerai un **coup de main.** »

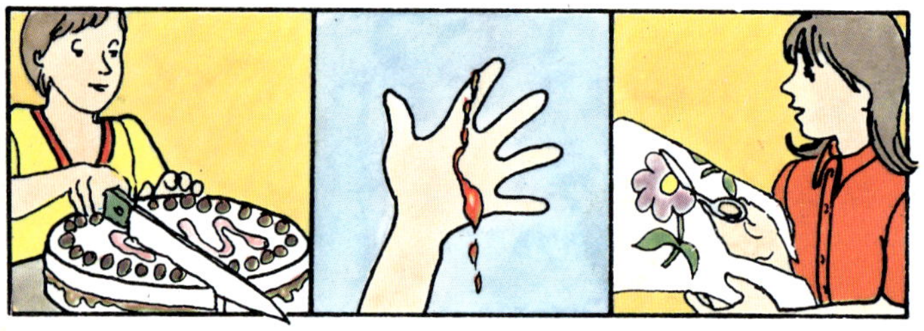

couper
Pour partager le gâteau en morceaux,
Marc le **coupe** avec un couteau.
La lame du couteau est **coupante,**
et Marc s'est **coupé** : le sang coule,
il a une petite **coupure** au doigt.
Sophie **découpe** une image
avec des ciseaux : elle fait un **découpage.**

cour
À l'école, pendant la récréation,
les enfants jouent dans la **cour.**
Philippe range sa bicyclette
dans la **cour** de sa maison.
Il y a aussi une **cour** devant la ferme,
avec une **basse-cour** pour les poules.
Une **cour** est un endroit en plein air
qui fait partie d'une maison.

courage
Sophie avait un peu peur
la première fois qu'elle a plongé,
mais elle a eu du **courage**
et elle a réussi. Elle est bien contente
d'avoir été **courageuse.**
« Mon devoir est trop difficile,
je suis **découragée!**
— Allons, Marie, **courage!**
mets-toi **courageusement** au travail,
et tu auras bientôt fini. »

courber
Éric pose ses mains par terre
sans plier les genoux :
il **se courbe** jusqu'à terre.
Son corps n'est pas droit : il est **courbé.**
La route tourne, le serpent rampe
en faisant des **courbes.**
L'aigle a un bec **recourbé** :
son bec est **courbé** au bout.

courir
Sophie n'aime pas marcher
parce que cela ne va pas assez vite ;
elle préfère **courir.** Papa l'appelle,
et elle **accourt,** elle vient vite :
« Veux-tu aller me faire une **course?**
Va donc m'acheter un journal. »
Alors Sophie part en **courant,**
elle aime bien faire les commissions.
On voit des **coureurs** à la télévision :
ils font des **courses** à pied, en auto
ou à bicyclette, et le gagnant est celui
qui a **couru** plus vite que les autres.

couronne
« Vive le roi! »
Marc a mis la **couronne** sur sa tête :
c'est une bande de papier doré.
Maman aussi sera **couronnée,**
car il l'a choisie pour être sa reine.

courrier
Le facteur est passé,
il a apporté des lettres, un paquet,
des cartes postales, des journaux...
il y a du **courrier** pour tout le monde.

court
Isabelle porte une jupe **courte.**
Aline, au contraire, a une robe longue.
« Mon pantalon est plus **court** qu'avant :
on dirait qu'il a **raccourci!**
— Mais non, c'est toi qui as grandi,
il n'est plus assez long pour toi. »
En hiver, les jours sont plus **courts**
qu'en été : il fait jour moins longtemps
parce que le soleil se lève plus tard
et se couche plus tôt.

cousin
Arnaud est mon **cousin** : il est le fils
de mon oncle et de ma tante;
moi, je suis sa **cousine** :
Papa est le frère de son père.

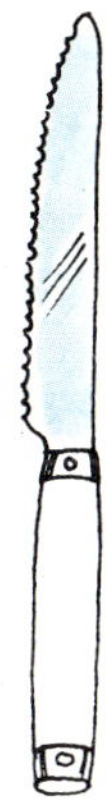

coussin
Pour faire un **coussin,**
on coud ensemble deux carrés d'étoffe
en laissant une petite ouverture,
puis on bourre le **coussin**
avec de la laine ou de la plume
et on finit la couture.

couteau
À table, je me sers d'un **couteau**
pour couper la viande, les fruits...
Je tiens mon **couteau** par le manche,
et je coupe avec la lame en métal.
Arnaud a un **couteau de poche**
qui se plie comme un canif.

coûter
Je voudrais m'acheter un stylo,
mais je ne sais pas combien cela **coûte** :
il faut que je demande le prix.
Si celui-là **coûte** trop cher,
je n'aurai pas assez d'argent pour payer,
alors j'en choisirai un moins **coûteux.**

couver
La mère poule **couve** ses œufs :
elle les tient bien au chaud sous elle
pour que les poussins grandissent
et deviennent assez forts
pour casser leur coquille.
On peut mettre aussi des œufs à **couver**
dans une **couveuse** : c'est un appareil
qu'on chauffe à l'électricité.
Au printemps, les oiseaux font leur nid
pour y pondre et nourrir leur **couvée.**

couvrir
« Il fait froid, **couvre-toi** bien :
mets ton gros manteau d'hiver. »
Les toits sont tout blancs,
ils sont **couverts** de neige.
Sophie est au chaud dans son lit,
sous sa **couverture** de laine.
Marc **se découvre** souvent la nuit :
il remue et fait tomber son **couvre-pied,**
alors Maman vient le **recouvrir**
pour qu'il ne prenne pas froid.
La boîte est fermée : pour l'ouvrir,
il faut soulever le **couvercle.**
On **couvre** la casserole en posant dessus
un **couvercle** rond et plat, en métal.
« Les enfants, c'est l'heure du dîner,
avez-vous mis le **couvert**?
— Les assiettes sont déjà sur la table,
voici les verres et les serviettes,
le pain, l'eau, le vin, le sel, le poivre;
il ne manque plus que les fourchettes,
les cuillères et les couteaux. »

cow-boy
Les **cow-boys** montent à cheval
pour garder les troupeaux de vaches
et dresser les chevaux sauvages.

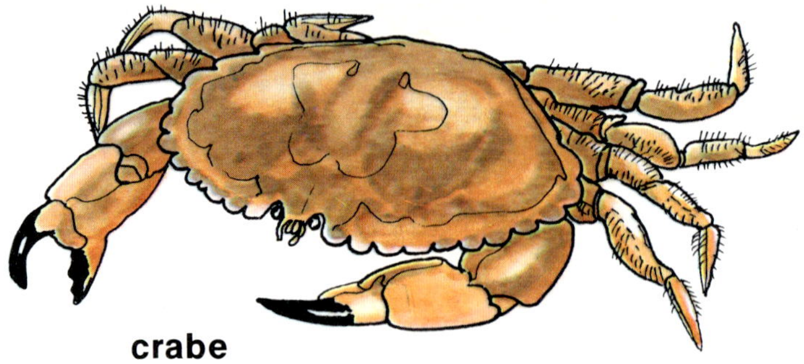

crabe
Les **crabes** vivent dans la mer;
ils marchent avec leurs longues pattes,
qui ressemblent à celles des araignées
et creusent le sable pour s'y cacher.
Le corps du **crabe** est recouvert
d'une sorte de coquille très dure
qu'on appelle une carapace.
Et attention à ses grosses pinces!

cracher
Nicolas est tombé sur la plage
et il a du sable dans la bouche :
« **Crache,** Nicolas. Voici un mouchoir,
il ne faut pas **cracher** par terre,
ce n'est pas propre du tout! »
Quand je me lave les dents,
je me rince la bouche avec de l'eau,
mais je ne l'avale pas : je la **recrache.**

craie, crayon
À l'école, nous écrivons au tableau
avec un bâton de **craie** blanche
et nous dessinons aussi
avec des **craies** de couleur.
Nos **crayons** sont en bois, et dedans
il y a une mine noire ou de couleur
qui sert à écrire ou à dessiner.
Quand la mine est usée,
il faut tailler le **crayon**
avec un canif ou un **taille-crayon.**

crâne
Ma tête est dure; quand je la touche,
je sens mon **crâne** ;
c'est une sorte de boîte ronde, en os.
Mon **crâne** est recouvert de peau
et de cheveux.

craquer
Qu'est-ce qui fait : « Crac! »
C'est le bruit d'une noix qu'on casse,
du pain grillé qui **craque** sous la dent
ou le **craquement** d'une allumette,
ou ma culotte qui a **craqué**
quand je l'ai déchirée.

cravate
Une **cravate** est une bande de tissu
qu'on attache autour du cou,
sous le col de la chemise.
Sais-tu faire un nœud de **cravate**?

crèche
Le frère de Nicolas est trop petit
pour aller à l'école.
Quand sa maman va travailler,
le matin, elle le conduit à la **crèche** :
un endroit où on s'occupe des bébés;
elle revient le chercher le soir.
Pour Noël, la maman de Nathalie
avait fait une **crèche**
avec des petites statues peintes :
on y voyait l'Enfant Jésus dans l'étable,
entre le bœuf et l'âne,
et les bergers qui portaient des cadeaux.

crème
Sur le dessus de mon bol de lait,
je vois quelquefois de la **crème** :
elle est plus épaisse que le lait
et un peu plus jaune;
on l'appelle aussi la **crème fraîche**
et on s'en sert pour la cuisine.
Quand on a enlevé la **crème** du lait,
on dit que le lait est **écrémé.**
La **crème** sert surtout à faire le beurre.
Le **crémier** et la **crémière**
vendent du lait, du beurre, du fromage;
leur boutique est une **crémerie.**
La **crème** est aussi un dessert
qu'on prépare avec du lait, des œufs,
du chocolat, de la vanille, du caramel...

crêpe
Pour Mardi gras, on fait des **crêpes** :
on prépare une pâte avec de la farine
et on la fait cuire dans une poêle.
C'est amusant de faire sauter la **crêpe**
et de la manger toute chaude,
avec du sucre ou de la confiture.

crête
Le coq a quelque chose de rouge
sur le dessus de la tête : c'est sa **crête.**
La poule en a une plus petite.

creuser
Marc enlève du sable avec sa pelle
pour faire un trou : il **creuse** un trou.
« Regarde, le vieil arbre est **creux** :
il y a un trou dedans... Oh! viens voir,
j'ai trouvé un nid abandonné,
avec un œuf si petit
qu'il tient dans le **creux** de ma main! »
Pourquoi mangeons-nous le potage
dans des assiettes **creuses?**
Parce qu'elles sont plus profondes
que les assiettes plates.

crever
Ma bicyclette a un pneu dégonflé.
Le pneu est **crevé** : il a un trou.

crier
Thomas a mal aux dents, alors il **crie.**
Et il fait tellement de bruit en **criant**
qu'il nous empêche de dormir
avec ses **cris** perçants.
Mais il pousse des **cris** de joie
quand Sophie joue avec lui.
Sophie imite des **cris** d'animaux :
celui du chat, du chien, de l'âne...
En connais-tu d'autres?

crin
La queue du cheval est faite de poils
qui sont longs et durs :
ce sont des **crins.** Il en a aussi
tout le long du cou, comme des cheveux :
il a une belle **crinière.**

croc
Tom a quatre dents pointues
plus longues que les autres :
ce sont ses **crocs.** Le lion et le tigre
ont aussi des **crocs** pour mordre.
Chez le boucher, la viande est pendue
à des **crochets** en fer :
ils sont pointus et recourbés;
on peut **accrocher** quelque chose
au bout d'un **crochet.**
Le nez de la fée Carabosse est **crochu** :
il est recourbé comme un **crochet.**
Isabelle fait du **crochet,**
elle se fabrique un pull-over en laine
en faisant des mailles avec un **crochet** :
c'est une sorte d'aiguille à tricoter
qui a un bout **crochu.**

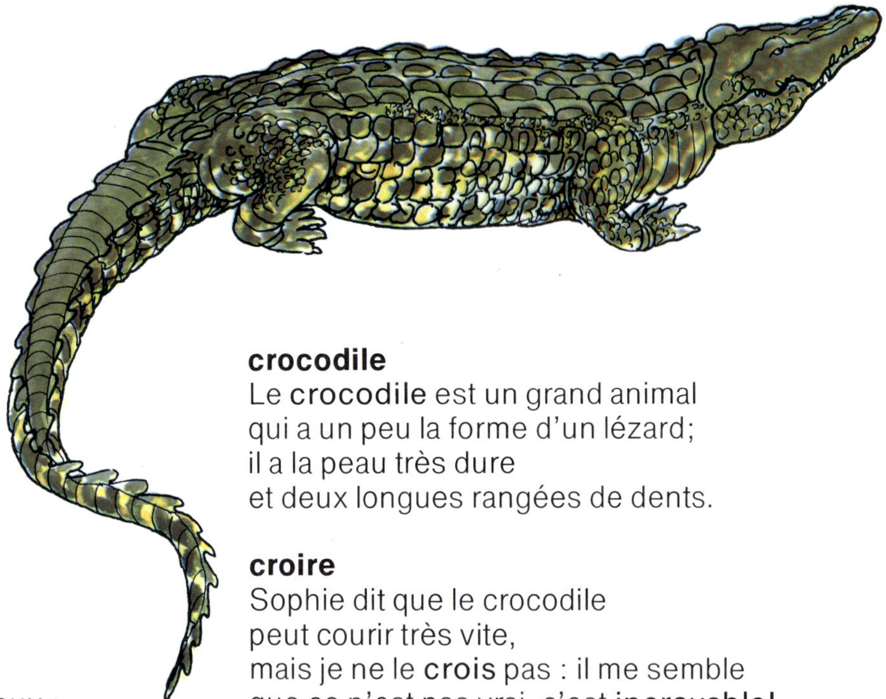

crocodile
Le **crocodile** est un grand animal
qui a un peu la forme d'un lézard;
il a la peau très dure
et deux longues rangées de dents.

croire
Sophie dit que le crocodile
peut courir très vite,
mais je ne le **crois** pas : il me semble
que ce n'est pas vrai, c'est **incroyable!**
« Mais si, je t'assure, Maman l'a vu.
— Ah bon, alors je te **crois.**
— Moi non plus, je ne le **croyais** pas;
si Maman ne me l'avait pas dit,
je ne l'aurais jamais **cru.** »

croix
Voici la pharmacie : une **croix** verte
brille au-dessus de la porte.
Pour dessiner une **croix,**
je trace un trait droit,
et puis j'en fais un autre en travers.
Les deux traits se rencontrent :
ils **se croisent.**
L'endroit où deux rues **se croisent**
est un **croisement,** ou un carrefour.
Quand je suis assis les jambes **croisées,**
j'ai une jambe posée sur l'autre.
Pour faire une natte,
Marie **entrecroise** des rubans :
elle les fait passer l'un sur l'autre.

croissant
Ce soir, la lune paraît toute mince,
on n'en voit qu'un morceau,
avec deux bouts pointus :
c'est un **croissant de lune.**
Les **croissants** qu'on achète
chez le boulanger ont la même forme,
c'est bon au petit déjeuner!

croquer
Le chien **croque** un os : il le casse
avec ses dents. Cela fait du bruit
quand on mange un gâteau sec,
du chocolat **croquant,** du sucre.
Si Tom m'entend **croquer** un bonbon,
il arrive tout de suite pour en avoir.

croûte
Le pain a une belle **croûte** dorée.
La **croûte,** c'est le dessus du pain;
elle est plus dure que la mie.
Quand je vais acheter une baguette,
je mange le **croûton** en chemin :
c'est le bout du pain. Il est bien cuit
et croquant : il est **croustillant.**

cru
Quand on achète la viande
chez le boucher, elle n'est pas cuite :
elle est **crue.** On peut manger
beaucoup de choses sans les faire cuire;
j'aime surtout les fruits **crus,** et aussi
les carottes **crues** ou le chou **cru,**
avec de la sauce vinaigrette.

cube
J'ai des **cubes** de toutes les couleurs
et je les pose les uns sur les autres
pour bâtir des tours et des maisons.
« Les côtés d'un **cube** sont des carrés,
sais-tu combien un **cube** a de côtés? »

cueillir
Marie enlève les pommes mûres
qui sont sur le pommier :
elle les **cueille.** Elle a pris un panier
pour rapporter sa **cueillette :**
les fruits qu'elle aura **cueillis.**
Et puis elle **cueillera** des fleurs,
en coupant les tiges assez longues
pour faire un bouquet dans un vase.

cuillère
Thomas sait manger avec une **cuillère;**
il la tient par le manche
et la remplit de bouillie
en la plongeant dans son assiette :
il prend une **cuillerée** de bouillie.

cuir
Mes chaussures sont en **cuir.**
Le **cuir** est de la peau de bœuf,
de veau ou d'autres animaux.
Il sert à fabriquer des souliers,
des sacs, des vêtements, des bagages.

cuire
Le pain, le rôti, l'omelette sont **cuits** :
on les a fait **cuire** en les chauffant.
C'est en mettant les choses sur le feu
qu'on les **cuit.** Les aliments **cuisent**
en bouillant dans une casserole,
en rôtissant dans le four,
en grillant à la poêle ou sur le gril.
« Est-ce que la viande
est bientôt **cuite?** J'ai faim! »

cuisine
Si tu sais faire cuire les œufs,
la viande, les légumes, les gâteaux
et bien préparer le déjeuner,
alors tu sais **faire la cuisine :**
tu es un bon **cuisinier.**
Sophie sera bonne **cuisinière**
car elle apprend déjà à **cuisiner**
en regardant comment fait Maman.
La **cuisine** est aussi l'endroit
où nous préparons les repas
pour nourrir toute la famille.
La **cuisinière** est l'appareil
qui sert à faire cuire les aliments;
elle marche au gaz, à l'électricité
ou au charbon.

cuisse
Marc mange une **cuisse** de poulet.
La **cuisse** est le haut de la jambe,
au-dessus du genou.

culbute
Sais-tu faire la **culbute,** comme moi?
Je me mets à genoux sur le lit,
la tête en bas, et hop!
je me retourne de l'autre côté.

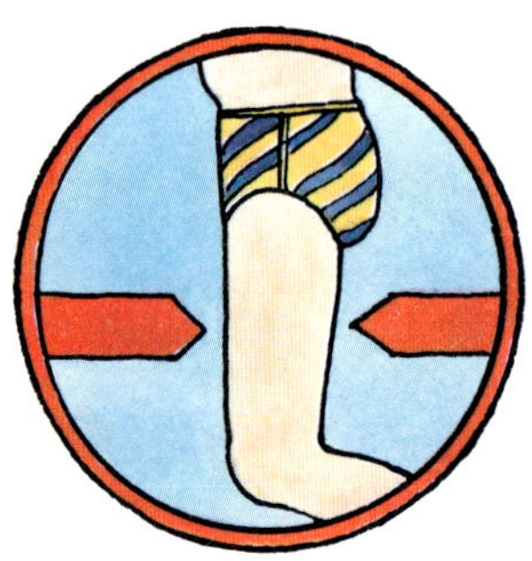

culotte
Thomas a une **culotte** de laine
et Marc a une **culotte** courte, en toile.
La **culotte** est un vêtement court
qui couvre le ventre, les fesses
et quelquefois le haut des jambes.

cultiver
Pour faire pousser des plantes,
il faut **cultiver** la terre :
enlever les pierres, les mauvaises herbes,
labourer les champs, semer des graines.
Le **cultivateur** a beaucoup de travail
avant de récolter le blé, les fruits,
les légumes qu'il **cultive.**

curieux
« Qu'est-ce que c'est, cette boîte?
— Tu es trop **curieuse,** Sophie :
tu veux toujours tout savoir.
— La **curiosité** n'est pas un défaut!
Les gens qui ne sont pas assez **curieux**
ne posent jamais de questions
et ils n'apprennent jamais rien. »

cuvette
Nathalie se lave les mains
dans une **cuvette** pleine d'eau :
la **cuvette** est large et creuse.
On s'en sert pour se laver,
pour nettoyer du linge ou des légumes.

cygne
As-tu déjà vu ce bel oiseau blanc
qui a un long cou recourbé
et qui glisse lentement sur l'eau?
C'est un **cygne.**

Dd

dame
Sophie et Nathalie **jouent à la dame** :
« Bonjour, Madame, votre mari va bien? »
Les femmes sont des **dames,**
et on les appelle « **Madame** ».
Sais-tu **jouer aux dames?**
On y joue avec des pions blancs et noirs
qu'on fait avancer sur un **damier** :
une sorte de plateau en bois ou en carton
avec des carrés noirs et blancs.

danger
Attention! **danger!**
il ne faut pas traverser la rue
quand c'est aux autos de passer;
ce serait **dangereux;**
tu pourrais te faire écraser.
Cette route est **dangereuse** :
elle a beaucoup de tournants,
et il faut être prudent.

danser
Aussitôt qu'elle entend de la musique,
Isabelle se lève et se met à tourner
en remuant les bras et les jambes :
elle a envie de **danser,**
elle aime beaucoup la **danse.**
Quand on **danse,** on fait des mouvements
en suivant la musique.
Au théâtre, on voit souvent sur la scène
des **danseurs** et des **danseuses.**

date
« Quel jour est-ce aujourd'hui?
— Regarde le calendrier : lundi 6 juin,
c'est la **date** d'aujourd'hui.
— J'écris une lettre à Philippe
et je mets la **date** en haut de la page :
ma lettre est **datée;**
Philippe saura en lisant ma lettre
que je lui ai écrit le 6 juin
et que j'ai pensé à lui ce jour-là. »

datte
La **datte** est un fruit brun, très sucré;
elle pousse sur le **palmier-dattier,**
qui est un arbre des pays chauds.

dé
Pour coudre, Marie met un **dé** :
le **dé** est un petit capuchon de métal;
il sert à protéger le doigt
qui pousse l'aiguille.
Un **dé à jouer** est un petit cube :
combien vois-tu de points
marqués sur chaque face?

debout
Thomas marche à quatre pattes,
mais bientôt il saura se tenir **debout,**
bien droit sur ses pieds, comme nous.
Ce matin, tout le monde est **debout;**
seul Marc est encore couché :
« **Debout,** Marc, lève-toi, il est l'heure! »

début
Je me lève au **début** de la journée :
le **début,** c'est la même chose
que le commencement.

déchirer
Marc et Sophie voulaient le même livre
et chacun le tirait de son côté,
alors le papier s'est **déchiré** :
il s'est fendu en deux morceaux.
« Marie, s'il te plaît, recolle-le.
— C'est ça, vous faites les **déchirures,**
et c'est moi qui les répare! »

décider
Les enfants ont dit :
« Nous ne nous fâcherons plus jamais! »
Ils ont **décidé** de ne plus se disputer :
« Je ne le ferai plus, c'est **décidé.**
— Moi aussi, je le veux, je suis **décidée.** »
Voilà une bonne **décision,**
pourvu que ça dure!

décorer
Pour que le sapin de Noël soit beau,
nous avons suspendu des guirlandes
au bout de ses branches,
avec des étoiles et des boules de verre :
nous l'avons bien **décoré,**
c'est un vrai **décor** de fête.

découvrir
« Tu sais ce que j'ai trouvé
en rangeant le coffre à jouets?
J'ai **découvert** une pièce de 1 franc!
— Qu'est-ce qu'on pourrait ranger
pour **découvrir** encore quelque chose? »
Quand on trouve quelque chose
d'extraordinaire ou d'intéressant,
on fait une **découverte.**

défaut
Sophie et Marc sont taquins, curieux,
étourdis et un peu gourmands...
ça fait beaucoup de **défauts** à corriger,
mais, comme dit Sophie :
« Personne n'est parfait! »
Un **défaut,** c'est ce qui n'est pas très bien
dans un objet ou chez une personne.
« Ton dessin est très réussi :
il n'a pas de **défauts.** »

défendre
Si quelqu'un attaque Sophie,
Marc est toujours là pour la **défendre** :
il la protège.
Cela ne les empêche pas de se disputer :
« Je te **défends** de toucher à ma poupée,
je ne veux pas que tu y touches,
c'est interdit.
— Je me moque de ta **défense**!
— Ce qui devrait être **défendu**, dit Maman,
ce qu'il ne faut pas faire,
c'est se fâcher pour rien. »

déguiser
Un jeu amusant, quand il pleut,
c'est de **se déguiser.**
Sophie et Nathalie s'habillent
avec les vieilles robes de Maman,
elles se font des **déguisements.**
On se croirait au carnaval!

déjeuner
Nous mangeons le matin en nous levant :
c'est le **petit déjeuner.**
Le repas de midi s'appelle le **déjeuner.**
J'aime bien le dimanche
parce que nous **déjeunons** tous ensemble.

demain
Aujourd'hui, c'est mardi;
demain, ce sera mercredi,
ce sera un nouveau jour, mais avant
il faut dormir toute une nuit.
Le mercredi est le **lendemain** du mardi :
c'est le jour qui suit le mardi.

demander
Quand je désire quelque chose,
je le **demande** :
« Nicolas, veux-tu jouer avec moi? »,
« Maman, donne-moi à boire, s'il te plaît. »
À l'école, pour sortir pendant la classe,
il faut **demander** la permission.

démarrer
Les voitures s'arrêtent au feu rouge,
mais quand le feu devient vert,
elles se remettent à rouler :
elles **démarrent.**
Une auto **démarre**
quand elle se met en marche.

déménager
Isabelle va changer de maison :
elle va **déménager.**
Pour transporter toutes ses affaires
dans son nouvel appartement,
il faudra beaucoup de caisses
et un camion de **déménagement.**

demeurer
Isabelle m'a donné sa nouvelle adresse :
elle va **demeurer** dans notre quartier,
ça sera plus près de chez nous;
avant, elle habitait très loin.

demi
Voilà un gâteau pour Marc et Sophie;
ils en auront la moitié chacun :
chacun aura un **demi**-gâteau.
Il est 4 heures et **demie** :
il y a une **demi**-heure,
il était 4 heures.

démolir
On va **démolir** la vieille maison
où habitait Isabelle :
les ouvriers vont l'abattre
en cassant les murs,
et, quand la maison sera **démolie**,
on en bâtira une neuve à la place.

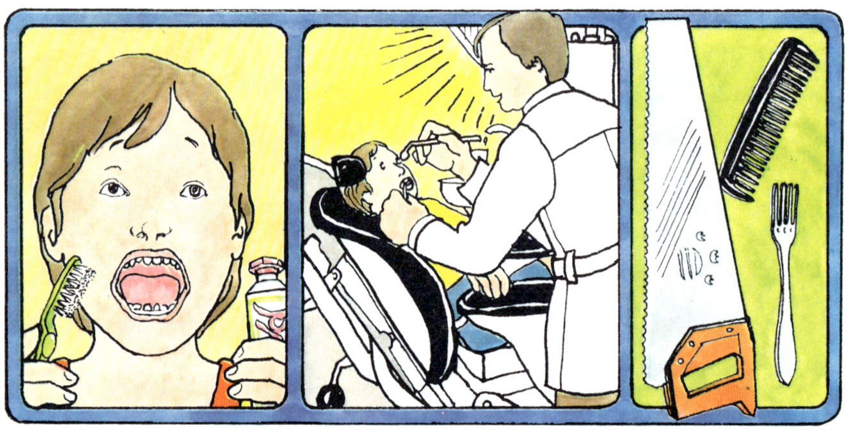

dent
Nos **dents** poussent dans notre bouche;
elles nous servent à mâcher les aliments.
Il faut les brosser chaque jour
avec une **brosse à dents**
et de la pâte **dentifrice**
pour qu'elles ne s'abîment pas.
Le **dentiste** regarde dans notre bouche
pour voir si nos **dents** vont bien
et il les soigne si elles sont malades.
Les pointes de la fourchette, du peigne
ou de la scie s'appellent aussi des **dents.**

départ
Le train va partir :
c'est l'heure du **départ.**
J'ai vu Éric avant qu'il s'en aille,
je l'ai embrassé avant son **départ.**

dépasser
« Quand je fais la course avec Marc,
il court bien plus vite que moi
et il me **dépasse** toujours;
il était derrière moi,
mais maintenant il est devant :
il m'a **dépassée** », dit Sophie.
Cette maison est la plus haute de la rue;
elle **dépasse** toutes les autres.
« Qu'est-ce qui **dépasse** sous ta veste?
— Ah! c'est ma chemise!
elle sort toujours quand je m'agite. »

dépêcher (se)
« Vite, **dépêche-toi,** je suis pressé.
— Oui, oui, je **me dépêche,**
mais je ne peux pas aller plus vite! »

dépendre
« Tu aimes bien te promener?
— Oui, mais ce n'est pas toujours pareil :
ça **dépend** des jours;
quelquefois, je préfère lire ou dessiner.
— Est-ce que tu sortiras demain?
— Je ne sais pas, ça **dépendra** du temps :
s'il fait beau, je jouerai dehors,
mais s'il pleut beaucoup,
je resterai peut-être à la maison. »

dépenser
Quand Marc a 3 francs dans sa poche,
il les **dépense** pour acheter des bonbons;
alors il n'a plus d'argent,
il l'a donné à la marchande :
il a tout **dépensé.**

déranger
« J'avais bien rangé mes affaires,
qui est venu les **déranger?**
Tout est en désordre, maintenant. »
Quand Marie fait ses devoirs,
elle n'aime pas qu'on la **dérange** :
« Laisse-moi tranquille, Sophie,
tu m'empêches de travailler », dit-elle.

dernier
Marie est montée tout en haut,
sur la **dernière** marche de l'escabeau,
pour ranger les pots de confitures.
Il n'en reste plus qu'un à ranger :
c'est le **dernier.**
Aujourd'hui, c'est le **dernier** jour
des vacances : demain, je vais à l'école
pour le premier jour de classe;
est-ce que j'aurai les mêmes camarades
que l'année **dernière?**

descendre
« Où est Maman? — Elle est là-haut,
dans sa chambre. — Dis-lui de **descendre,**
Mamie l'attend au bas de l'escalier. »
La route **descend** du haut de la montagne
jusqu'au village qui est en bas.
Éric est monté là-haut à bicyclette;
pour **redescendre,** c'est facile :
pendant toute la **descente,**
il n'a pas besoin de pédaler.

désirer
« De quoi as-tu envie?
Que **désires**-tu?
— Je voudrais tant avoir une bicyclette!
c'est mon plus grand **désir!** »

dessert
« Qu'est-ce qu'il y a comme **dessert** :
un gâteau, de la crème ou des fruits? »
Le **dessert** est souvent un plat sucré;
on le sert à la fin du repas.

dessiner
Nathalie fait des traits : elle **dessine**
avec un crayon sur une feuille de papier.
« Ce **dessin**-là, c'est le portrait de Papa. »
Les images de mon livre
ont été **dessinées** par des **dessinateurs**
et des **dessinatrices.**
Ce sont eux qui ont illustré mon livre.
Au cinéma, on voit des **dessins animés** :
ce sont des films faits avec des **dessins;**
les personnages bougent
et on entend leur voix,
mais ce sont des acteurs qui parlent
à leur place, comme au guignol.

devenir
La petite graine que j'ai plantée
est maintenant une fleur sur sa tige :
elle a poussé, elle est **devenue** une plante.
Nous sommes des enfants :
en grandissant, nous **deviendrons**
des hommes et des femmes.
« Que **devient** Éric?
on ne le voit plus. Qu'est-ce qu'il fait?
— Il est à la campagne jusqu'à lundi. »

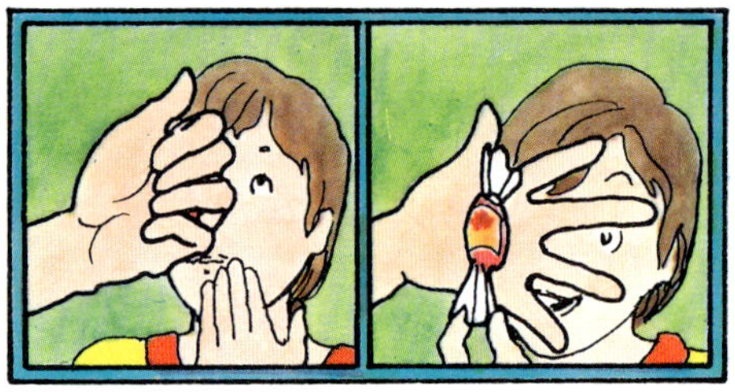

deviner
« **Devine** ce que j'ai dans la main?
— Je ne sais pas... ça se mange?
— Oui, tu brûles, tu as presque **deviné** :
c'est un bonbon. Tu as gagné.
— À toi de **deviner** : qui vient ce soir?
— Attends, je cherche...
— Tu donnes ta langue au chat?
— Non, j'ai trouvé : c'est Aline. »
Au jeu des **devinettes**,
il faut savoir répondre à une question.

devoir
« Il faut aller à l'école :
nous **devons** partir;
je crois qu'il est l'heure :
il **doit** être déjà 8 heures.
— Nicolas **devait** venir nous chercher?
— Oui, mais il a **dû** changer d'avis. »
Les enfants ouvrent leurs cahiers
pour faire leurs **devoirs** :
les problèmes, les pages d'écriture,
le travail que la maîtresse
leur a donné à faire.

dévorer
Marc a une faim de loup,
regarde comme il mord dans sa tartine :
il la **dévore!** En trois bouchées
il a tout mangé : tout est **dévoré.**

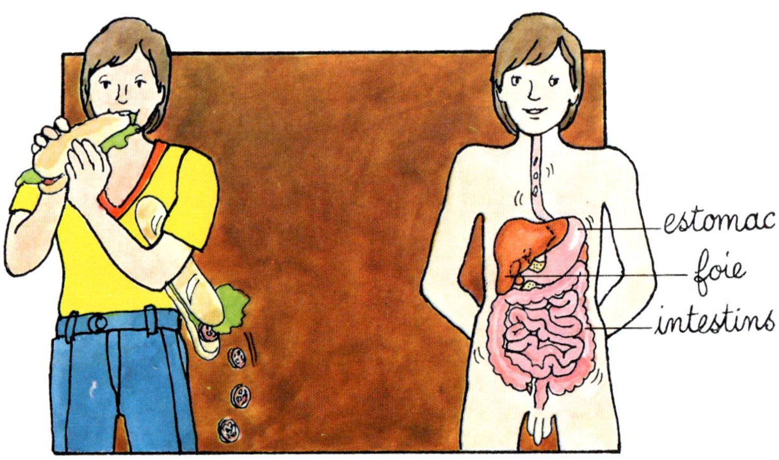

dictionnaire
Mon **dictionnaire** est un livre;
il explique ce que les mots veulent dire.
Les mots sont rangés du début à la fin
en suivant les lettres de l'alphabet :
a, b, c, d..., jusqu'à *z.*
Le mot « **dictionnaire** »
commence par un *d,*
alors il est ici, avec d'autres mots
qui commencent par la même lettre.

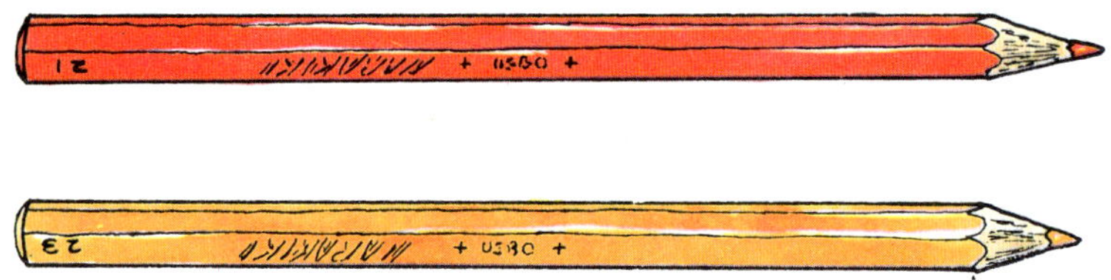

différent
« Nos crayons se ressemblent,
mais ils ne sont pas pareils :
ils sont **différents.**
— Quelle est la **différence?**
— Ils ont la même forme,
mais ils sont de **différentes** couleurs. »

difficile
Thomas essaie de se tenir debout,
mais, à son âge, c'est **difficile** :
il faut faire des efforts
et on ne réussit pas tout de suite.
Nicolas a encore du mal à lire :
il lit **difficilement.**
Sophie lui explique les mots **difficiles,**
les mots qu'il ne comprend pas :
« Quand tu auras bien appris, dit-elle,
tu verras comme c'est facile! »

digérer
Tout ce que nous mangeons
descend dans notre estomac;
là, les aliments sont **digérés** :
ils deviennent liquides
pour pouvoir aller nourrir
toutes les parties de notre corps.
Après les repas, nous **digérons** :
c'est le moment de la **digestion.**

diminuer
Quand je mange une sucette,
elle devient de plus en plus petite :
elle **diminue** en fondant.
À la fin de l'été, les jours **diminuent** :
ils deviennent plus courts,
et les nuits, au contraire, allongent.
Mais quand l'hiver s'en va,
ce sont les nuits qui **diminuent,**
alors il fait jour plus longtemps.

dîner
Le **dîner** est le repas du soir :
nous **dînons** avant d'aller dormir.
Sophie fait la **dînette** avec sa poupée :
elle fait un petit repas pour s'amuser.

dire
Thomas essaie de parler,
il voudrait **dire** quelque chose,
mais on ne comprend pas ce qu'il veut :
Que **dit**-il? Qu'est-ce que ça veut **dire?**
Il a l'air de nous écouter :
on **dirait** qu'il comprend
tout ce que nous **disons.**
Sophie s'amuse à me **contredire**
en **disant** le contraire de ce que je **dis.**

direction
« De quel côté est la gare?
— Par là. Tu n'as qu'à suivre la flèche :
elle montre la **direction** de la gare.
Mais je vais avec toi, c'est mon chemin :
je vais dans la même **direction** que toi,
du même côté. »

dispute
Les enfants ne sont pas du même avis :
ils crient, ils **se disputent,**
alors le chien se met à aboyer;
je crois qu'il n'aime pas les **disputes** :
il préfère que tout le monde soit d'accord.

disque
Quand le **disque** tourne,
on entend la musique.
Les **disques** sont noirs, ronds et plats,
avec des sillons très fins,
creusés tout autour, en rond.
Nous écoutons les **disques**
en les faisant tourner
sur un appareil électrique
qu'on appelle un **tourne-disque.**

distraire
Sophie s'ennuie un peu toute seule :
« Que faire pour **me distraire?**
— Tu peux lire, écouter des disques,
dessiner, t'amuser avec tes jouets :
ce sont là de bonnes **distractions.** »
À l'école, Marc est souvent **distrait** :
« Tu rêves, Marc, tu n'as pas entendu?
tu pensais à autre chose? »

distribuer
La maîtresse a des images pour nous.
Elle demande à Marc de les **distribuer** :
« C'est toi qui feras la **distribution** :
tu donneras une image à chacun,
et surtout n'oublie personne! »

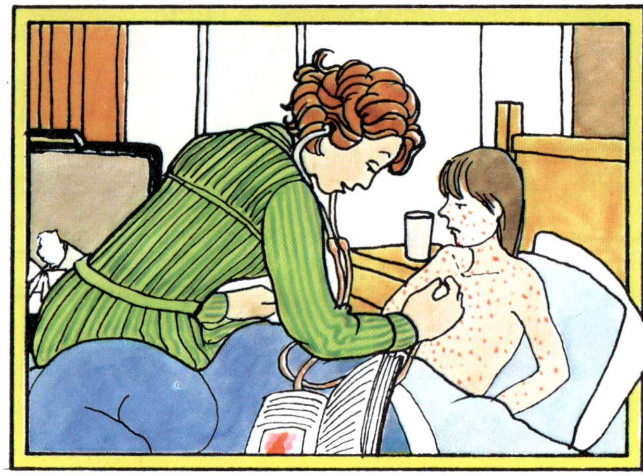

docteur
Quand quelqu'un est malade à la maison,
on téléphone au médecin :
« Allô, **Docteur,** pouvez-vous venir? »
Le **docteur** examine le malade
et le soigne pour qu'il guérisse.
On appelle « **Docteur** » les femmes
et les hommes qui sont médecins.

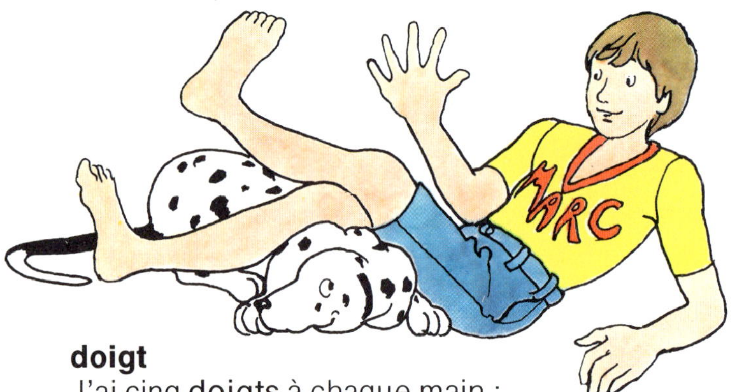

doigt
J'ai cinq **doigts** à chaque main :
le pouce, l'index, le majeur,
l'annulaire et l'auriculaire
qu'on appelle encore le **petit doigt.**
Et j'ai aussi dix **doigts de pied.**
« Cela fait combien de **doigts** en tout? »

domestique
La vache, le chien, le cheval, le mouton
sont des animaux **domestiques** :
ils vivent avec les hommes;
nous les nourrissons
et ils nous sont utiles.

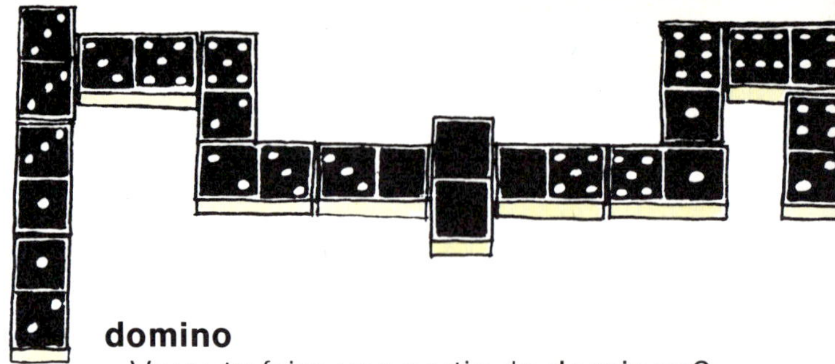

domino
« Veux-tu faire une partie de **dominos?** »
Un **domino** est un petit rectangle
de bois ou de plastique
sur lequel des points sont marqués;
pour jouer, il faut ranger les **dominos**
sur la table, selon la règle du jeu.

dommage
Nous avons perdu un domino,
on ne peut plus jouer
et c'est ennuyeux : **quel dommage!**
J'aurais bien voulu qu'Aline vienne;
c'est dommage qu'elle ne soit pas là
parce qu'on s'amuse bien avec elle.

donner
« Tiens, voilà un livre d'images.
— Tu me le prêtes?
— Non, je te le **donne :** maintenant
il est à toi, tu peux le garder. »
Nathalie **donne** la main à son père :
elle a mis sa main dans la sienne
pour traverser la rue.
Quand je regarde par la fenêtre,
je peux voir les gens dans la rue
parce que ma fenêtre **donne sur** la rue.
Les pommes poussent sur le pommier :
le pommier est un arbre
qui **donne** des pommes.

dormir
« Ne fais pas de bruit, Thomas **dort** :
il a fermé les yeux; il s'est **endormi**
et respire doucement dans son lit. »
Nous avons besoin de **dormir** la nuit
pour nous reposer jusqu'au lendemain.

dos
Papa porte Marc sur son **dos** :
le **dos** est une partie de notre corps.
Quand je suis assis, j'appuie mon **dos**
contre le **dossier** de la chaise.

double
J'avais deux billes, mais en jouant
j'en ai gagné deux autres;
maintenant j'en ai quatre :
j'en ai le **double;**
quatre est le **double** de deux.
Éric a deux timbres pareils :
il a le même timbre **en double.**
Mon manteau bleu a une **doublure** :
il y a une autre étoffe cousue à l'intérieur,
il est **doublé** de tissu à carreaux.

douche
Le matin, je prends une **douche**
dans la salle de bains :
l'eau coule sur mon corps comme la pluie.

doux
Il ne fait pas froid aujourd'hui :
il fait doux, le temps est **doux.**
La fourrure du chat est **douce** à caresser;
elle n'est pas dure sous ma main.
Isabelle parle d'une voix **douce** :
elle ne parle pas fort.
Le miel est **doux** : il ne pique pas.
Ne marche pas vite : va **doucement.**

dragée
Les **dragées** sont des bonbons
faits avec du sucre cuit
et des amandes.

drap
Pour faire le lit, on met deux **draps**
sur le matelas, avec une couverture :
un **drap** est un grand morceau de toile.
Au-dessus de la porte de l'école,
il y a un **drapeau** : un rectangle d'étoffe
attaché à un grand bâton.
C'est le **drapeau** de notre pays,
il est bleu, blanc et rouge.
Chaque pays du monde a son **drapeau.**

dresser
Le drapeau est attaché à un mât;
on a **dressé** le mât sur la place :
on l'a planté tout droit dans le sol.
Tom est bien **dressé** : on lui a appris
à être propre, à donner la patte...
mais, pour le **dresser,**
il a fallu le gronder, quelquefois!

droit
Quand je me tiens penché, Maman me dit :
« Redresse-toi, tiens-toi **droit!** »
« C'est facile pour aller chez Nicolas,
tu n'as qu'à marcher **tout droit :**
tu n'as pas besoin de tourner,
la rue est toute **droite** jusque chez lui. »
En dessinant avec mon crayon,
je fais des lignes **droites**
ou, au contraire, des lignes courbes.
Voici Sophie et Marc :
Marc est à gauche, du côté gauche;
Sophie est du côté **droit,** elle est **à droite.**
« Sais-tu reconnaître ta main gauche
et ta main **droite?** »

droit
Sophie apprend à jouer aux dames :
« Je peux avancer sur ce carré noir?
— Oui, tu peux : tu as le **droit.**
Mais tu n'as pas le **droit** de reculer :
c'est défendu. — Pourquoi?
— Parce que c'est la règle du jeu. »

drôle
Les enfants lisent une histoire **drôle.**
Elle est tellement amusante
qu'ils éclatent de rire :
« Regarde ce **drôle** de bonhomme,
et comme il est **drôlement** habillé! »

dur
Le fer est **dur,** la pierre est **dure.**
Ce pain est trop **dur :**
je n'arrive pas à le couper;
le pain frais est plus tendre.
Un œuf **dur** est un œuf qui a cuit
longtemps dans sa coquille;
le blanc et le jaune ne coulent plus :
ils ont **durci.**
Sophie a du mal à faire son devoir :
c'est **dur** d'écrire sans faire de fautes,
c'est difficile!

durer
Quand Sophie reste tranquille,
cela ne **dure** pas longtemps :
au bout de cinq minutes elle en a assez.
Marc est malade, il doit rester au lit :
« Ça sera long, ça **durera** longtemps?
— Oh non, ce sera vite fini. »
Mes sandales sont déjà usées, pourtant
il n'y a pas beaucoup de temps
qu'on les a achetées :
elles n'ont pas **duré** longtemps!

duvet
Les oiseaux ont des plumes très fines
qu'on appelle du **duvet.**
Mon couvre-pied est chaud et léger
parce qu'il est rempli de **duvet.**

Ee

eau
Nous avons besoin d'**eau** pour vivre,
pour boire, pour nous laver...
Les animaux et les plantes
ne peuvent pas vivre sans **eau.**
L'**eau** est un liquide : elle coule.
Elle tombe des nuages quand il pleut,
et forme les rivières et les fleuves
qui se jettent dans la mer.
L'**eau** arrive dans nos maisons
par les tuyaux et les robinets.
La neige et la glace
sont de l'**eau** gelée par le froid.
L'**eau de Cologne** n'est pas de l'**eau** :
c'est un liquide parfumé
qu'on se met sur la peau
quand on a fait sa toilette.

éblouir
Le soleil m'**éblouit** : il brille si fort
que sa lumière me fait mal aux yeux.
Les phares des voitures m'**éblouissent.**
La neige est d'une blancheur **éblouissante.**

écaille
Les **écailles** protègent la peau
de certains poissons :
ce sont de petites plaques
plus ou moins fines et transparentes.

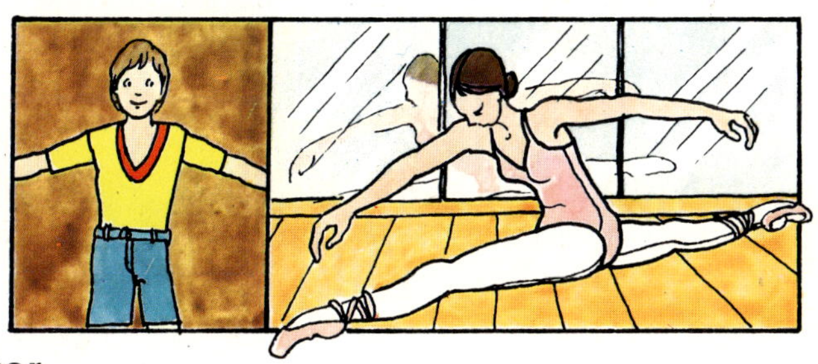

écarter
Marc étend les bras :
il a les bras **écartés.**
La danseuse fait le **grand écart** :
elle **écarte** largement les jambes.
Quand j'ai la main grande ouverte,
j'**écarte** les doigts.
« Pousse-toi, Sophie, **écarte-toi.**
Il me faut de la place. »

échanger

« Je te donne ma balle, si tu veux,
et tu me donnes la tienne **en échange**.
— C'est ça, **échangeons** nos balles,
j'aime bien faire des **échanges** ;
avec Nicolas, j'ai **échangé** des billes
contre des bonbons :
je lui ai donné des billes
et il m'a donné des bonbons. »

échapper

Papa a dit : « Retiens le chien
pour qu'il ne parte pas en courant :
fais attention qu'il ne **s'échappe** pas. »
Mais Tom tire si fort sur sa laisse
qu'elle m'**échappe** des mains :
je lâche la laisse, et Tom se sauve!
Je n'ai plus qu'à le rattraper.

échelle

Je suis trop petit pour cueillir
les pommes tout en haut du pommier,
alors je me sers d'une **échelle** :
les **échelles** ont beaucoup de barreaux
fixés sur deux grands bâtons.
Pour monter à l'**échelle,**
je tiens les deux côtés avec mes mains
et je pose mes pieds sur les barreaux.
J'appuie l'**échelle simple** contre le mur,
mais l'**échelle double** tient toute seule :
c'est comme deux **échelles**
attachées ensemble par le haut.

éclabousser

Les enfants jouent avec l'eau,
ils en envoient de tous les côtés :
ils **éclaboussent** tout.
« Arrête, Marc! tu m'**éclabousses!** »

éclairer

La nuit vient, il fait sombre,
allumons la lumière pour nous **éclairer.**
La lampe **éclaire** toute la chambre :
comme cela, on voit **clair.**
Avant l'**éclairage** électrique,
on **s'éclairait** à la bougie ou au gaz.
« Pendant l'orage, as-tu vu les **éclairs**
qui font une vive lumière dans la nuit? »

éclater

Arnaud souffle dans un sac en papier,
en tenant l'ouverture bien serrée;
quand le sac est gonflé, il tape dessus,
et le papier se déchire brusquement :
le sac **éclate** avec un grand bruit.
Chaque fois, Sophie rit très fort :
elle **éclate de rire,**
et Thomas aussi **rit aux éclats.**

école

Cette grande maison, c'est l'**école.**
Nous y allons chaque jour pour apprendre
à lire, à écrire, à compter.
Nous sommes des **écoliers**
et des **écolières.**

écorce
L'**écorce** est la peau des arbres.
L'orange, le citron, eux aussi,
sont recouverts d'une **écorce** épaisse;
la cerise, la pomme ont une peau mince.

écorcher
« En tombant, je me suis **écorché** le genou :
la peau est un peu déchirée et ça saigne.
Rien de grave, c'est une **écorchure.** »

écouter
« Ouvre bien tes oreilles : **écoute!**
Entends-tu le tic-tac de la montre? »
Les élèves **écoutent** la maîtresse :
ils font attention à ce qu'elle dit.

écran
Quand on allume le poste de télévision,
on voit des images sur l'**écran.**
Au cinéma, l'**écran** est l'endroit éclairé
où on voit les images d'un film;
les spectateurs sont assis devant l'**écran,**
mais il est bien plus grand que celui de la
télévision.

écraser
« Un moustique allait me piquer,
je lui ai donné une grande tape
et je l'ai **écrasé** sur le mur :
regarde, il est tout aplati.
— Oui, mais fais attention où tu marches,
tu m'**écrases** les pieds! »

écrire
Sophie a pris un crayon et du papier
pour **écrire** à son cousin :
elle veut lui donner de ses nouvelles.
Elle dessine chaque lettre
et sépare bien les mots.
Sophie s'applique, elle **écrit** bien :
elle a une belle **écriture.**
« Comment ça **s'écrit** cacahouète?
— Cherche dans le dictionnaire. »
Sais-tu te servir
d'une **machine à écrire?**

écureuil
Les **écureuils** sont de petits animaux
qui vivent dans les bois.
Ils ont l'œil vif et une grande queue;
leur fourrure est rousse.
Ils aiment bien ronger les noisettes.

écurie
L'**écurie** est la maison des chevaux.

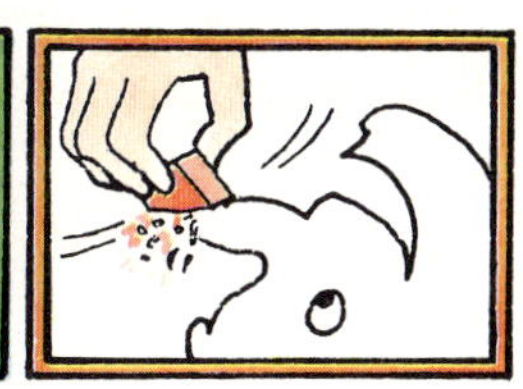

effacer
Pour enlever ce qui est écrit à la craie,
je frotte le tableau avec un chiffon.
J'**efface** ce qui est écrit.
Il n'y a plus rien : tout est **effacé.**
« Si ton dessin ne te plaît pas,
tu peux l'**effacer** avec une gomme. »

effort
Le coureur pédale de toutes ses forces
pour dépasser ses camarades :
il **s'efforce** d'arriver le premier,
mais la côte est dure à monter.
Allons, courage, encore un **effort**...
Il se donne du mal
parce qu'il veut gagner la course.

effrayer
Marc a l'air **effrayé,** il a peur :
il a cru voir quelque chose, la nuit,
qui bougeait au pied de son lit.
« Marc, il n'y a rien d'**effrayant,**
il n'y a pas de danger,
c'est Tom qui est couché là.
Oublie ta **frayeur!** »

égal
« Qui coupe le gâteau? Nous sommes huit.
Il faut faire huit parts **égales**
pour que chacun de nous
en ait autant que son voisin.
Quatre parts et encore quatre,
4 + 4 = 8 (4 plus 4 **égale** 8).
— Bravo! tous les morceaux sont pareils.
— Tu veux celui-ci ou celui-là?
— **Cela m'est égal,** comme tu voudras,
puisqu'ils sont tous **égaux.** »

église
Au milieu du village,
voici l'**église** avec son clocher.

élan
Éric prend son **élan** pour sauter :
il se prépare, et hop! il bondit.
Moi, je cours au-devant de Papa :
je **m'élance** pour l'embrasser.

élastique
Le caoutchouc est **élastique :**
on peut l'allonger en tirant dessus,
et quand on le lâche
il redevient comme il était avant.
Sophie attache ses cheveux
avec un **élastique :**
c'est un anneau en caoutchouc.

électricité
On ne voit pas l'**électricité :**
elle passe dans les fils **électriques.**
C'est elle qui nous éclaire,
le soir, dans la rue ou la maison.
Elle chauffe la cuisinière **électrique,**
le fer à repasser,
elle fait tourner les moteurs.
Connais-tu d'autres appareils
ou d'autres machines
qui marchent à l'**électricité?**

éléphant
L'**éléphant** est un très gros animal
qui a une trompe à la place du nez,
deux grandes oreilles
et deux dents longues et pointues
qu'on appelle des défenses.
Sa femelle est une **éléphante**
et ses petits sont des **éléphanteaux.**

élever
La montagne est très haute :
elle est très **élevée.**
L'avion monte dans le ciel : il **s'élève.**
« Je ne t'entends pas, parle plus fort :
élève la voix, parle plus haut. »
C'est difficile d'**élever** un enfant :
il faut le nourrir et s'en occuper
jusqu'à ce qu'il devienne grand.
La fermière fait de l'**élevage** : elle **élève**
des poussins, des veaux, des agneaux.
Dans ma classe nous sommes
trente **élèves** :
les **élèves** sont les garçons et les filles
qui travaillent à l'école
avec le maître ou la maîtresse.

embrasser
« Oh! Éric, comme tu as de grands **bras!**
— C'est pour mieux t'**embrasser,** Sophie.
Viens, que je te prenne dans mes **bras**
et que je te donne un baiser. »

emmener
« Tu sors, Maman? **Emmène**-moi :
je voudrais aller avec toi.
— Je veux bien t'**emmener,** Marie,
mais alors, qui **mènera** Sophie à l'école?
— C'est Éric qui la conduira. »
On peut **emmener** avec soi
une personne ou un animal,
mais on n'**emmène** pas les objets,
on les emporte.

emmitoufler
Pour que Thomas n'ait pas froid,
Maman l'a enveloppé dans une couverture;
on ne voit plus que ses yeux et son nez :
il est bien **emmitouflé.**

empêcher
« Le chien veut nous suivre,
tiens-le pour qu'il reste là :
empêche-le de sortir.
— Mais il est devant la porte,
et il m'**empêche** de l'ouvrir :
à cause de lui, je ne peux pas passer. »
« Nous attendions Mamie aujourd'hui,
mais quelque chose l'a **empêchée** de venir,
elle a été obligée de faire autre chose,
elle a eu un **empêchement.** »

employé
Ceux qui travaillent dans un bureau
ou dans un magasin sont des **employés**;
leur patron les **emploie** :
il les paie pour travailler.

emporter
« J'**emporterai** en vacances mon ballon,
mes petites voitures et des livres :
je les prendrai avec moi en partant.
— **Emporte** seulement
ce que tu peux porter.
— Et le chien? — On l'emmène, bien sûr,
on n'a pas besoin de l'**emporter**,
heureusement, il marche tout seul! »

emprunter
« Je n'ai plus de livres à lire
et toi tu en as beaucoup,
est-ce que je peux t'en **emprunter** un?
— Oui, bien sûr, je te prête mon album;
le voilà, prends-le,
tu me le rendras quand tu l'auras lu. »

encre
Sur mon cahier, j'écris à l'**encre**.
L'**encre** est un liquide noir, bleu
ou d'une autre couleur.
On la met dans les stylos
et dans les **encriers**.

endroit
« Où est mon livre? Il était là-bas,
il n'est plus à sa place :
à l'**endroit** où je l'avais mis.
— À quel **endroit** l'avais-tu posé?
— Sur le banc, dans le jardin.
C'est un bon **endroit** pour lire. »
« Marc, tu mets ton pull-over à l'envers,
retourne-le du bon côté :
mets-le **à l'endroit.** »

enfant
Sophie et moi, nous sommes des **enfants** :
nous avons encore besoin de grandir
pour devenir des adultes.
Mais, quand notre **enfance** sera finie,
nous resterons toujours
les **enfants** de nos parents.
Papa et oncle Albert sont les **enfants**
de Grand-Mère,
et nous sommes ses **petits-enfants.**

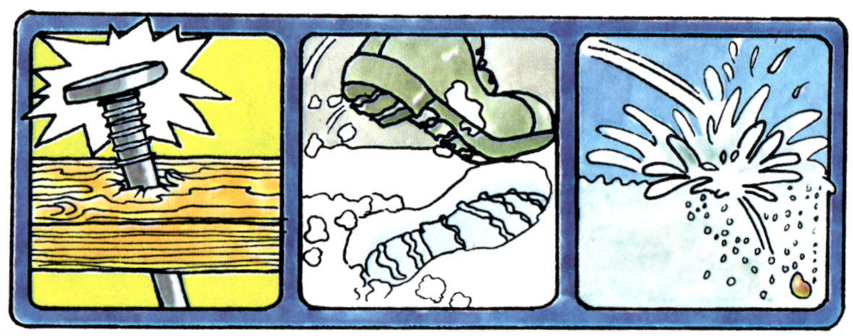

enfoncer
Arnaud **enfonce** un clou avec un marteau :
il fait entrer le clou dans le bois.
Si je marche dans la montagne, l'hiver,
mes pieds **s'enfoncent** dans la neige.
Si je jette une pierre dans la rivière,
elle **s'enfonce** : elle tombe au fond de l'eau.

enlever
Il y avait deux chaises dans la chambre;
Maman en a **enlevé** une : elle l'a prise
pour la mettre ailleurs.
« Tu as trop chaud? **Enlève** ta veste,
tu la remettras ce soir si tu as froid. »

ennuyer
Marc ne sait pas quoi faire,
il n'est pas gai : il **s'ennuie.**
Même son livre ne l'amuse pas :
il le trouve **ennuyeux.**
Heureusement, voilà Nicolas :
« Qu'est-ce qui ne va pas, Marc?
Tu as des **ennuis,** des soucis, du chagrin?
Je suis **ennuyé** de te voir triste :
cela me fait de la peine.
Allons jouer tous les deux,
nous ne **nous ennuierons** plus. »

énorme
« Dis, Tom, si j'étais un éléphant
gros, gros, plus que gros : **énorme!**
Et toi, au contraire, si tu étais une puce
petite, petite, minuscule... »

enrhumer (s')
Si un éléphant a froid,
est-ce qu'il **s'enrhume?**
Avec une trompe comme ça,
cela doit être difficile de se moucher.
Le **rhume** n'est pas une maladie
pour un éléphant! Mais, atchoum!
quand un petit garçon éternue,
qu'il tousse et a un peu mal à la tête,
c'est qu'il est **enrhumé;**
il vaut mieux qu'il reste au chaud.

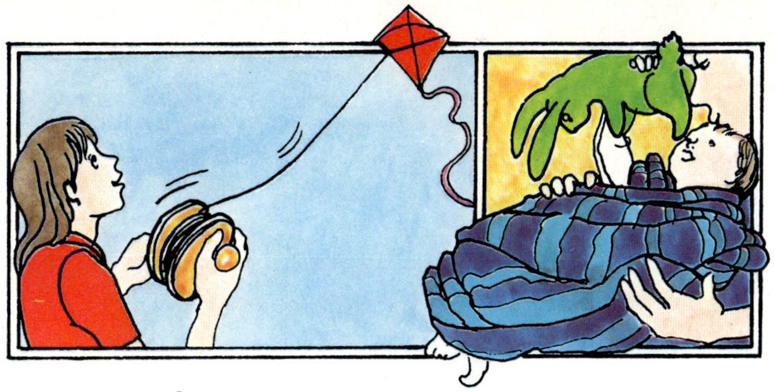

enrouler
La ficelle du cerf-volant
est **enroulée** autour d'une bobine.
Pour que le cerf-volant s'envole,
il faut **dérouler** la ficelle :
la laisser partir sans lâcher
la bobine où elle est attachée.
Pour sécher Thomas après son bain,
Maman l'enveloppe dans une serviette :
elle **enroule** l'étoffe autour de lui.

ensemble
Arnaud est sorti avec Marie :
ils sont partis tous les deux **ensemble.**
Les billes vertes **vont ensemble** :
elles font **un ensemble.**

entendre
« Écoute, voici Papa qui rentre;
je ne le vois pas, mais je l'**entends** :
c'est sa voix et le bruit de ses pas...
Si tu te bouches les oreilles,
tu n'**entendras** plus rien. »
Marc et Nicolas sont toujours d'accord,
ils se comprennent : ils **s'entendent** bien.
« **Bien entendu,** tu reviens demain?
— Naturellement. Tu m'attendras?
— Oui, d'accord, **c'est entendu.** »

entier
Nous jouerons dehors toute la journée :
la journée **entière** du matin au soir.
Il nous faudra un pain **tout entier**
rien que pour le goûter :
nous le mangerons **entièrement,**
sans en laisser une miette.

entourer
Il y a des arbres autour de la maison :
la maison est **entourée** d'arbres.
Une île est **entourée** d'eau :
il y a de l'eau de tous les côtés.

entrer
« Ne reste pas dehors, **entre,**
viens dans la maison. »
Pour **entrer** chez nous, en venant de la rue,
on passe par la porte d'**entrée,**
mais la porte sert aussi pour sortir.
Après l'école, nous **rentrons** chez nous :
nous revenons à la maison.
Au mois de septembre, c'est la **rentrée** :
les enfants retournent à l'école.

enveloppe
Pour envoyer sa lettre à Arnaud,
Sophie la met dans une **enveloppe :**
c'est un petit sac en papier. Sophie colle
l'**enveloppe** pour la fermer. La vendeuse
enveloppe le livre dans du papier pour
faire un paquet.

envers
« Attention, tu mets ta chemise **à l'envers!**
L'**envers,** c'est le côté
que l'on ne voit pas d'habitude.
Il faut retourner ta chemise
pour la mettre à l'endroit. »
Thomas fait semblant de lire,
mais il tient son livre **à l'envers** :
la tête en bas!

envie
Nathalie **a envie** d'une bicyclette :
« Oh, je voudrais bien en avoir une,
je serais si contente! Je le désire tant!
Que faut-il faire pour l'avoir? »
Marc bâille, il a sommeil :
il **a envie** de dormir. Vite au lit!
Il a besoin de se reposer.

envoyer
« Où est Marie?
— Papa l'a **envoyée** faire une course :
il lui a demandé d'aller à la poste. »
Marie va **envoyer** un paquet à Éric,
elle le fera partir par la poste;
Éric le recevra dans quelques jours.

épais
Pour l'hiver j'ai un bon manteau
en gros tissu, en tissu **épais;**
ma robe d'été, au contraire,
est en toile fine et légère.
« Que préfères-tu sur ta tartine, une
couche de beurre **épaisse** ou mince? »

épaule
Arnaud porte Thomas sur ses **épaules.**
Mon **épaule** est l'endroit de mon corps
où mon bras est attaché à mon tronc.

épeler
Quand Sophie écrit un mot difficile,
elle est obligée de l'**épeler** :
elle dit toutes les lettres du mot,
l'une après l'autre; elle l'**épelle** :
é-p-e-l-l-e. Maintenant, elle le sait.

épi
As-tu regardé un **épi** de blé?
Il est fait de beaucoup de grains
bien rangés au bout d'une tige.
Les **épis** de maïs sont très gros.

épicerie
L'**épicerie** est un magasin où l'on achète
toutes sortes de choses à manger :
des conserves, des pâtes, de l'huile...
L'**épicière** et l'**épicier**
vendent aussi des **épices** :
poivre, vanille, etc.,
qui donnent bon goût aux aliments.

épine
Si tu cueilles des roses,
ne te pique pas les doigts :
elles ont des **épines** très pointues
qui poussent le long de leurs tiges.

épingle
L'**épingle** est pointue comme une épine,
elle est en métal comme l'aiguille,
mais elle a une petite boule à un bout.
Les **épingles** servent à fixer
des étoffes, du papier;
la couturière peut attacher
deux étoffes ensemble en les **épinglant**.
Tu peux **épingler** une image sur le mur
en la piquant avec une **épingle**.
Il y a aussi des **épingles doubles**,
ou **épingles de nourrice**, qui se ferment,
et des **épingles à cheveux**.

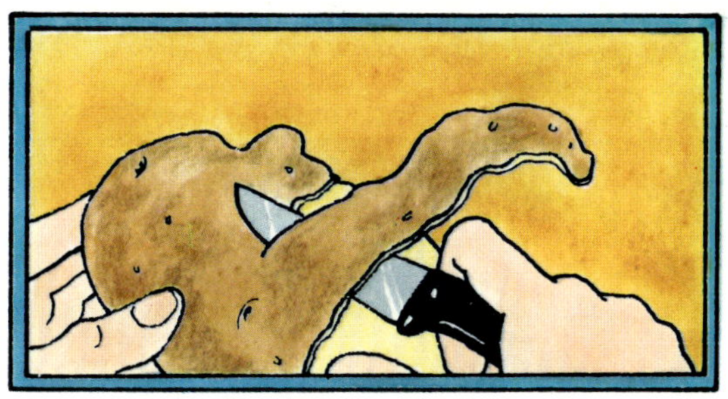

éplucher
Avant de manger les légumes,
on les **épluche**, on enlève
tout ce qui n'est pas bon :
le bout des radis, des haricots verts,
la peau des pommes de terre...
et puis on jette les **épluchures**.

éponge
Marc se lave avec une **éponge**;
quand il la met dans l'eau, elle gonfle,
puis se vide s'il la presse dans sa main.
En sortant du bain, il s'essuie
avec une serviette en **tissu-éponge**.
« Si tu as mis de l'eau par terre,
enlève-la avec un torchon
ou une **éponge** :
il faut l'**éponger**. »

équipe
Éric joue au football avec son **équipe.**
L'**équipage** d'un avion, c'est le groupe
des pilotes, des mécaniciens
et des hôtesses qui y travaillent.
Un bateau a un **équipage** de marins.

erreur
Je croyais que c'était lundi aujourd'hui,
mais ce n'est pas vrai, c'est une **erreur.**
Et puis je me suis trompé de veste :
j'ai pris la tienne **par erreur.**
Marc a écrit : 2 + 2 = 5. Il a fait une **erreur,**
son addition est fausse!

escabeau
Pour attraper la valise
rangée tout en haut du placard,
Maman monte sur un **escabeau** :
c'est une sorte de petite échelle
avec des marches pour poser les pieds.

escalier
Il y a un **escalier** dans ma maison
pour monter ou descendre
d'un étage à l'autre.
Si l'on est fatigué de monter les marches,
on peut se tenir à la rampe.
Les grands magasins et le métro
ont des **escaliers mécaniques**
ou des **escaliers roulants**
qui marchent à l'électricité.

escargot
L'**escargot,** n'ayant pas de pattes,
se traîne sur le ventre pour se déplacer.
Il peut se réfugier dans la coquille
qu'il porte attachée sur son dos.
Ses yeux sont au bout de ses cornes.

espace
« Quand tu écris, ne serre pas les mots
les uns contre les autres : **espace**-les,
laisse un vide, un **espace** entre deux mots. »
« Nous n'avons pas assez de place ici,
allons jouer dehors, il y a plus d'**espace.** »
Les oiseaux volent dans l'**espace.**

espérer
J'**espère** que Nathalie viendra dimanche :
je ne suis pas sûr qu'elle viendra,
mais je le voudrais bien.

essayer
Avant d'acheter des chaussures,
je les **essaie** chez le marchand :
je les mets et je fais quelques pas avec
pour voir si elles me vont bien.
Sophie a **essayé** de faire un gâteau;
il n'était pas tout à fait réussi,
mais c'était la première fois...
Il faut bien faire des **essais**
si l'on veut apprendre.
« Marc, **essaie** de te rappeler
où tu as mis ton pyjama.
— J'**essaie,** je fais tout ce que je peux,
mais je n'y arrive pas! »

essence
L'**essence** est un liquide
qui sert à faire marcher les moteurs
des autos, des motos, des avions.
On l'achète dans les garages
qui ont des **pompes à essence.**
L'**essence** enlève aussi les taches,
on s'en sert pour nettoyer les habits,
mais attention, elle brûle facilement!

essuyer
« Nous avons lavé la vaisselle;
maintenant, **essuyons**-la avec un torchon :
frottons-la pour qu'elle soit bien sèche. »
« **Essuie** ta bouche après avoir bu,
passe ta serviette sur tes lèvres! »
Je fais le ménage : j'enlève la poussière
en **essuyant** les meubles avec un chiffon.
Un **essuie-mains** est une sorte de serviette :
je m'en sers pour sécher mes mains
quand je les ai lavées.

est
Le côté du ciel où le soleil se lève
s'appelle l'**est.**
Ma fenêtre donne à l'**est** :
je vois le soleil se lever le matin.
Les pays de l'**est** sont à droite
quand on regarde sur une carte.

estomac
Ce que tu manges et ce que tu bois
descend dans ton **estomac;**
c'est une grande poche dans ton corps,
où passent les aliments que tu as avalés.

étable
L'**étable** est le bâtiment
où vivent les bœufs, les vaches, les veaux
quand ils ne sont pas dans les prés.

étage
Cette maison a trois **étages.**
Il faut monter l'escalier
pour aller chez Nicolas
qui habite au premier **étage.**

étaler
Sophie **étale** du beurre sur son pain :
elle l'aplatit bien avec son couteau
sur toute la tartine.
C'est amusant de regarder les **étalages;**
les marchands **étalent** dans les vitrines
tout ce qu'ils ont à vendre : ils le montrent
pour nous donner envie de l'acheter.

etc. (et cetera)
« Qu'est-ce qu'on voit dans les vitrines?
— Des jouets, des habits, des livres,
des fruits, des bonbons, **etc.**;
je ne peux pas tout nommer,
il y a trop de choses. »
Etc. (et cetera) ça veut dire :
« et tout le reste ».

été
L'**été** est la saison la plus chaude
de toute l'année.
C'est le temps des grandes vacances.
L'**été** commence au mois de juin,
après le printemps,
et finit en septembre, avant l'automne.

éteindre
Le soir, avant de m'endormir,
j'**éteins** la lumière :
j'appuie sur le bouton électrique;
alors la lampe ne brille plus :
elle est **éteinte**, il fait noir.
« **Éteignez** le gaz, la soupe est cuite. »
Les pompiers **éteignent** l'incendie :
ils arrêtent le feu avec de l'eau,
pour l'empêcher de brûler la maison.
Éteindre est le contraire d'allumer.

étendre
« Repose-toi, va **t'étendre** sur ton lit :
couche-toi bien à plat,
allonge tes bras et tes jambes,
reste **étendu** un moment, sans bouger. »
Les enfants **étendent** le linge :
ils le mettent à sécher sur un fil
en l'étalant pour enlever les plis.

éternuer
J'ai froid, le nez me chatouille,
je sens que je vais **éternuer.**
Atchoum! quel bruit cela fait!
Vite, un mouchoir! Mon nez coule.
Quel ennui d'être enrhumé!...

étincelle
Quand tu allumes un briquet,
tu vois briller autour de la flamme
des petites lumières vives et jaunes :
ce sont des **étincelles.**
Les étoiles en papier doré
étincelaient sur l'arbre de Noël :
on aurait dit qu'elles lançaient
des **étincelles.**

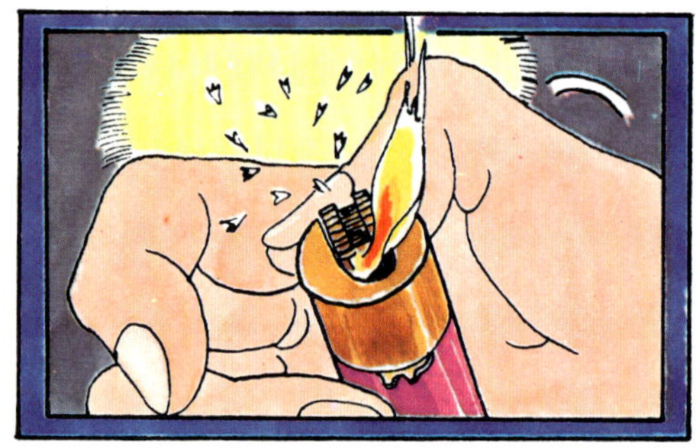

étiquette
Marc colle sur son cahier une **étiquette**
où il va écrire son nom. Comme cela,
on saura que le cahier est à lui.
Dans les magasins, le prix des objets
est marqué sur des **étiquettes.**

étoffe
Nos vêtements, le linge, les rideaux
sont en **étoffe.** Maman achète de l'**étoffe**
pour faire une robe.
Les **étoffes** sont des tissus.

étoile
La nuit, les **étoiles** brillent dans le ciel.
Elles ont l'air toutes petites,
mais c'est parce qu'elles sont très loin.
« Regarde le ciel **étoilé!** »

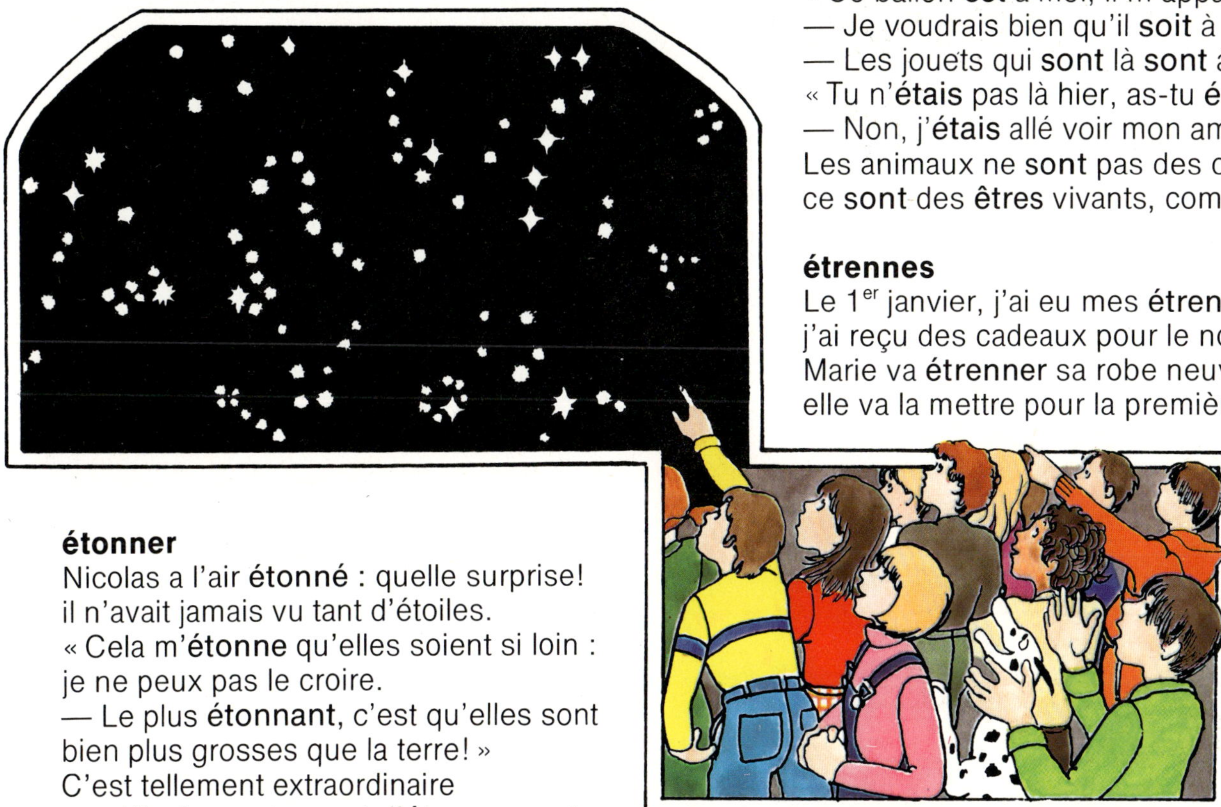

étonner
Nicolas a l'air **étonné** : quelle surprise!
il n'avait jamais vu tant d'étoiles.
« Cela m'**étonne** qu'elles soient si loin :
je ne peux pas le croire.
— Le plus **étonnant**, c'est qu'elles sont
bien plus grosses que la terre! »
C'est tellement extraordinaire
que Nicolas reste muet d'**étonnement**.

étouffer
Il faisait trop chaud chez Nicolas,
on respirait mal, on **étouffait,**
la chaleur était **étouffante.**
Sophie s'était bourrée de gâteaux,
j'ai cru qu'elle allait **s'étouffer!**

étourdi
Marc ne sait plus où sont ses chaussettes;
hier, il a oublié la moitié des courses.
c'est un **étourdi.** « Tu es distrait.
Fais attention à ce que tu fais!
Tu auras des ennuis avec ton **étourderie.** »
À force de tourner sur les manèges,
Sophie ne tient plus sur ses jambes,
elle est tout **étourdie.**

être
« Je **suis** Marc et tu **es** Sophie;
nous existons, nous **sommes** vivants.
— Vous **êtes** des enfants et, plus tard,
vous **serez** des grandes personnes. »
« Ce ballon **est** à moi, il m'appartient.
— Je voudrais bien qu'il **soit** à moi!
— Les jouets qui **sont** là **sont** à nous. »
« Tu n'**étais** pas là hier, as-tu **été** malade?
— Non, j'**étais** allé voir mon ami Nicolas. »
Les animaux ne **sont** pas des objets,
ce **sont** des **êtres** vivants, comme nous.

étrennes
Le 1er janvier, j'ai eu mes **étrennes** :
j'ai reçu des cadeaux pour le nouvel an.
Marie va **étrenner** sa robe neuve :
elle va la mettre pour la première fois.

étroit
J'ai grossi depuis l'année dernière,
mon manteau n'est plus assez large,
il me serre : il est trop **étroit.**
« Ta rue est **étroite :** il ne peut y passer
qu'une voiture à la fois
parce qu'il n'y a pas beaucoup de place. »

éventail
Un **éventail** est un objet léger et plat
qui fait du vent quand on l'agite.

évier
À la cuisine,
l'eau du robinet coule dans l'**évier**,
et on y lave le linge, la vaisselle...
Il y a un trou dans le fond de l'**évier**
pour que l'eau puisse s'en aller.

exact
Marie a bien fait son problème,
elle a trouvé la réponse **exacte** :
oui, c'est vrai, il n'y a pas d'erreur.
« Quelle heure est-il, **exactement**?
— Il est juste 8 heures et demie.
Tu arrives à l'heure : tu es **exact**. »

exagérer
« Marc dit qu'il a vu un gros poisson
énorme, gros comme un chien!
— Marc **exagère** en disant cela :
le poisson n'était pas si gros que ça,
c'est un peu **exagéré**,
ce n'est pas tout à fait vrai. »

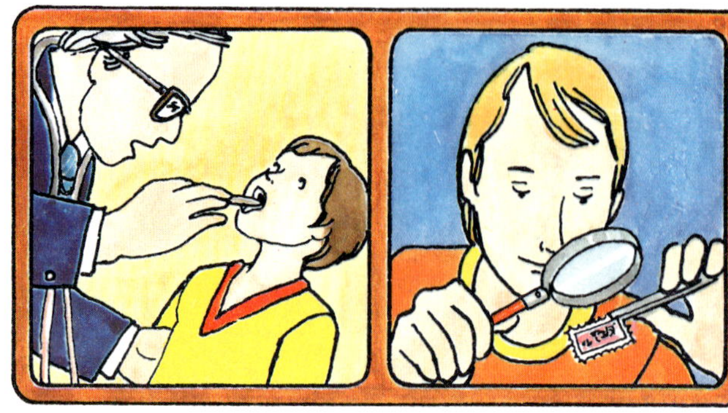

examen
Les élèves passent un **examen** :
le maître leur pose des questions
pour savoir s'ils ont bien compris
ce qu'ils ont appris à l'école.
Quand le docteur **examine** un malade,
il regarde bien dans sa gorge,
il écoute sa respiration, son cœur,
pour savoir comment le soigner.
Éric **examine** un nouveau timbre :
il le regarde de près, avec attention.

excuser
À table, j'ai renversé le verre d'Éric :
« Pardon, Éric, **excuse-moi**,
je ne l'ai pas fait exprès.
— Ce n'est pas une bonne **excuse**,
tu aurais dû faire attention.
Mais je veux bien t'**excuser** quand même,
je ne t'en veux pas, n'y pensons plus. »

exemple
« Je n'arrive pas à dessiner.
Montre-moi comment il faut faire :
donne-moi un **exemple**.
— Qu'est-ce que tu veux que je dessine?
— Eh bien, **par exemple**, un chien! »

exister
« Une fourmi de 18 mètres,
avec un chapeau sur la tête,
ça n'**existe** pas! »
Il n'y a pas de fourmi comme cela,
on peut seulement y penser.
Ce qui **existe**, c'est ce qui est vivant
et les choses qu'on peut voir,
qu'on peut toucher ou sentir.

expérience
Sophie essaie de faire des choses
pour voir ce qui arrivera :
elle aime faire des **expériences.**
Quelquefois, ce sont des bêtises,
mais Sophie dit :
« C'est comme ça qu'on apprend!
Les savants aussi
font des **expériences.** »

expliquer
Arnaud m'**explique** ce que je ne sais pas :
il me fait comprendre,
il me dit pourquoi les choses
sont comme ça ou autrement,
il me montre comment on se sert
des machines ou des outils.
J'aime bien ses **explications**
parce qu'il me parle
avec des mots que je connais.

exposition
À l'école, nous faisons une **exposition** :
nous accrochons nos dessins au mur
et tous les gens qui viennent
peuvent les regarder.
Nous montrons nos dessins :
ils sont **exposés.**

exprès
Voilà un dessin, je te le donne.
C'est pour toi que je l'ai fait :
je l'ai dessiné **exprès** pour toi.

extérieur
Il fait beau, les enfants sont dehors,
à l'extérieur de la maison.
Au contraire, s'il pleut,
ils restent plutôt à l'intérieur.
Quand une boîte est fermée,
on ne voit que l'**extérieur.**
Comment savoir ce qui est dedans?...

extraordinaire
« Qu'est-ce qui est **extraordinaire**?
— Ce qui n'arrive pas souvent,
ce qui est étonnant, drôle,
et qu'on n'avait jamais vu.
— Ah! dit Sophie, je vais dessiner
une bête **extraordinaire!** »

Ff

fable
Marc apprend une **fable** : c'est une poésie qui raconte souvent une histoire d'animaux.

fabriquer
« J'ai une idée : **fabriquons** nous-mêmes un petit train pour Thomas.
— Mais pour **fabriquer** quelque chose il faut du bois, des clous, du carton... et il faut aussi des outils.
— Nous ferons les wagons avec des boîtes, et Papa nous prêtera bien un marteau! »
Dans les usines et dans les ateliers on **fabrique** des autos, des appareils et toutes sortes d'objets; celui qui **fabrique** quelque chose est un **fabricant**.

façade
La rue est bordée de chaque côté par les **façades** des maisons.
La **façade** de notre immeuble c'est le mur où est la porte d'entrée.

face
Quand Marie joue à **pile ou face**, elle choisit toujours **face** : c'est le côté de la pièce de monnaie où il y a une figure.
« Ne détourne pas la tête, regarde-moi **en face**, les yeux dans les yeux. »
Mon ami habite devant chez moi : dans la maison d'**en face**; nos maisons sont **face à face**.
Un dé a six **faces** : ce sont les carrés qui forment ses côtés et où sont marqués les points.

fâcher (se)
Marc et Nicolas se sont disputés :
« Je suis **fâché** avec toi,
je ne veux plus te parler! »
Ils faisaient tant de bruit
que Papa s'est **fâché** : il les a grondés.

facile
« Tu as déjà fini ton problème?
— Je n'ai pas eu beaucoup de peine :
il était **facile,** j'ai vite trouvé. »
« Est-ce difficile de jouer aux dames?
— Non, c'est simple. Tu verras,
tu apprendras **facilement.** »

façon
Philippe m'a expliqué
la **façon** de regonfler ma bicyclette :
il m'a dit comment il faut faire;
pour tous les pneus c'est pareil,
cela se fait de la même manière.

facteur
C'est l'heure du courrier,
voilà le **facteur** avec sa sacoche;
il passe dans toutes les maisons
pour distribuer lettres et paquets
qu'il apporte de la poste.

faible
« Comment vas-tu? Tu n'es plus malade?
— Non, mais je me sens encore **faible,**
je ne tiens pas debout, je suis fatigué.
— Dans quelques jours, tout ira bien
et tu seras fort comme avant. »

faim
« J'ai **faim,** quelle heure est-il?
— C'est l'heure du déjeuner,
tu n'as rien mangé depuis ce matin,
ton estomac est vide,
c'est pourquoi tu es **affamé.**
À table! et bon appétit! »

faire
Marc a toujours quelque chose à **faire** :
il est très actif, il sait s'occuper.
Hier il fabriquait un bateau,
demain il **fera** une promenade,
quand ses devoirs seront **faits.**
Mais il aime surtout **faire** le clown
pour **faire** rire ses camarades.
Et quand **il fait nuit,** que **fait** Marc?
Il reste tranquille : il dort.
J'ai fini mon puzzle, je vais le **défaire** :
je vais ranger les morceaux dans la boîte
pour le **refaire** une autre fois.
Isabelle n'a pas cousu sa robe elle-même,
elle l'a **fait faire** par la couturière.

famille
Nous sommes nombreux dans ma **famille** :
Papa, Maman, mon frère, mes sœurs,
mes grands-parents, mes oncles,
mes tantes, mes cousins.
Quand on se marie et qu'on a des enfants,
cela fait une nouvelle **famille.**

faner (se)
Les fleurs ne durent pas très longtemps,
elles s'abîment vite : elles **se fanent.**
Les fleurs **fanées** perdent leurs pétales.

farce
Sophie s'est moquée de moi :
elle m'a donné un gros paquet,
mais il n'y avait rien dedans;
elle m'a fait une **farce** pour s'amuser.
Une **farce** est une plaisanterie
qu'on fait pour taquiner quelqu'un.

farine
La **farine** est une poudre blanche très fine
qui est faite avec du blé écrasé;
elle sert à préparer du pain, des pâtes
et toutes sortes de gâteaux.

fatiguer
Quand on a beaucoup couru,
beaucoup travaillé ou beaucoup joué,
on se sent un peu **fatigué.**
Alors il faut s'arrêter un moment
pour se reposer de sa **fatigue.**
Après on peut recommencer.
C'est **fatigant** de porter une valise
quand elle est très lourde,
mais on **se fatigue** plus vite
s'il fait très chaud.

faucher
On coupe le blé ou l'herbe
en les **fauchant** avec une machine
qui s'appelle une **faucheuse.**
On peut **faucher** aussi avec une **faux** :
c'est une grande lame au bout d'un manche.
Arnaud coupe de l'herbe avec une **faucille**
pour donner à manger aux lapins.

faut (il)
Si tu veux prendre le train,
il faut aller à la gare :
tu ne peux pas faire autrement,
et tu dois aussi prendre un billet.
Il va **falloir** partir dans cinq minutes,
sinon nous serons en retard.

faute
Sophie ne sait pas encore bien écrire,
elle fait souvent des **fautes** :
« Tu te trompes, Sophie,
faute ne s'écrit pas « fôte »!
— Oui, c'est vrai. C'est ma **faute,**
j'aurais dû faire plus attention. »
« Tu viens demain, c'est promis?
— Oui, je viendrai **sans faute** : c'est sûr. »

fauteuil
Un **fauteuil** est un siège avec un dossier,
comme une chaise, mais il a des bras
sur lesquels on peut s'appuyer
quand on est assis.

faux
« Regardez! j'ai une barbe, dit Marc.
— Ce n'est pas vrai, c'est **faux!**
C'est une **fausse** barbe que tu as faite
avec de la laine marron. »
« Ton addition est **fausse** : tu t'es trompé,
tu n'as pas trouvé la réponse juste. »
« Attention, tu vas tomber!
— J'ai dû poser mon pied de travers :
j'ai fait un **faux pas.** »

fée
Dans les contes, mesdames les **fées**
font des choses extraordinaires :
elles volent ou se changent en souris...
Quand elles touchent quelqu'un
du bout de leur baguette magique,
il peut arriver n'importe quoi!

femelle
Les **femelles** sont les animaux
du sexe féminin.
La chatte est la **femelle** du chat :
elle nourrit ses petits avec son lait.
La poule est la **femelle** du coq :
elle pond les œufs
d'où sortiront les poussins.

femme
Maman est une **femme,** Sophie est une fille :
elles sont du sexe **féminin.**
Plus tard, Sophie sera peut-être
la **femme** de Nicolas,
comme Maman est la **femme** de Papa.

fendre
Si une bûche est très grosse,
Philippe la coupe en deux
avec sa hache : il la **fend.**
Cette vieille assiette est **fendue,**
elle a une **fente,** elle va se casser :
elle sera bientôt en deux morceaux.
À la montagne, on voit des fleurs
qui poussent dans les **fentes** des rochers.

fenêtre
J'ouvre ma **fenêtre**
pour que l'air entre dans ma chambre.
Les **fenêtres** sont des ouvertures
dans les murs des maisons.
Elles ont des vitres transparentes
pour laisser passer la lumière.

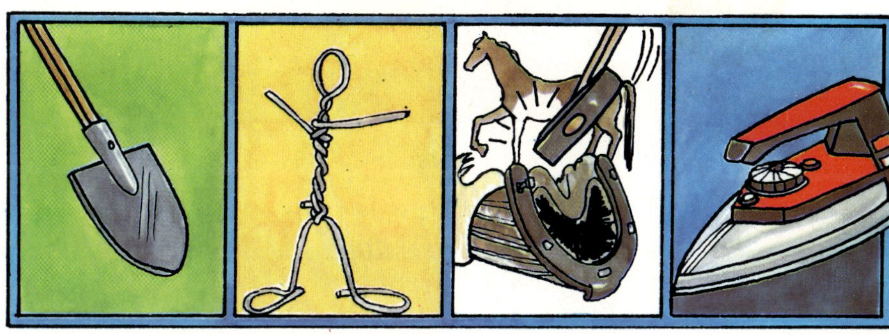

fer
Ma pelle est en **fer.**
Le **fer** est un métal gris.
J'ai fabriqué un petit bonhomme
en tordant du **fil de fer.**
On cloue des **fers** aux pieds des chevaux
pour qu'ils n'usent pas leurs sabots.
Le **fer électrique** est un appareil
qui sert à repasser le linge.

ferme
Le **fermier** et la **fermière**
cultivent la terre
et élèvent des animaux.
Leur maison est une **ferme.**

fermer
« Ne laisse pas la fenêtre ouverte :
ferme-la pour empêcher la pluie d'entrer.
Et si tu sors, **ferme** la porte à clé :
tourne la clé dans la serrure. »
Ferme les yeux. Tu ne vois plus rien?
« Je pose un couvercle sur la boîte :
la boîte est **fermée.** Eh bien! devine
ce que j'ai mis dedans :
ce que j'ai **enfermé** dans la boîte. »
Les magasins **ferment** à 8 heures :
c'est l'heure de la **fermeture,**
on ne peut plus rien acheter.
Ma veste a une **fermeture éclair** :
pour la **fermer,** je tire sur l'anneau
en le faisant glisser de bas en haut.

fesse
Les **fesses** sont une partie du corps;
elles sont en bas du dos.
Quand je suis assis,
mes **fesses** sont posées sur la chaise.
Nicolas a reçu une **fessée** :
son Papa lui a tapé sur les **fesses**
pour le punir.

fête
Les jours de **fête,** on ne travaille pas,
les gens s'amusent et vont se promener.
Pour **fêter** le 14-Juillet, nous danserons
dans la rue, après le feu d'artifice.
« Regarde le calendrier : 25 avril,
saint Marc. C'est le prénom de mon frère.
Il faut lui souhaiter sa **fête** :
nous allons lui faire un cadeau. »
Quand c'est la **fête** au village,
il y a des manèges,
des loteries, des marchands forains.

feu
Le **feu** brûle le bois, le charbon,
en faisant des flammes et de la fumée.
« Allumons le **feu** pour nous réchauffer. »
Ce soir, on tire un **feu d'artifice**
avec des fusées de toutes les couleurs.
Dans les rues, les autos s'arrêtent
au **feu** rouge; quand le **feu** est vert,
elles peuvent passer.
Ces **feux**-là marchent à l'électricité.

feuille
Les plantes ont des **feuilles** vertes
qui leur servent à respirer.
En automne, elles jaunissent et tombent :
les arbres perdent leur **feuillage.**
Les pages de mon cahier et de mon livre
sont des **feuilles** de papier.
Quand je tourne les pages très vite,
seulement pour voir un peu les images,
je **feuillette** le livre.

ficelle
La **ficelle** est faite comme une corde,
mais elle est beaucoup plus fine;
on s'en sert pour **ficeler** les paquets
et bien d'autres choses encore.
« Tu es drôlement **ficelé,** Marc!
Tu t'es habillé n'importe comment. »

fidèle
Arnaud n'oublie jamais ses camarades
c'est un ami **fidèle,**
et l'on peut avoir confiance en lui.
Il fait toujours ce qu'il a promis,
on peut compter sur sa **fidélité.**

fier
Sophie est très contente d'elle-même :
elle est **fière** d'avoir bien chanté.
« Je suis **fier** de toi, dit Papa,
mais ma **fierté** c'est surtout
d'avoir une fille gentille. »

fièvre
Marie est malade : elle est toute rouge
et elle a très chaud.
Maman a pris sa température :
le thermomètre marque 39 degrés,
c'est trop; d'habitude, on a 37.
Marie a de la **fièvre.**

figure
Thomas est si bien emmitouflé
qu'on ne voit plus que sa **figure :**
ses yeux, son petit nez, sa bouche;
quel joli visage sous ses cheveux bruns!

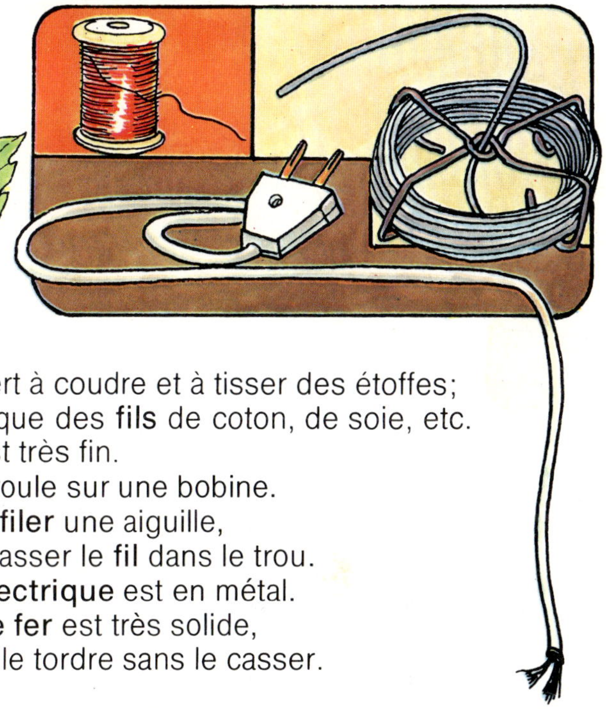

fil
Le **fil** sert à coudre et à tisser des étoffes;
on fabrique des **fils** de coton, de soie, etc.
Le **fil** est très fin.
On l'enroule sur une bobine.
Pour **enfiler** une aiguille,
on fait passer le **fil** dans le trou.
Le **fil électrique** est en métal.
Le **fil de fer** est très solide,
on peut le tordre sans le casser.

filet
Les pêcheurs ont des **filets de pêche**
pour attraper les poissons.
Marc va à la chasse aux papillons
avec un **filet** au bout d'un long manche.
Les **filets** sont fabriqués
avec du gros fil ou de la ficelle.
Un **filet à provisions** est un sac
qu'on emporte pour faire les courses.

film
Pour prendre des photographies,
Éric met un **film** dans son appareil :
un **film** est une bande transparente
enroulée sur une bobine.
Philippe va nous **filmer** avec sa caméra,
et puis il fera passer le **film** sur un écran
et nous nous verrons en images.
Les **films** que nous voyons au cinéma
sont faits comme cela aussi.

fils, fille
Sophie est une **petite fille**,
et Marie sera bientôt une **jeune fille**.
Les **filles** sont du sexe féminin.
Sophie et Marie sont les **filles**
de Papa et de Maman.
Éric et moi, nous sommes leurs **fils** :
nous sommes des garçons.
« Combien nos parents ont-ils d'enfants? »

fin
Le fil est plus **fin** que la ficelle :
il est moins gros.
Marie coupe le pain en tranches **fines** :
elle n'aime pas les tranches épaisses,
elle les préfère minces.
« Passe-moi le sel **fin**, s'il te plaît.
Non, pas le gros sel,
mais celui qui a de tout petits grains. »
Éric a une écriture d'une telle **finesse**
qu'on dirait des pattes de mouche!

finir
« As-tu bientôt **fini** tes devoirs?
— J'ai presque tout fait, c'est la **fin**,
il ne me reste plus qu'une ligne
à **finir**... Ouf! c'est terminé.
J'en avais assez, **à la fin**,
mais **finalement**, maintenant que c'est fait,
je suis bien contente.
— Nous pouvons **enfin** aller jouer. »

fixer
Pour garder une fleur séchée,
Marie la **fixe** sur une page de cahier
avec deux bandes de papier collant.
Arnaud a **fixé** une image sur le mur
avec des punaises aux quatre coins.
Si je veux qu'un objet reste
à l'endroit où je l'ai mis,
je l'empêche de bouger en le **fixant** :
je l'attache, je le cloue ou je le colle;
après, il ne peut plus tomber : il est **fixé**.
« Qu'as-tu à regarder **fixement** le ciel,
comme une statue, sans bouger les yeux?
— Je crois que le baromètre dit vrai :
il est au **beau fixe**, le beau temps va durer. »

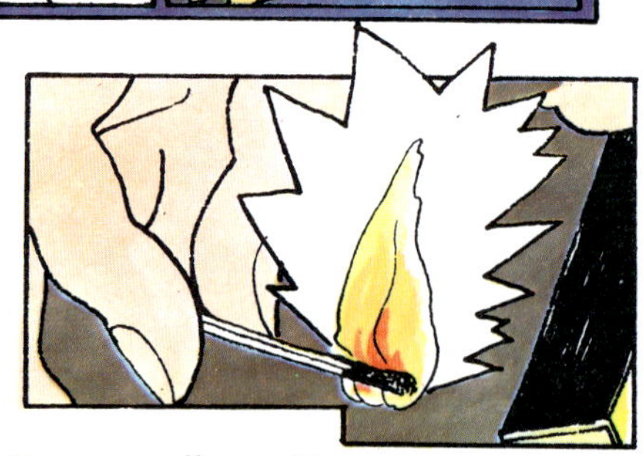

flamme
Quand on frotte une allumette,
elle **s'enflamme** : le bois **flambe**, il brûle.
La **flamme** est brillante et chaude;
elle change souvent de couleur.

flaque
Quand il pleut, l'eau fait des **flaques**
par terre : comme des petites mares,
et le ciel se reflète dedans.
C'est agréable d'avoir des bottes
pour patauger dans les **flaques** d'eau.

flèche
Marc fait des **flèches** pour son arc
avec des baguettes de bois.
Autrefois, les flèches étaient des armes
pour la guerre et pour la chasse.
Nous aimons tous jouer aux **fléchettes**;
on les lance à la main
sur une cible en liège ou en bois.
« Où est la gare? l'entrée? la sortie?
— Regardez donc les pancartes,
il y a dessus un signe en forme de **flèche** :
la **flèche** indique la direction à suivre! »

fleur
As-tu vu s'ouvrir une rose?
C'est d'abord un bouton fermé,
puis les pétales s'écartent peu à peu,
la **fleur** se colore, elle sent bon,
elle attire les abeilles.
Quand elle se fane et perd ses pétales,
c'est pour préparer des graines
d'où sortiront un jour d'autres **fleurs**.
Une **fleurette** est une petite **fleur**.
Le **fleuriste** cultive les **fleurs**,
il vend des plantes et des bouquets.

regarde l'image
des fleurs
pages 118
et 119

fleuve
Des bateaux naviguent sur le **fleuve.**
Un **fleuve** est une grande rivière
qui traverse la campagne et les villes;
il reçoit l'eau des autres rivières
et va se jeter dans la mer.
Beaucoup de grands **fleuves**
ont plus de 1 000 kilomètres de long.

flocon
La neige tombe en **flocons** sur ma main :
un **flocon**, c'est blanc et léger,
et en fondant ça n'est plus qu'un peu d'eau.
Les **flocons d'avoine** aussi sont légers;
je les mange en bouillie,
cuits dans du lait et sucrés;
ils sont faits avec les grains de l'avoine,
une plante qu'on cultive dans les champs.

flotter
Les bateaux **flottent** sur la rivière :
ils restent sur l'eau, elle les porte.
Un bouchon, une bouée peuvent **flotter,**
tandis que les pierres s'enfoncent.
Beaucoup de bateaux ensemble,
cela fait une **flotte** ou une **flottille;**
dans le port, il y a toute une **flottille**
de petits bateaux de pêche.

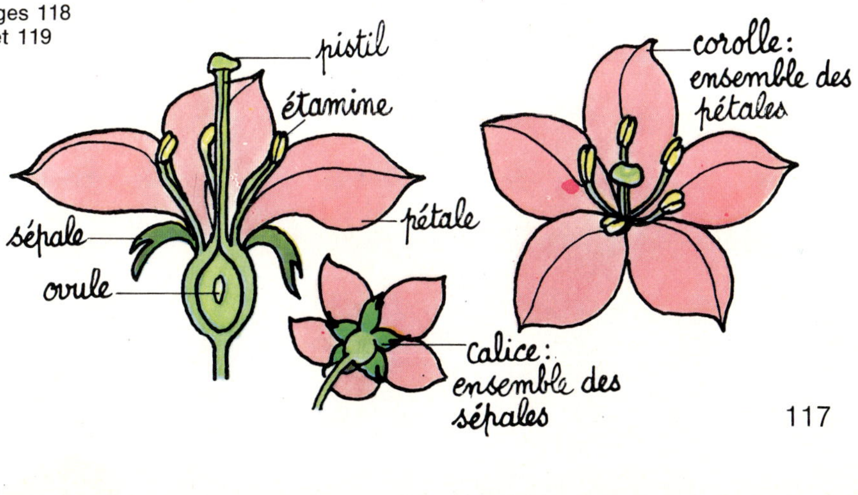

glycine
boule-de-neige
rose trémière
mimosa
rhododendron
clématite
géranium
pois de senteur
chrysanthème
rose
marguerite
dahlia
orchidée
tulipe
glaïeul
cyclamen
anémone
giroflée
pensée
pissenlit
perce-neige
myosotis
muguet
gueule-de-loup

fraise
Les **fraises** sont des fruits rouges
qui poussent en été dans le jardin,
entre les feuilles vertes des **fraisiers**.
En nous promenant dans la forêt,
nous avons cueilli des **fraises des bois**.

framboise
La **framboise** est un petit fruit
rouge et très parfumé
qui pousse sur un arbrisseau
qu'on appelle un **framboisier**.

franc
Sophie dit la vérité, on peut la croire :
elle est **franche**. J'aime sa **franchise**.
« Marc, sois **franc**, dis ce que tu penses,
parle-moi **franchement**. »

franc
« As-tu de la monnaie?
— Oui, j'ai une pièce de 1 **franc**,
je peux acheter quelque chose
qui coûte 1 **franc**.
— Tiens, voilà un billet de 10 **francs**,
cela te fera dix fois plus d'argent. »
1 **franc** vaut 100 centimes;
deux pièces de 50 centimes font 1 **franc**.

frapper
Marc m'a donné un coup de poing :
il m'a **frappé**, et cela m'a fait mal.
« Écoute : on **frappe** à la porte. Va ouvrir,
c'est la voisine qui tape un petit coup
sur la porte pour demander si elle peut entrer. »

frère
Marc est le **frère** de Sophie :
ils ont le même père et la même mère.

frire
Je coupe des pommes de terre en morceaux,
je les jette dans de l'huile bouillante,
et quand elles sont bien dorées,
cela fait des pommes de terre **frites**. On
fait aussi de la **friture** en faisant **frire** des
petits poissons dans la poêle avec de
l'huile ou du beurre bouillants.

friser
Les cheveux de Thomas
font des boucles :
ils sont **frisés**. Sophie, au contraire,
a les cheveux plats.
Isabelle est allée chez le coiffeur
pour se faire **friser** les cheveux.

froid
Brrr! comme **il fait froid** ce matin!
C'est l'hiver, j'ai les mains glacées,
l'eau est gelée dans le ruisseau.
« Couvre-toi bien, pour sortir! »
« Si ton bain est trop chaud,
ajoute un peu d'eau **froide**
pour le **refroidir**. »

fraise
groseille
mûre
cerise
myrtille
raisin
melon
poire
pêche
pomme
prune
abricot
figue
melon
framboise
noix
noisette
châtaigne
amande

banane
datte
bananier
ananas
orange
pamplemousse
citron
clémentine
cacahouète
cacahouète
dattier

fromage
On mange du **fromage** à la fin du repas :
gruyère, camembert, **fromage blanc**...
Il y a toutes sortes de **fromages**
et ils sont tous faits avec du lait.

froncer
Ma robe est toute **froncée** :
elle a des petits plis serrés
autour de la taille.
Quand je **fronce** les sourcils,
cela fait des plis sur mon front.

front
Nathalie a mal à la tête et
elle met la main sur son **front**.
Le **front** est le haut du visage,
entre les cheveux et les sourcils.

frotter, frictionner
Pour faire briller mes chaussures,
je les **frotte** avec un chiffon :
je passe rapidement le chiffon sur
le cuir en appuyant très fort.
Après le bain, Maman **frotte** Thomas
avec de l'eau de Cologne :
elle le **frictionne**.
Cela réchauffe, une bonne **friction**!

regarde
l'image
des fruits
pages 124
et 125

fruit
Les pommes, les oranges, les cerises,
les noix, les tomates sont des **fruits**.
Les **fruits** poussent sur les plantes
à la place des fleurs
lorsque celles-ci sont fanées.
À l'intérieur des **fruits** mûrs,
il y a des graines qu'on peut planter.

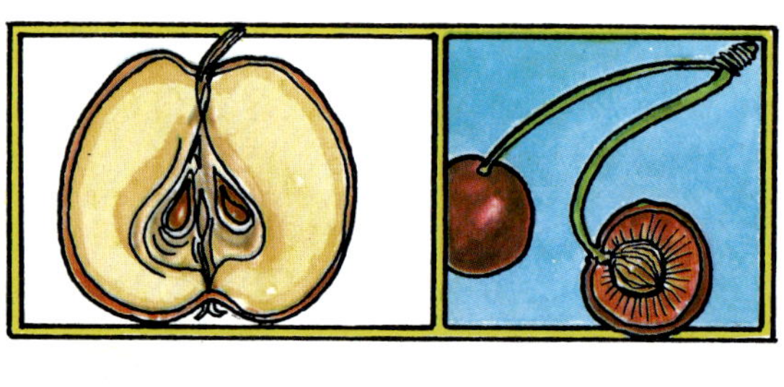

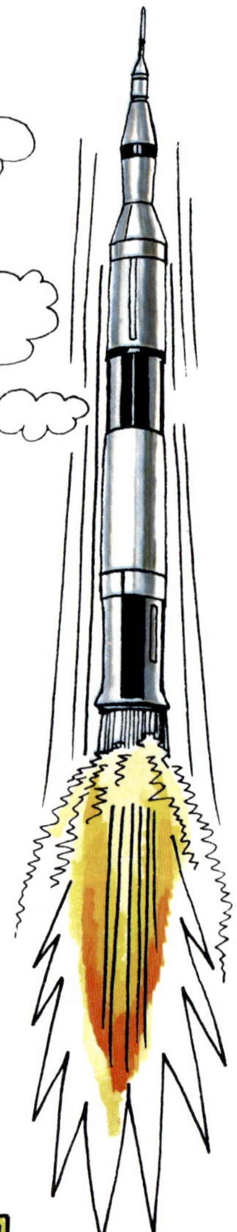

fumée
La **fumée** monte au-dessus du feu,
elle est grise et légère,
elle se défait et disparaît dans l'air.
Quand Arnaud veut **fumer** une cigarette,
il la met entre ses lèvres,
et souvent, c'est moi qui l'allume;
il sait faire des ronds avec la **fumée**!

fumier
À la ferme, on jette les épluchures et
la paille sale sur le **fumier** :
les choses qui pourrissent font le **fumier**;
il sert à nourrir les plantes :
on en met sur la terre, dans les champs.

fusée
Les **fusées** du feu d'artifice
montent dans le ciel en sifflant;
elles éclatent en étoiles brillantes,
puis s'éteignent : on ne voit plus rien.
Pour voyager dans l'espace,
les hommes ont inventé d'autres **fusées**,
qui peuvent aller jusque sur la lune.

fusil
Les chasseurs et les soldats
portent des **fusils** :
un **fusil** est une arme
qui a un long tube de métal et qui sert
à envoyer des balles de plomb.

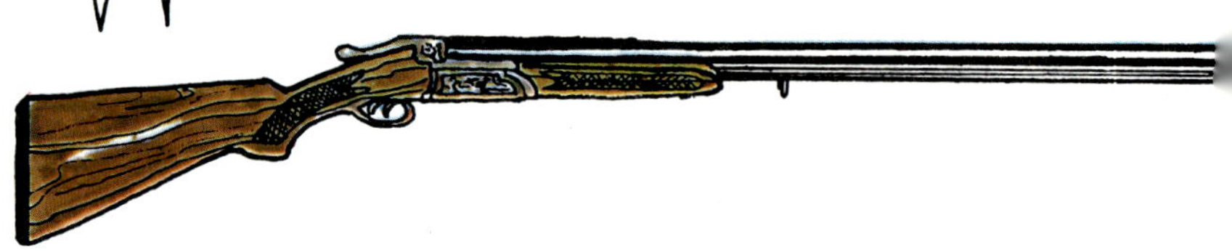

Gg

gage
Quand nous jouons aux devinettes,
celui qui se trompe donne un **gage**.
Marie a donné son mouchoir,
on le lui rendra à la fin de la partie,
mais elle devra faire
quelque chose en échange :
chanter, danser à cloche-pied...

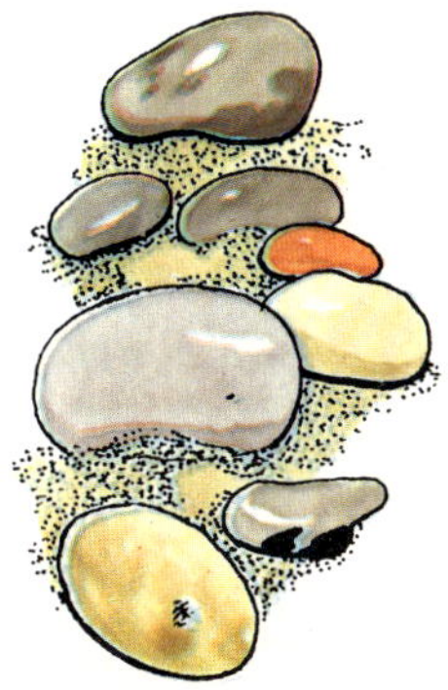

gagner
Mes parents travaillent
pour **gagner** leur vie :
pour pouvoir acheter les choses
dont ils ont besoin.
Ils reçoivent de l'argent
en échange de leur travail :
ils **gagnent** de l'argent.
J'ai eu de la chance à la loterie :
on m'a donné un gros ballon
parce que j'avais le numéro **gagnant**.
Il faut aller vite pour **gagner** la course :
le **gagnant** est celui qui arrive premier.

gai
Sophie aime rire : elle est **gaie**.
La maison est pleine de **gaieté**
si tout le monde est de bonne humeur;
la journée se passe **gaiement**.

galet
Sur la plage, on trouve des **galets** :
ce sont des cailloux ronds et lisses,
qui ont longtemps roulé dans la mer.

galette
Une **galette** est un gâteau plat
fait avec de la farine et cuit au four.

galoper
Quand un cheval court très vite,
on dit qu'il **galope**, qu'il va **au galop**.
J'entends une **galopade** dans l'escalier :
Marc descend à toute vitesse
en faisant du bruit avec ses pieds.

gamin
« Tais-toi, Sophie, tu es une **gamine.**
— C'est vrai, je suis encore petite,
mais toi aussi, Éric, tu as été **gamin!** »

gangster
Les **gangsters** sont des voleurs armés
qui se réunissent en bandes
pour attaquer les gens
qui ont beaucoup d'argent.

gant
L'hiver, je n'ai pas froid aux mains
parce que je mets des **gants** de laine.
Maman a une paire de **gants** de peau.
Un **gant de toilette** n'a pas de doigts,
c'est un petit sac en tissu-éponge
dont on se sert
pour se débarbouiller.

garage, gare
Un **garage** est un abri pour les autos.
Le **garagiste** répare les voitures,
il les lave, il vend de l'essence.
La voiture est **garée** devant la maison :
elle est rangée le long du trottoir.
Les voyageurs vont à la **gare**
pour prendre le train :
la **gare** est l'endroit où le train s'arrête.
Il faut que le train parte à l'heure,
que les marchandises et le courrier
soient rangés dans les wagons;
c'est le **chef de gare**
qui doit surveiller tout cela.

garçon
Nicolas est un **garçon** :
c'est un enfant du sexe masculin,
il sera un homme plus tard.
Marc aussi est un **jeune garçon,**
et c'est un bon petit **gars.**

garder
Tom **garde** la maison : il reste à la porte
et il aboie si quelqu'un veut entrer;
c'est un bon **chien de garde** :
avec lui, nous sommes bien protégés.
Quand Maman sort, je **garde** Thomas :
je le surveille, je m'occupe de lui.
Les **gardes** et les **gardiens** sont des gens
à qui l'on confie quelque chose à **garder.**
« Tu as encore des bonbons?
— Oui, je n'ai pas tout mangé hier :
j'en ai **gardé** pour aujourd'hui. »
« Tu peux **garder** mon livre,
ne me le rends pas, je te le donne. »
« Dans la rue, **prends garde** aux voitures :
fais bien attention en traversant. »

gâteau
Avec de la farine, du beurre, du sucre,
des œufs, nous pouvons faire un **gâteau**
pour le goûter ou le dessert.
Nous pouvons aussi acheter des **gâteaux**
chez le pâtissier.

gâter
Ces fruits ne sont plus bons à manger,
ils sont abîmés, ils sont **gâtés.**
Papa dit que Mamie nous **gâte** trop :
qu'elle est trop gentille avec nous.
« Ce sont des enfants **gâtés,**
il faut être plus sévère avec eux! »

gauche
« Mets tes mains sur ta poitrine.
Ton côté **gauche,** c'est celui
où tu sens battre ton cœur. »
« Écris-tu avec ta main **gauche?**
— Non, c'est plus facile avec la droite. »
En voiture, pour aller **à gauche,**
on tourne le volant du côté **gauche.**

gaz
L'air est un **gaz** : on ne le voit pas,
il n'est ni dur ni liquide.
Il y a beaucoup de sortes de **gaz;**
celui qui brûle dans la cuisinière
arrive par un tuyau; il sent fort,
ne respire pas ce **gaz**-là :
c'est dangereux.

gazon
Nous avons semé du **gazon**
dans le jardin;
quand les graines auront poussé,
cela fera une belle pelouse verte.
Le **gazon** est de l'herbe fine.

gazouiller
Dès le matin, les oiseaux **gazouillent** :
ils chantent doucement.
L'eau du ruisseau fait un bruit léger
comme un **gazouillement.**
Thomas ne parle pas encore,
mais il fait des bruits avec sa bouche :
il **gazouille.**

géant
Marc fait peur au petit chat :
« Regarde, je suis très très grand,
je suis un **géant**, je suis grand
comme une maison!
Et toi, tu es un nain, tu es tout petit! »
Avec les bottes de l'ogre,
le Petit Poucet faisait des pas de **géant.**
Pour Noël, j'ai reçu une sucette **géante** :
elle était longue comme mon bras!

geler
Quand il fait très froid, l'eau **gèle** :
elle se change en glace.
Les enfants font des glissades
sur la mare **gelée.**
Je tremble de froid : je suis **gelé.**
La **gelée** de groseilles est une confiture
préparée avec le jus des fruits
qu'on fait cuire avec du sucre.

gendarme
Les **gendarmes** sont des soldats
qui circulent en auto ou en moto
pour surveiller les routes et protéger
les habitants contre les bandits.
La **gendarmerie** est un grand bâtiment
où habitent les **gendarmes.**

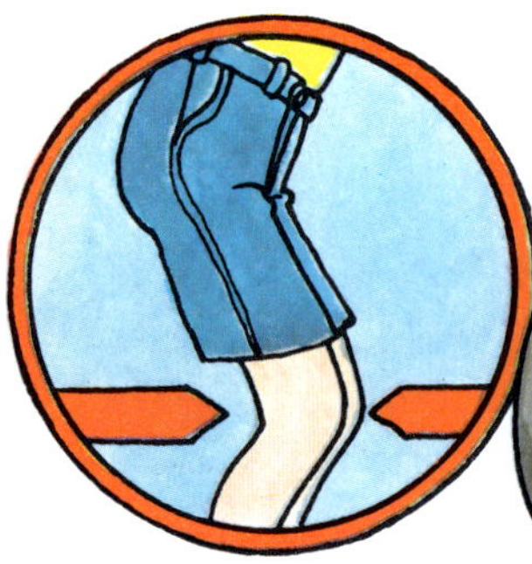

genou
L'endroit où ma jambe se plie,
c'est mon **genou;** j'ai deux **genoux.**
Sophie est **à genoux** par terre :
elle est **agenouillée.**
Thomas est assis sur mes **genoux.**

gens
De ma fenêtre, je vois passer les **gens**
dans la rue : des hommes, des femmes,
des personnes que je ne connais pas.
Voici un jeune homme et une jeune fille :
ce sont des **jeunes gens.**

gentil
Nathalie est très **gentille;**
elle est aimable, douce,
et cherche toujours à faire plaisir.
« Merci, Nathalie, pour ta **gentillesse.** »
« Marc, tu n'es pas **gentil,** aujourd'hui :
tu es désagréable avec moi.
Réponds-moi **gentiment,**
au lieu de crier. »

gerbe
Un grand bouquet de fleurs est une
gerbe. Quand on fauchait le blé,
autrefois, le moissonneur faisait des
gerbes : il attachait les épis en grosses
bottes. Maintenant, les machines fauchent
et mettent le blé en **gerbes.**

germer
Si tu plantes une graine, elle **germe** :
il en sort bientôt une petite racine.

geste
Sophie remue les bras et les mains :
elle fait des **gestes.**
« Qu'as-tu à **gesticuler** comme cela?
— Je fais des signes à Nathalie
qui est trop loin pour m'entendre :
je lui parle par **gestes.** »

gifler
« Si tu continues, je vais te **gifler!**
— Et comment feras-tu?
— Pour te donner une **gifle,**
je mets la main bien à plat
et toc! je tape sur ta joue! »

girafe
La **girafe** est un grand animal
qui a de longues pattes
et un très long cou. C'est commode
pour manger les feuilles des arbres.

glace
La **glace** est de l'eau gelée par le froid;
elle est dure et transparente,
elle n'est pas liquide comme l'eau.
Un petit morceau de **glace** est un **glaçon.**
Cette eau est froide comme la **glace** :
elle est **glaciale.**
Les enfants aiment la **glace** au chocolat :
c'est de la crème qu'on a fait geler
en la mettant dans le réfrigérateur.
Isabelle se regarde dans la **glace** :
les **glaces** et les miroirs sont en verre,
ils reflètent la lumière;
on peut se voir dedans.

glisser
C'est difficile de marcher sur la glace :
elle est **glissante,** on peut tomber.
Marc prend son élan et il **glisse** :
il avance sans lever les pieds,
il fait des **glissades.**
Le parquet est bien ciré : ça **glisse!**
Attention de ne pas **glisser!**
« Tu as mis la lettre à la poste?
— Oui, je l'ai **glissée** dans la boîte. »
Quand le savon est mouillé,
j'ai du mal à le tenir :
il me **glisse** des mains.

gomme
La **gomme** sert à effacer le crayon
ou l'encre sur le papier.
Il ne faut pas **gommer** trop fort,
car en frottant on peut déchirer la page.
Ma **gomme** est en caoutchouc.

gonfler
Mon ballon est **dégonflé** : il est vide.
Je souffle dedans pour le remplir d'air,
alors il grossit, il **se gonfle.**
J'ai une pompe pour **regonfler** mes pneus.

gorge
J'ai pris froid, j'ai mal à la **gorge,**
cela me fait mal quand j'avale.
Ma **gorge** est au fond de ma bouche,
en haut de mon cou.
Je bois mon lait par petites **gorgées** :
je n'en avale qu'un peu à la fois.

goudron
Les ouvriers étalent le **goudron** chaud
dans la rue ou sur la route :
le **goudron** est une pâte noire
qui durcit en refroidissant
et qui protège le sol.
Certaines rues sont **goudronnées** :
on les a recouvertes de **goudron.**

gourmand
Nous sommes tous **gourmands** :
mes parents aiment la bonne cuisine;
moi je préfère les gâteaux,
mais c'est Sophie la plus **gourmande.**
« C'est un défaut, la **gourmandise?** »

goûter
Dans l'après-midi, nous **goûtons.**
Marie a fait une crème pour le **goûter** :
« Elle a un drôle de **goût,** ta crème!
— Qu'est-ce qu'elle sent?
— Manges-en un peu, **goûte**-la, tu verras.
— Ah! que c'est mauvais, c'est **dégoûtant!**
Je me suis trompée : j'ai mis du sel
au lieu de mettre du sucre en poudre... »

goutte
Il commence à pleuvoir :
j'ai reçu une **goutte** d'eau sur la main.
Une petite **goutte** est une **gouttelette.**
Le robinet est mal fermé :
il laisse couler l'eau **goutte à goutte.**
Quand Marc était malade,
on lui donnait des **gouttes** d'un médicament
avec un **compte-gouttes** :
c'est un petit tube en verre
avec un bout en caoutchouc, qu'on presse
pour faire tomber les **gouttes.**

graine
Toutes les plantes donnent des **graines**
qui germeront et feront à leur tour
d'autres plantes toutes pareilles. Un **grain**
de café, un **grain** de blé sont des
graines. Un **grain** de raisin est un fruit.
Mais un **grain** de sable c'est seulement
quelque chose de très petit... Cela ne
pousse pas!

graisse
Qu'est-ce qui est blanc dans la viande
et qui fond quand on la fait cuire?
C'est la **graisse.** Elle fait des taches
sur l'étoffe ou le papier.
Le beurre et le lard sont **gras,**
l'huile aussi est très **grasse.**
Un animal qui a beaucoup de **graisse**
est gros et **gras.**

grand
Il y a de **grands** arbres dans la forêt :
ils sont très hauts.
Notre maison est **grande** :
il y a beaucoup de place dedans.
« Comme tu as **grandi,** Sophie!
Marc et toi, vous avez la même taille :
vous êtes de la même **grandeur.** »
C'est Thomas qui est le plus petit :
il a encore besoin de **grandir**
pour devenir une **grande personne.**
J'ai deux **grands-pères**
et aussi deux **grands-mères** :
les parents de Papa et de Maman.
Cela fait quatre **grands-parents.**
« Je vais vous dire une **grande** nouvelle,
une nouvelle extraordinaire :
nous partons huit jours à la montagne.
Vous pourrez courir en plein air,
le **grand air** vous fera du bien. »

grappe
Une **grappe** de raisin,
cela fait beaucoup de petits fruits
serrés les uns contre les autres.
Les groseilles aussi poussent en
grappes.

gratter
« Ne **te gratte** pas, Marc.
— J'ai un bouton qui me fait mal.
— Justement, si tu le frottes
avec tes ongles, tu l'écorcheras
et ce sera plus long à guérir. »
Tom **gratte** la terre avec ses pattes :
il creuse. Cherche-t-il un lapin?

gratuit
À la fête de l'école, on entrait sans payer :
gratuitement;
on pouvait goûter sans donner d'argent :
tout était **gratuit.**

grave
Ce soir, Papa a l'air **grave** :
il ne rit pas, il a l'air sérieux,
il est inquiet pour son ami
qui est **gravement** malade.
Robert a une maladie dangereuse,
c'est **grave,** il peut mourir.

grenier
À la ferme, il y a un **grenier** :
c'est un endroit où personne n'habite,
tout en haut de la maison.
On peut y mettre du foin, des outils ou
des objets qui ne servent pas souvent.

grenouille
La **grenouille** est un petit animal
qui vit au bord de l'eau;
elle aime nager dans les mares
et sauter dans l'herbe.

griffe
« Vilain chat, tu m'as **griffé!**
J'ai une marque rouge sur la main! »
Les **griffes** du chat sont ses ongles,
elles sont pointues et recourbées.
Beaucoup d'animaux ont des **griffes.**
« Qu'est-ce que ce **griffonnage?**
— C'est l'écriture de Marc;
on ne peut pas lire ce qu'il a **griffonné,**
il écrit aussi mal qu'un chat
qui tremperait ses **griffes** dans l'encre. »

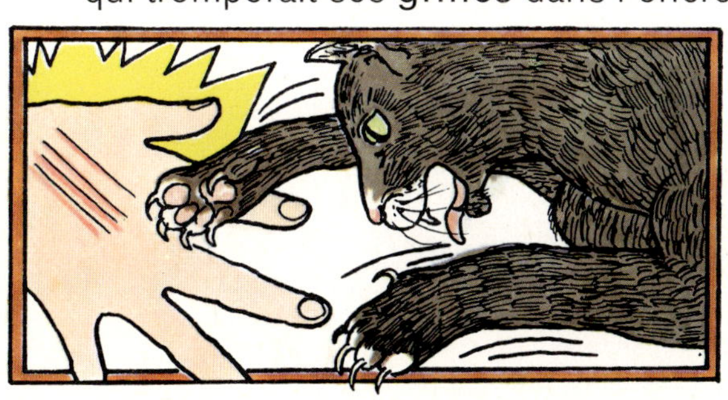

grignoter
La souris **grignote** le fromage :
elle le ronge. Sophie **grignote** du pain :
elle en mange de tout petits morceaux
en mordant avec ses dents de devant.

grille
Le jardin est entouré d'une **grille**
qui est faite de barreaux de fer
fixés dans le mur.
Pour faire **griller** la viande,
on la met à cuire sur un **gril** :
c'est une sorte de petite **grille.**
Marc donne des carottes aux lapins
à travers le **grillage** de la cage :
le **grillage** est en fil de fer.

grimace
Sophie fronce le nez et remue les yeux :
elle fait des **grimaces** pour amuser Marc.
« Que tu es laide à **grimacer** comme ça!
Tu vas faire peur à Thomas! »

grimper
Nicolas **grimpe** à l'arbre :
pour monter sur les branches,
il se sert de ses mains et de ses pieds.
Il existe des plantes qui poussent
en montant le long des murs :
ce sont des plantes **grimpantes.**

gris
Le **gris** est la couleur du ciel
quand il ne fait pas beau.
Pour avoir de la peinture **grise,**
je mélange du noir et du blanc.

grogner
Les porcs **grognent** dans l'étable :
ils crient, ils font des **grognements.**
Marc n'est pas content : il est **grognon,**
on l'entend **grogner** depuis ce matin.

gronder
« Écoute ce grand bruit dans le ciel :
c'est l'orage, le tonnerre **gronde.** »
Nicolas a fait des sottises;
son papa est fâché, il le **gronde** :
« C'est très mal ce que tu as fait,
tu seras puni, Nicolas. »

gros
« Votre chien est plus **gros** que Tom :
il est plus large et plus gras.
Tom a l'air presque maigre à côté.
Allons, Tom, mange ta soupe,
il faut **grossir** encore
si tu veux être de la même **grosseur.** »
J'aime bien les livres
qui sont écrits **gros** : c'est plus facile
de lire les **grosses** lettres
que les petites.

groupe
Une grappe est un **groupe** de fruits.
Si plusieurs personnes sont ensemble,
cela fait un **groupe** de gens.
Je fais un tas avec mes billes bleues :
les voilà **groupées** toutes ensemble;
je vais faire un autre **groupe**
avec les billes rouges.

grue
« Tu vois cette grande machine?
C'est une **grue** : elle sert à soulever
et à transporter des choses lourdes,
des pierres, des barres de fer... »
Il y a des **grues** dans les ports
pour aider à charger les marchandises
dans les bateaux. La **grue** a un moteur;
c'est un homme qui la fait marcher.

guêpe
Un insecte jaune et noir vient voler
autour de ma tartine de miel.
On dirait une abeille...
Non, c'est une **guêpe**.
Regarde comme elle a la taille fine!
Les **guêpes** vivent ensemble
dans des nids.
Attention! quelquefois elles piquent.

guérir
Robert a été très malade,
enfin il va mieux, il va **guérir**
car le docteur l'a bien soigné.
Quand il sera tout à fait **guéri**,
en bonne santé comme avant,
il viendra déjeuner chez nous
pour fêter sa **guérison**.

guerre
Il y a souvent dans le monde
des pays qui se font la **guerre** :
l'un attaque, l'autre se défend,
les soldats se battent
et beaucoup de gens sont tués.
C'est difficile de faire la paix
et de mettre d'accord
ceux qui ont gagné la **guerre**
et ceux qui ont été battus.

guetter
Philippe va venir, je l'attends,
je regarde à la fenêtre : je le **guette**
pour aller à sa rencontre
dès que je l'apercevrai.
Nous jouons à cache-cache;
Marc est caché et moi je fais le **guet** :
je surveille pour le prévenir
s'il vient quelqu'un.

gueule
Le chien a attrapé un lapin,
il le rapporte dans sa **gueule** :
la **gueule** d'un animal, c'est sa bouche.

gui
Pour fêter le jour de l'an,
nous avons décoré la maison
avec des branches de **gui** :
c'est une plante verte
avec de petites boules blanches
qui pousse sur certains arbres.

guidon
Pour aller à droite ou à gauche
avec ma bicyclette,
je tourne le **guidon** :
c'est un tube de métal
fixé à l'avant de la bicyclette;
je le tiens par ses deux poignées.

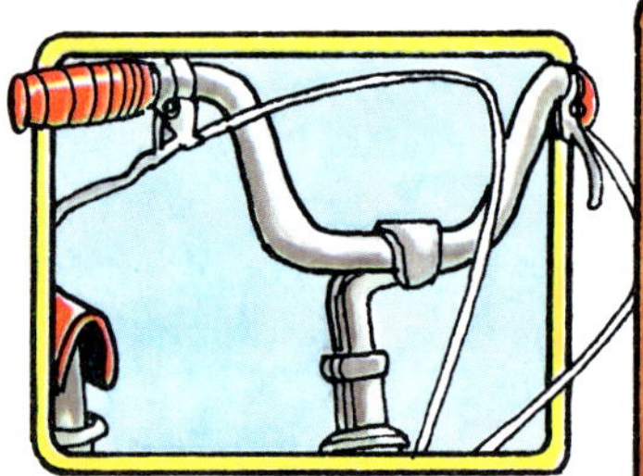

guirlande
C'est la fête dans la rue :
on a accroché des **guirlandes** de papier
entre les maisons.
Les **guirlandes** sont faites
de bandes de papier
qu'on plie ou qu'on tresse ensemble.
On fait aussi des **guirlandes**
en attachant des fleurs sur un fil.

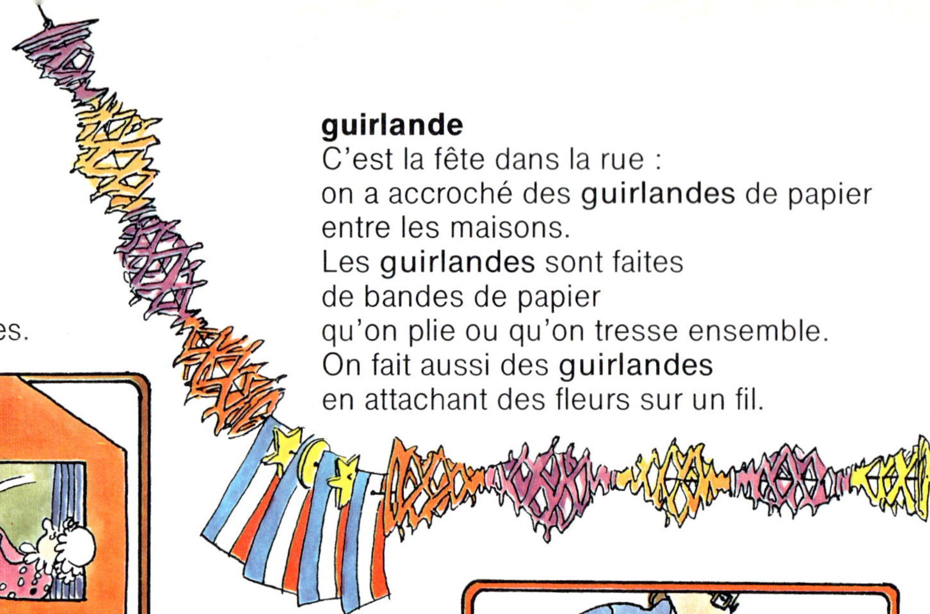

guignol
Le **guignol** est un petit théâtre
dont les acteurs sont des marionnettes.
Nous avons bien ri au **guignol** :
la mère Michel voulait battre **Guignol**,
elle croyait qu'il avait pris son chat.

guitare
Arnaud joue de la **guitare** :
c'est un instrument de musique;
la **guitare** a des cordes
qu'on pince avec les doigts.

gymnastique
Éric saute, court,
ou bien il fait des mouvements
avec ses bras et avec tout son corps :
il fait de la **gymnastique**
pour devenir plus souple et plus fort.

Hh

habiller
Le matin, je mets ma culotte, ma chemise, mon pantalon : je **m'habille.**
Et le soir, je **me déshabille** : j'enlève mes **habits.**

habiter
Nous **habitons** dans un appartement : c'est là que nous demeurons.
Nicolas **habite** aussi en ville, tandis qu'Arnaud vit à la campagne.
Les gens qui **habitent** dans un pays sont ses **habitants.**
Personne ne vit dans cette maison : elle est **inhabitée,** elle ne sert pas.

habitude
D'habitude, Éric se lève tôt : il est presque toujours levé à 7 heures.
Il a pris l'**habitude** d'aller le dimanche faire du sport : il fait cela depuis longtemps.
« Tu sais faire les courses?
— J'y vais souvent, j'ai l'**habitude.** »
« Es-tu **habituée** à ta nouvelle école?
— Non, je ne la connais pas encore bien, il n'y a pas longtemps que j'y vais, mais je **m'habituerai** vite, car j'y trouverai des amis. »

hache
Le bûcheron fend une bûche avec sa **hache** : la **hache** est une lame large et coupante fixée sur un manche en bois.
Pour faire de la viande **hachée,** on la coupe en tout petits morceaux en la **hachant** avec un instrument coupant, qu'on appelle un **hachoir.**
Si l'on **hache** très fin de la viande, du poisson ou des légumes, cela fait du **hachis.**

haie
Les champs et les jardins sont quelquefois entourés de **haies** : ce sont des arbustes taillés, serrés les uns contre les autres.

hameçon
Pour aller à la pêche,
Marc attache un **hameçon** à sa ligne :
c'est un crochet pointu en métal,
où le poisson reste accroché.

hangar
Le fermier rentre le foin sous le **hangar**;
un **hangar** est un grand abri
où l'on range aussi les machines.
Les avions sont garés dans des **hangars**
qu'on a bâtis sur l'aérodrome.

haricot
Les **haricots** sont des légumes;
il en existe plusieurs sortes :
les **haricots secs** sont les graines de la plante, les **haricots verts** sont ses fruits.

harmonica
Éric fait de la musique
en soufflant dans son **harmonica**.

hasard
J'ai rencontré Nicolas **par hasard** :
il passait dans la rue
et moi aussi, juste au même moment.
« Dis vite un chiffre.
— Quel chiffre?
— N'importe lequel, **au hasard!** »
Quand on tire à la courte paille,
personne ne peut deviner
qui gagnera et qui perdra :
on n'y peut rien, c'est le **hasard**.

haut
« Regarde la montagne,
au-dessus de ta tête :
comme elle est **haute!**
Il faudra marcher longtemps
pour monter **là-haut.** »
Pour regarder **en haut,** je lève les yeux.
Le **haut** de l'armoire,
c'est la partie qui est près du plafond.
Notre maison est moins **haute** que la vôtre :
elle est plus basse;
nos maisons n'ont pas la même **hauteur.**
Ce soir, Maman nous fait la lecture :
elle lit un livre à **haute** voix
et nous écoutons l'histoire.

herbe
L'**herbe** est une petite plante verte
qui pousse partout très facilement.
Quand il y en a trop dans le jardin,
il faut **désherber**
en arrachant les **mauvaises herbes.**
Marie a une collection
de plantes séchées :
elle fait un **herbier.**

hérisson
Mamie a un **hérisson** dans son jardin :
il est couvert de longs piquants;
pour se défendre, il se roule en boule,
alors ses piquants **se hérissent** :
ils se redressent sur son dos.
Le **hérisson** est utile, car il mange
les insectes, les vers, les limaces
qui abîment les légumes.

hésiter
« Je me demande si je vais sortir
ou si je vais rester jouer à la maison :
j'**hésite,** je ne peux pas me décider.
Nicolas est souvent **hésitant** :
il ne sait pas bien ce qu'il veut.
« Avec toutes ces **hésitations,**
le temps passe. Allons, il faut choisir! »

heure
« Quelle **heure** est-il?
— Regarde ma montre : il est 3 **heures.**
Dans une **heure,** il sera 4 **heures,**
ce sera l'**heure** du goûter. »
Une **heure,** c'est le temps qu'il faut
à la grande aiguille de la montre
pour faire tout le tour du cadran.
Chaque jour dure 24 **heures;**
il y a 60 minutes dans 1 **heure.**
Le matin, je suis debout **de bonne heure** : je me lève tôt.
Et j'arrive à l'école juste **à l'heure** :
je suis exact.
« C'est bien, **à la bonne heure!**
Tu es un garçon sérieux. »
Nous allons bientôt voir Robert :
il arrive **tout à l'heure.**

heureux
Mes parents sont **heureux** de voir Robert :
ils sont contents de retrouver leur ami.
C'était si triste quand il était malade :
nous étions tous **malheureux!**
Heureusement, c'est fini, tant mieux!
Tout va bien aujourd'hui :
c'est une **heureuse** journée.

hibou
On ne voit pas souvent le **hibou,**
c'est un oiseau qui vole la nuit;
il voit clair dans le noir
pour chasser les souris.

hier
J'ai dormi toute la nuit depuis **hier;**
nous sommes aujourd'hui mardi,
hier, c'était lundi : **hier** est le jour
avant aujourd'hui.
Dimanche, c'était **avant-hier,**
puisque le dimanche est avant le lundi.

hirondelle
Au printemps, les **hirondelles** viennent
bâtir leur nid sous le bord du toit.
Elles ont la queue fourchue
et des ailes bleu-noir, longues et fines.
À la fin de l'été, on les voit
perchées les unes à côté des autres,
puis elles s'en vont passer l'hiver
dans des pays où il fait chaud.

histoire
Quand Papa nous raconte une **histoire,**
il nous parle de personnages :
de gens, de fées ou d'animaux,
et il nous explique ce qui leur est arrivé.
Ce qui m'intéresse dans les livres, c'est
qu'ils racontent des **histoires.** J'aime les
contes qu'on a inventés et aussi l'**histoire**
vraie des gens qui vivent dans le monde
ou qui ont vécu il y a très longtemps.

hiver
La saison la plus froide de l'année
s'appelle l'**hiver** : souvent, il neige.
L'**hiver** commence juste avant Noël,
et quand il finit, au mois de mars,
c'est le printemps qui arrive.

homme
Papa est un **homme.** Marc est un garçon; il deviendra un **homme** plus tard.
Les **hommes** sont du sexe masculin.
On dit aussi « les **hommes** » quand on veut parler des êtres **humains** : les femmes, les **hommes**, les enfants, tous les êtres vivants qui ne sont pas des animaux.

hôpital
Un **hôpital** est une grande maison où des médecins et des infirmières soignent les gens qui sont malades.

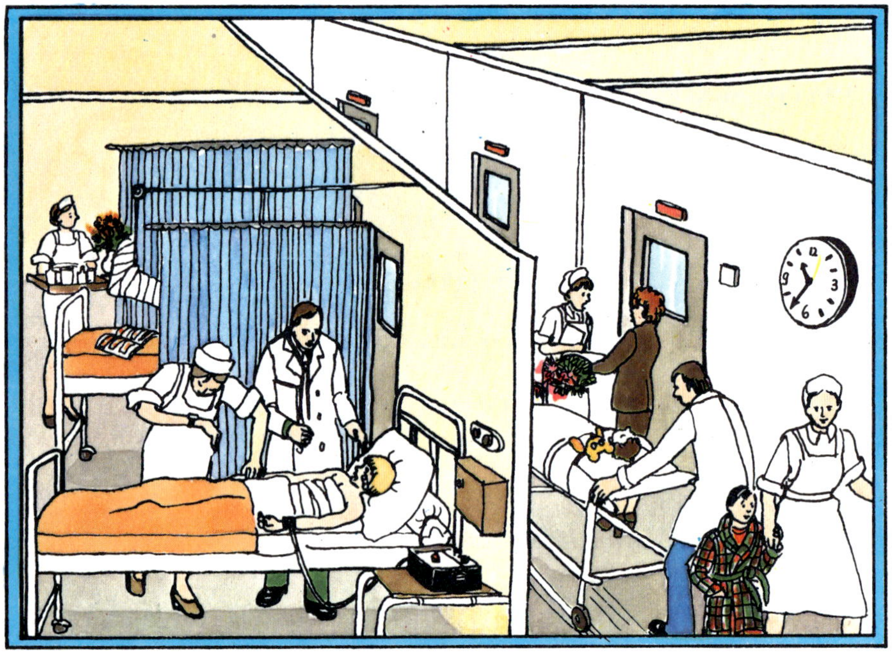

hôtel
Quand nous irons en voyage, nous coucherons à l'**hôtel.**
Papa donnera de l'argent à l'**hôtelier** pour payer nos chambres et nos repas.

huile
Mamie a pris la bouteille d'**huile** pour préparer la salade.
L'**huile** est un liquide gras, jaune, qu'on fabrique en écrasant des olives, des cacahouètes ou des graines d'autres plantes. Elle sert à la cuisine.
Il existe d'autres **huiles,** qu'on met dans les moteurs ou qui servent à graisser les machines pour qu'elles marchent mieux.

humeur
« Je me sens gai ce matin, je suis **de bonne humeur.**
— Thomas n'est pas comme toi; depuis qu'il est réveillé, il pleurniche : il a l'air **de mauvaise humeur.**
— Il changera vite d'**humeur,** si je joue un peu avec lui! »

horloge
Une **horloge** est une grande pendule; sur son cadran l'heure est marquée en gros chiffres pour qu'on puisse les voir de loin.

horrible
Dans mon livre, on voit l'image d'une sorcière.
Elle a une figure **horrible** : elle est très laide et elle fait peur.
Quelle **horreur!**

hurler
Thomas crie de toutes ses forces : il **hurle,** il pousse des **hurlements.**

hutte
Une **hutte** est une petite cabane.

Ii Jj Kk

idée
« À quoi penses-tu?
— J'ai une **idée**, tu vas voir.
— Ça ne se voit pas, une **idée!**
— Non, mais je vais te la dire :
si on faisait un journal à l'école?
— C'est une bonne **idée**, mais voilà,
elle est seulement dans ta tête;
maintenant, il faut la réaliser
pour que le journal existe vraiment.
— D'accord, c'est décidé,
nous ne changerons pas d'**idée**. »

ignorer
« Sais-tu comment on fait un journal?
— Non, je ne le sais pas : je l'**ignore**.
— Tu ne connais rien, tu es **ignorante**.
— Si on est **ignorant**,
c'est qu'on n'a pas encore appris;
tu n'as qu'à m'expliquer, et je saurai! »

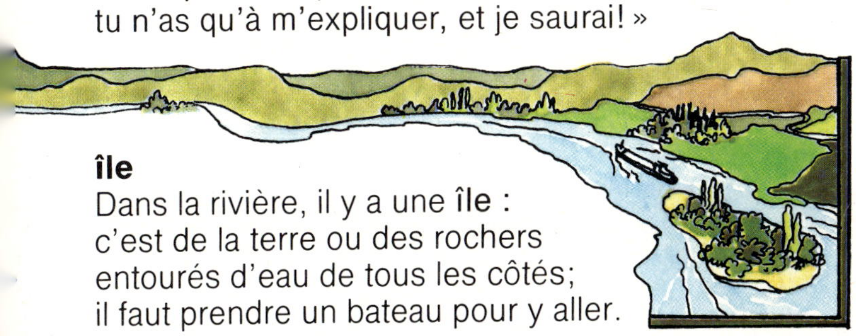

île
Dans la rivière, il y a une **île** :
c'est de la terre ou des rochers
entourés d'eau de tous les côtés;
il faut prendre un bateau pour y aller.

illustrer
Marc lit un **illustré** : c'est un journal
où il y a beaucoup d'images.
Les dessinateurs font des dessins
pour **illustrer** les livres pour enfants.
Les photos aussi sont des **illustrations**;
mon album est **illustré**
en noir et en couleurs.

image
Les **images** de l'album sont dessinées
et peintes en couleurs.
Elles racontent une histoire.
On y voit des gens, des bêtes
et même des choses qui n'existent pas :
des choses **imaginaires**. Cela fait rêver.
Les gens qui ont de l'**imagination**
savent inventer des histoires.
Nathalie **s'imagine** que les fées existent :
elle croit aux contes de fées.

imiter

Sophie **imite** son frère pour le taquiner :
elle répète ce qu'il dit
et fait les mêmes gestes que lui.
« Tu as fini d'**imiter** ce que je fais?
— Je t'**imite** parce que tu es un modèle!
J'essaie de te ressembler.
— Le singe aussi **imite** l'homme.
Tu m'ennuies avec tes **imitations.** »

immédiatement

Si nous voulons être à l'heure à l'école,
il faut partir **immédiatement** :
tout de suite, sans attendre.

immeuble

Un **immeuble** est une grande maison
à plusieurs étages
où il y a beaucoup d'appartements,
de bureaux ou de boutiques.

immobile

C'est difficile de rester **immobile** :
sans s'agiter, sans bouger du tout.
Nous remuons même en dormant,
tandis que les objets restent **immobiles**
si on ne les change pas de place.

imperméable

Quand il pleut, je mets un **imperméable**
et des bottes de caoutchouc
pour ne pas être mouillé.
Le caoutchouc est **imperméable** :
l'eau ne passe pas au travers.

important

Éric ne peut pas sortir avec nous,
car il a un travail **important** à finir :
il doit le faire absolument,
c'est très utile pour lui.
Les choses **importantes**, c'est sérieux!
Eh bien! nous sortirons un autre jour,
cela n'a pas d'**importance** :
cela ne fait rien, ce n'est pas grave.
« Que veux-tu pour goûter?
— **N'importe quoi**, ce que tu voudras,
une tartine, un fruit, cela m'est égal. »

imprimer

regarde l'image pages 166 et 167

Les livres et les journaux
sont fabriqués dans les **imprimeries.**
Les **imprimeurs** ont des machines
pour **imprimer** avec de l'encre
les lettres et les images sur le papier.

incendie

Il y a eu un **incendie** près de chez nous :
nous avons vu des flammes et de la fumée,
le feu avait pris dans une maison.
Heureusement, les pompiers sont venus
et ils ont éteint l'**incendie;**
personne n'a été blessé,
mais les meubles ont été brûlés.

index
L'**index** est le deuxième doigt de la main, près du pouce. Pour écrire, je tiens mon crayon ou mon stylo entre mon pouce et mon **index.**
« Où est la poste? — C'est par là. »
Je montre le chemin avec mon **index** : je m'en sers pour **indiquer** le chemin.
Au bord de la route, il y a des poteaux **indicateurs** pour nous aider à trouver notre chemin.

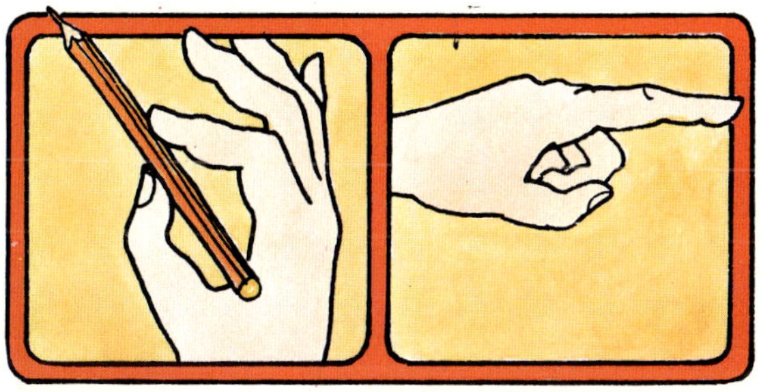

infirmier
Les **infirmiers** et les **infirmières** s'occupent des malades et des blessés, ils aident les médecins à les soigner, ils travaillent dans les hôpitaux.

inonder
Marc a oublié de fermer le robinet dans la cuisine, et tout est **inondé** : il y a de l'eau partout.
Quelquefois, quand il pleut beaucoup, les rivières débordent dans les champs : la campagne est **inondée,** l'eau entre aussi dans les maisons et les gens sont obligés de se sauver, c'est une **inondation.**

inquiet
Éric est en retard ce soir.
Mamie est **inquiète** : elle craint qu'il ne soit arrivé un accident à Éric.
« Ne **t'inquiète** pas, dit Maman, n'aie pas peur, il n'y a pas de danger. »
Voilà Éric qui rentre.
Mamie oublie son **inquiétude** : elle est rassurée.

regarde l'image des insectes pages 144 et 145

insecte
Les papillons, les mouches, les guêpes, les abeilles, les fourmis, les puces, les coccinelles sont des **insectes.**
Ce sont de petites bêtes à six pattes.
Beaucoup d'**insectes** ont des ailes.

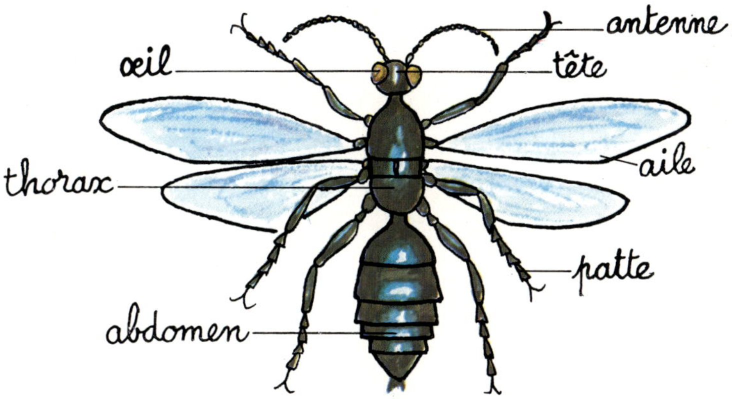

insister
Maman ne veut pas que Sophie sorte :
« Oh! je t'en prie, Maman, s'il te plaît...
— Quand je dis non, n'**insiste** pas, ne demande pas encore une fois, ce n'est pas la peine d'**insister,** je ne changerai pas d'avis. »

installer
Isabelle arrange ses meubles dans son nouvel appartement; elle met ses affaires dans les placards : elle **s'installe.**
« Es-tu contente de ton **installation?** As-tu tout ce qu'il te faut? »
Sophie s'est **installée** pour lire dans un endroit tranquille.

bourdon
guêpe
papillon
ver luisant
cigale
hanneton
doryphore
chenille
scarabée
papillon de nuit
abeille
dytique

mouche
moustique
moustique
puce
puce
fourmis
coccinelles
libellule
carabe
sauterelle
perce-oreille
grillon

instant
« Il y a longtemps que tu es là?
— Non, j'arrive **à l'instant** :
je viens d'arriver.
— Et tu restes longtemps?
— Oh! non, très peu de temps :
je ne reste qu'un **instant,** une minute,
dans un moment je ne serai plus là. »
Il pleuvra peut-être plus tard,
mais, **pour l'instant,** il fait beau.

instituteur
Un **instituteur** est un maître d'école,
la maîtresse d'école est **institutrice.**
Ils nous aident à travailler en classe.

instrument
Les ciseaux servent à couper,
la clé sert à ouvrir la porte :
ce sont des **instruments.**
Un **instrument** est un objet
qui sert à faire quelque chose.
Les **instruments de travail** de l'ouvrier,
ce sont ses outils.
Le piano, le violon, la guitare
sont des **instruments de musique.**

insupportable
« Marc est **insupportable** aujourd'hui :
il fait tant de bêtises et de bruit
que je ne peux pas le **supporter**;
il est désagréable, j'en ai assez! »

intelligent
Ces enfants sont **intelligents** :
ils comprennent bien ce qu'on leur explique.
Sophie s'intéresse à tout,
elle réfléchit : elle est **intelligente.**

interdire
« Je te défends d'entrer dans ma
chambre : je te l'**interdis!** »
Il est **interdit** de passer :
ce n'est pas permis.
« Regarde la pancarte sur la porte :
Entrée interdite, cela veut dire
qu'on ne doit pas entrer. »

intéresser
Éric **s'intéresse** à l'aviation :
il veut tout savoir sur les avions.
Marie aime son nouveau livre,
elle le lit avec attention :
« Il a l'air de t'**intéresser.**
— Oui, on y apprend beaucoup de
choses, il est très **intéressant.**
— Ce n'est pas comme le mien;
il n'y a rien de bien dedans :
il n'a aucun **intérêt.** »

intérieur
En mangeant ma pomme, j'ai trouvé un ver :
il était **à l'intérieur** du fruit, dedans,
on ne le voyait pas de l'extérieur.
« Il pleut beaucoup, ne reste pas dehors,
rentre dans la maison :
à l'intérieur, tu seras à l'abri. »

interroger
La maîtresse me pose une question,
elle m'**interroge.** Elle demande :
« Connais-tu ce signe-là? »
Alors je réponds :
« Oui, c'est un **point d'interrogation.** »

inventer
Autrefois, les autos n'existaient pas,
ni le téléphone, ni le cinéma.
Les hommes ont **inventé** tout cela :
en réfléchissant, ils ont trouvé le moyen
de fabriquer des choses nouvelles.
« Plus tard, je serai **inventeur** :
je ferai des **inventions** extraordinaires.
— Pour l'instant, tu sais surtout
inventer des histoires! »

inviter
« J'ai dit à Philippe de venir dîner :
je l'ai **invité** à dîner chez nous.
— Nous aurons d'autres **invités,**
car j'ai téléphoné à Robert et à Aline
et ils ont accepté mon **invitation.** »

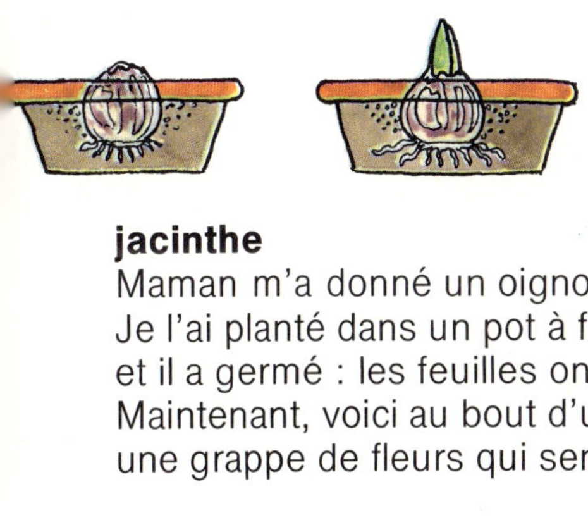

jacinthe
Maman m'a donné un oignon de **jacinthe.**
Je l'ai planté dans un pot à fleurs
et il a germé : les feuilles ont poussé.
Maintenant, voici au bout d'une tige
une grappe de fleurs qui sentent bon.

jaloux
Tom n'est pas content
parce que je caresse le chat :
« Ne soit pas **jaloux** du chat, Tom,
tu sais bien que je t'aime.
Mais le chat est aussi mon ami... »
Il n'y a pas que les bêtes
qui sont **jalouses!**
La **jalousie** existe aussi chez les gens.

jambe
Je me tiens debout sur mes **jambes;**
elles me servent à marcher, à courir.
Pour passer par-dessus le ruisseau,
je lève la **jambe** et je fais un grand pas :
j'**enjambe** le ruisseau.
Le **jambon** est la cuisse du porc;
on le mange cuit et découpé en tranches.

jardin
Le **jardin** est tout près de la maison;
on peut y jouer, s'y promener,
s'asseoir sous les arbres.
Le **jardinier** cultive le **jardin,**
il y fait pousser des fleurs
et des légumes : il **jardine,**
il fait du **jardinage.**
Quand Thomas sera plus grand,
Maman le conduira au **jardin d'enfants** :
c'est une école pour les petits;
là, ils commencent à apprendre en jouant,
ils dessinent, ils regardent des images.

jaune
Le **jaune** est la couleur du soleil,
du citron, du bouton-d'or.
Les feuilles **jaunissent** en automne :
elles deviennent **jaunes.**
Je trempe des petits morceaux de pain
dans le **jaune** de l'œuf à la coque.

jeter
Marc s'amuse à **jeter** des cailloux
dans la mare : il les lance
pour qu'ils tombent dans l'eau.
On **jette** les vieux papiers
et les choses dont on n'a plus besoin
dans la corbeille ou dans la poubelle.
Je me suis **jetée** au cou de Maman :
j'ai bondi vers elle pour l'embrasser.
Le chat **se jette** sur la souris :
il saute dessus pour l'attraper.
Le fleuve coule jusqu'à la mer,
alors son eau se mélange avec la mer :
le fleuve **se jette** dans la mer.
« Entends-tu le bruit du **jet d'eau?**
L'eau sort d'un tuyau,
monte droit vers le ciel,
puis retombe dans un bassin
en milliers de petites gouttes. »

regarde l'image des jeux et des jouets pages 150 et 151

jeu
« Amusons-nous, jouons à un **jeu.**
— Aux cartes, aux dames, aux devinettes,
à un **jeu d'adresse,** comme les fléchettes,
à un **jeu de hasard,** comme les dés,
à un **jeu de plein air,** comme le ballon? »
Il existe beaucoup de **jeux;** pour y jouer,
les joueurs doivent connaître les règles.
À la fin de chaque partie,
il y a des gagnants et des perdants,
mais tout le monde s'est bien amusé.

jeune
La **jeunesse** est le début de la vie.
Nous sommes **jeunes**
parce que nous n'avons pas encore
vécu pendant beaucoup d'années.
Nos parents sont encore **jeunes** :
ils ne sont pas vieux.
Grand-Père n'est plus **jeune,**
mais il aime vivre avec les **jeunes;**
il dit que cela le **rajeunit** :
avec eux, il se sent moins vieux,
il retrouve un peu sa **jeunesse.**

joie
Quelle **joie!** je me sens légère
et j'ai envie de danser :
je suis si heureuse de partir en voyage!
Marc est aussi **joyeux** que moi :
il est vraiment très content!
Nous allons passer de **joyeuses**
vacances,
nous nous amuserons bien.

joindre
Quand on saute **à pieds joints,**
on saute avec les deux pieds ensemble.
Joindre les mains, c'est les mettre
l'une contre l'autre, à plat.
Éric est parti le premier pour la plage,
nous allons le **rejoindre** :
nous partons pour le retrouver.
Il a dit : « **Rejoignez**-moi
à 4 heures près du gros rocher. »

joli
« Me trouves-tu **jolie?** demande Sophie.
— Oui, tu es agréable à regarder,
surtout si tu ne fais pas de grimaces. »
« Regarde mon nouveau pull-over.
Il est **joli** : j'aime sa forme
et il a une belle couleur. »
« Ton album est plein de **jolies** images :
il est **joliment** illustré. »

jongler
Au cirque, nous avons vu un **jongleur**
qui **jonglait** avec cinq balles à la fois :
il les lançait, les rattrapait,
les faisait passer d'une main dans l'autre
sans jamais les laisser tomber!

joue
« Embrasse-moi sur la **joue,**
là, entre la bouche et l'oreille. »
Les **joues** font partie de la figure.
Marc gonfle ses **joues**
en remplissant sa bouche d'air :
« Tu es **joufflu** : tu as de grosses **joues.** »

jouer
Les enfants s'amusent
avec un jeu ou un **jouet** : ils **jouent.**
Sophie **joue** à la marchande :
elle fait semblant d'avoir une boutique
et de vendre toutes sortes de choses.
Les acteurs **jouent la comédie** :
ils sont habillés et parlent
comme s'ils étaient vraiment
les personnages de l'histoire.
Arnaud fait de la musique :
il sait **jouer** de la guitare et du piano.
Éric **joue** au football
avec les autres **joueurs** de son équipe.
Les animaux en peluche, les cubes
sont des **jouets** : ce sont des objets
avec lesquels on s'amuse.

regarde l'image
des jouets
et des jeux
pages 150
et 151

jour
Il y a sept **jours** dans la semaine :
lundi, mardi, mercredi, jeudi,
vendredi, samedi et dimanche.
Chaque **jour** dure 24 heures :
il commence à minuit
et finit la nuit suivante à minuit.
Quand on voit clair dehors,
c'est qu'il **fait jour.**
La **journée** commence le matin,
quand le soleil se lève, et elle finit
le soir, quand il se couche.

journal
Mes parents lisent le **journal** :
c'est un grand cahier de papier imprimé
qui donne chaque jour des nouvelles
de ce qui arrive dans tous les pays.
On achète le **journal** dans les kiosques,
chez les marchands de **journaux.**
Ceux qui font les **journaux**
sont des **journalistes;**
ils annoncent aussi les nouvelles
à la radio et à la télévision.

jumeau
À l'école, il y a deux frères **jumeaux** :
ils sont nés le même jour
et se ressemblent beaucoup.
Il existe des sœurs **jumelles,**
mais un garçon et une fille
peuvent aussi être des **jumeaux.**

jupe
Sophie porte une **jupe** plissée.
Une **jupe** est un vêtement
que l'on attache à la taille
et qui couvre le bas du corps.
Marie aime les **jupes** courtes,
Isabelle les préfère longues.

corde à sauter
déguisement
cerf-volant
théâtre de marionnettes
robot
voiture de pompiers
circuit automobile
vélo
pêche à la ligne
château fort
cubes
moulages
puzzle
poupée
loto des images
tricotin
patins à roulettes
domino

ballon
service à thé
maison de poupée
voiture à pédales
ours en peluche
avion
train
cheval à bascule
boîte de peinture
jeu des sept familles
jeu de l'oie
jeu de puce
jeu de construction
jeu de dames
MARC
64

jurer
« Tu m'écriras? — Je te le promets.
— Tu promets vraiment? — Je le **jure.** »
Quand on a **juré** de faire quelque chose,
on le fait : on a donné sa parole,
c'est sérieux.
« La maîtresse dit que j'écris bien.
C'est vrai, je te le **jure**!
— Tu n'as pas besoin de **jurer,**
ce n'est pas la peine, je te crois. »

jus
Je coupe une orange, puis je la presse
au-dessus d'un verre : le **jus** coule.
Le **jus** est le liquide qu'il y a
dans un fruit ou dans un légume.
L'orange a beaucoup de **jus** :
elle est **juteuse,** c'est un fruit **juteux.**
Marc boit un **jus** de tomate.

juste
« Mon addition était **juste** :
j'avais trouvé la réponse exacte.
J'ai eu une bonne note,
mais la maîtresse m'a grondé
parce que mon cahier était sale.
— La maîtresse a raison, elle est **juste** :
tu mérites la bonne note et la punition.
Ce qui est **injuste,** c'est de punir
quelqu'un qui n'a rien fait de mal. »
« Il est midi **juste** : ni plus ni moins.
Dépêche-toi, tu as **juste** le temps
de te laver les mains pour déjeuner.
— C'est **justement** ce que j'allais faire :
j'y pensais quand tu me l'as dit. »

kangourou
Le **kangourou** est un animal à fourrure,
qui saute avec ses pattes de derrière.
La femelle garde ses petits
dans une poche qu'elle a sur le ventre
et qui est faite avec sa peau.

képi
Les agents, les gardiens, les gendarmes,
et quelquefois d'autres militaires,
portent sur leur tête un **képi** :
c'est un chapeau rond, en étoffe,
avec un fond plat et une visière.

kilo, kilomètre
« Combien pèses-tu? — 20 **kilos.** »
On mesure le poids en **kilos.**
1 **kilo** ou **kilogramme** = 1 000 grammes;
c'est le poids de 1 litre d'eau.
La livre est la moitié du **kilo**;
j'ai acheté une livre de pêches,
un **kilo** de sucre
et 100 grammes de bonbons.
La ferme est à 3 **kilomètres** d'ici,
il faut marcher pendant assez longtemps
pour y aller car c'est un peu loin :
1 **kilomètre,** cela fait 1 000 mètres.
La voiture roule à 100 à l'heure :
elle fait 100 **kilomètres** en une heure.

kiosque
Dans la rue, je peux acheter le journal
dans un **kiosque** à journaux :
c'est un petit abri pour les marchands.
Il y a aussi un **kiosque** dans le square;
quelquefois, l'été,
des musiciens y jouent de la musique.

klaxon
Toutes les autos ont un **klaxon.**
Un **klaxon** est un appareil
qui fait du bruit si on appuie dessus.
Le chauffeur **klaxonne,** sur la route,
pour prévenir un autre conducteur
avant de le dépasser.

L l

labourer
Le cultivateur **laboure** son champ :
il creuse la terre et la remue
en passant partout avec sa charrue.
Quand le champ sera bien **labouré**,
on pourra y semer des graines.
Celui qui **laboure** est un **laboureur**.

lac
Un **lac**, c'est beaucoup d'eau
entourée de terre.
Nous avons vu des bateaux sur le **lac**
et des pêcheurs au bord de l'eau.

lacet
Les **lacets** sont des cordons
qui servent à attacher les chaussures.
Pour **lacer** mes souliers,
je passe les **lacets** dans les trous
en les croisant, puis je fais un nœud.

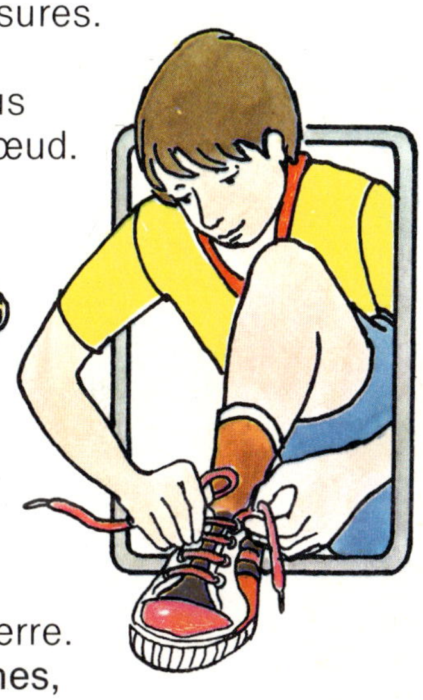

lâcher
Sophie a **lâché** le chien :
elle l'a laissé s'échapper.
« Fais attention, tiens bien ton verre.
Si tu ouvres la main, si tu le **lâches**,
il tombera et se cassera. »

laid
« Je trouve que ce monsieur est **laid** :
il n'est pas beau.
— Cela dépend des goûts; moi, il me plaît.
Je n'aime pas ta robe, elle est **laide** :
elle est désagréable à regarder.
— Merci. Et toi, tu fais des grimaces,
cela t'**enlaidit** : cela te rend **laid.** »

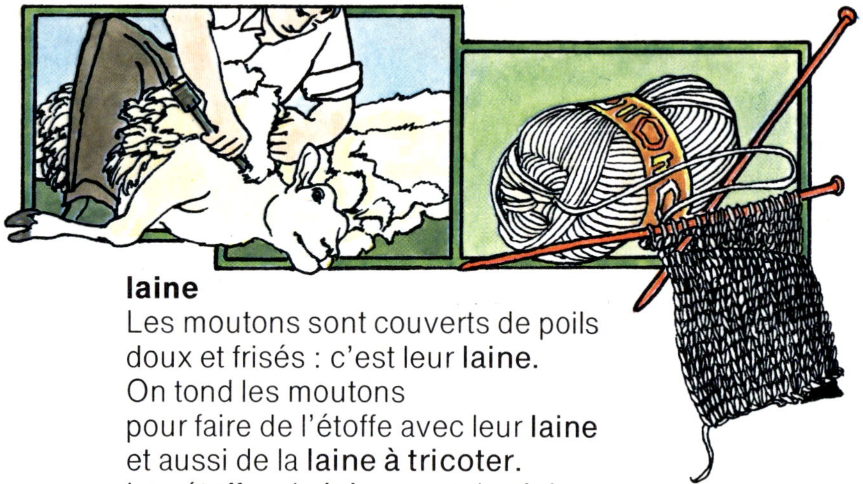

laine
Les moutons sont couverts de poils
doux et frisés : c'est leur **laine.**
On tond les moutons
pour faire de l'étoffe avec leur **laine**
et aussi de la **laine à tricoter.**
Les étoffes de **laine** sont des **lainages.**

laisser
Pour partir en voyage,
je n'ai pas pris mes jouets :
je les ai **laissés** à la maison,
ils sont restés dans ma chambre.
Je t'ai **laissé** un gâteau pour goûter :
je ne l'ai pas mangé, il est pour toi.
« **Laisse**-moi parler : ne m'empêche pas
de dire ce que je veux. »
« Sais-tu où est la **laisse** du chien? »
Dans la rue, il faut le tenir en **laisse :**
il faut l'attacher au bout d'une chaîne
ou d'une bande de cuir
qu'on tient à la main
pour l'empêcher de courir partout.

lait
Quand Thomas était tout petit,
Maman le nourrissait avec son **lait.**
Les petits de beaucoup d'animaux
boivent aussi le **lait** de leur mère.
Le **lait** est un liquide blanc;
celui qu'on vend à la **laiterie**
est du **lait** de vache.
Le chocolat **lacté** est fait avec du **lait.**
Le beurre et le fromage
sont fabriqués avec du **lait.**

lame
Le couteau a une **lame** en métal
fixée sur un manche.
C'est avec la **lame** qu'on coupe :
elle est plate et tranchante.

lampe
Nous avons des **lampes**
pour nous éclairer.
Autrefois la lumière des **lampes**
était une petite flamme,
mais maintenant c'est l'électricité
qui fait briller l'ampoule de la **lampe.**
Les **lampes de poche** marchent
avec des piles électriques.
Les rues sont éclairées
par des **lampadaires :**
ce sont des **lampes** très très hautes.
Quelquefois, les soirs de fête,
on allume des **lampions** en papier;
on voit la lumière au travers.

lancer
Pour **lancer** une balle ou une fléchette,
je la tiens au bout de mon bras
et je l'envoie très fort
où je veux qu'elle aille.

langue
Ma **langue** est dans ma bouche;
elle me sert à goûter les aliments
et aussi à parler.
Papa dit : « Tu **as la langue bien pendue!** »
Cela veut dire que je suis bavarde.
Marc n'a pas trouvé la réponse
à ma devinette, il n'a rien à dire :
« Marc, tu **donnes ta langue au chat?** »

lapin
Le **lapin** est un animal à fourrure
qui a de longues oreilles.
À la ferme, ma tante élève des **lapins.**
Il y a aussi des **lapins** sauvages,
qui vivent en liberté dans la campagne
et se cachent dans des terriers.

lard
Sous la peau du porc,
il y a une épaisse couche de graisse :
c'est du **lard.** Le **lard** est gras et blanc,
avec un peu de chair rose.
Maman a fait une omelette aux **lardons** :
avec des petits morceaux de **lard** grillés.

large
La rue est **large** :
il y a beaucoup de place pour passer
entre les trottoirs.
Ma ceinture est longue,
mais elle n'est pas **large** :
elle est étroite, elle ne mesure
que 3 centimètres de **largeur.**
« Il est très tôt,
nous avons **largement** le temps
de déjeuner avant de partir :
nous avons bien assez de temps. »

larme
Quand je pleure, les **larmes** coulent
le long de mes joues;
elles sortent de mes yeux
comme des gouttes d'eau tiède.
Je les ai déjà goûtées :
elles sont un peu salées.
Si je pleure vraiment beaucoup,
Papa dit : « Tu **pleures à chaudes larmes!** »
Mamie ne boit pas beaucoup de vin;
elle dit : « Donnez-m'en une **larme.** »
Cela veut dire : un tout petit peu.

laver
Pour que mes mains soient propres,
je les **lave** en les frottant
avec de l'eau et du savon.
La **machine à laver** nettoie le linge
en le remuant dans l'eau chaude
avec de la lessive.
Marie fait sa toilette devant le **lavabo** :
c'est une grande cuvette fixée au mur
avec deux robinets et un trou dans le fond
pour que l'eau coule dans les tuyaux
quand on n'en a plus besoin.

lécher
Sophie **lèche** sa glace à la vanille :
elle passe sa langue sur la glace.
Le chat fait sa toilette
en **se léchant** à petits coups de langue.
Le chien vient me **lécher** la main :
c'est sa façon de m'embrasser.

échalote
oignon
concombre
cornichon
fenouil
betterave
navet
chou-fleur
tomate
chou
asperge
courgette
rhubarbe
céleri-rave
chou de Bruxelles
chou rouge

magie
Les **magiciens** et les fées
dont on parle dans les contes
font de la **magie** : ils réalisent
des choses qui ont l'air impossibles,
on ne comprend pas comment ils font.
Mais, pour faire des **tours de magie,**
tu n'as pas besoin de **baguette magique** :
il te suffit d'apprendre les secrets
des **prestidigitateurs.**
Essaie de devenir aussi adroit qu'eux!

magnétophone
Nous avons parlé devant le **magnétophone**
et après nous avons pu écouter
tout ce que nous avions dit.
Le **magnétophone** est un appareil
qui marche à l'électricité;
il conserve les paroles ou la musique.

maigre
Comme ce chat est **maigre!**
On voit la forme de ses os sous sa peau,
il n'est pas gras, il est très mince.
Quand Robert était malade,
comme il ne pouvait pas manger,
il avait beaucoup **maigri.**

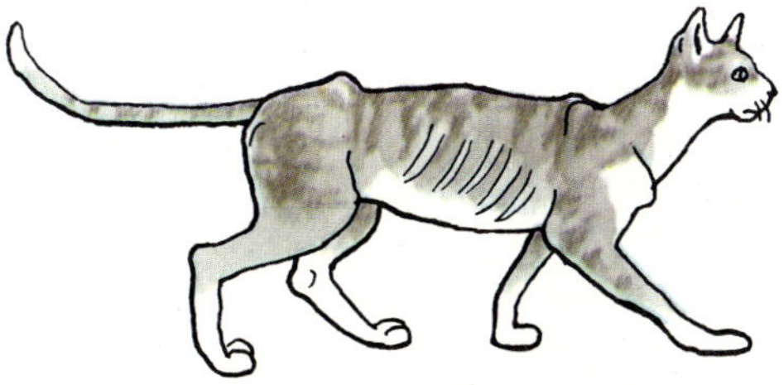

maille
En tricotant, on fait des **mailles** :
des petites boucles de laine ou de fil
qu'on enfile sur des aiguilles à tricoter.
Un filet est fait de **mailles** en gros fils
attachés ensemble par des nœuds.
Les anneaux qui forment une chaîne
s'appellent des **maillons.**
Sous sa chemise, Marc porte un **maillot**;
un vêtement collant en tricot.
Le cycliste porte un **maillot** jaune
parce qu'il a gagné la course.
Pour nager ou jouer sur la plage,
Sophie a mis son **maillot de bain.**
Maman a **emmailloté** Thomas
pour qu'il ait bien chaud :
elle l'a enveloppé dans sa couverture.

main
J'ai deux **mains,** au bout de mes bras :
ma **main** droite et ma **main** gauche.
Chaque **main** a cinq doigts
avec lesquels je peux toucher
et prendre les objets.

maintenant
Ce matin il pleuvait,
mais **maintenant** le soleil brille :
à présent, en ce moment il fait beau.
« Je sortirai tout à l'heure.
— Non, vas-y **maintenant,** tout de suite. »

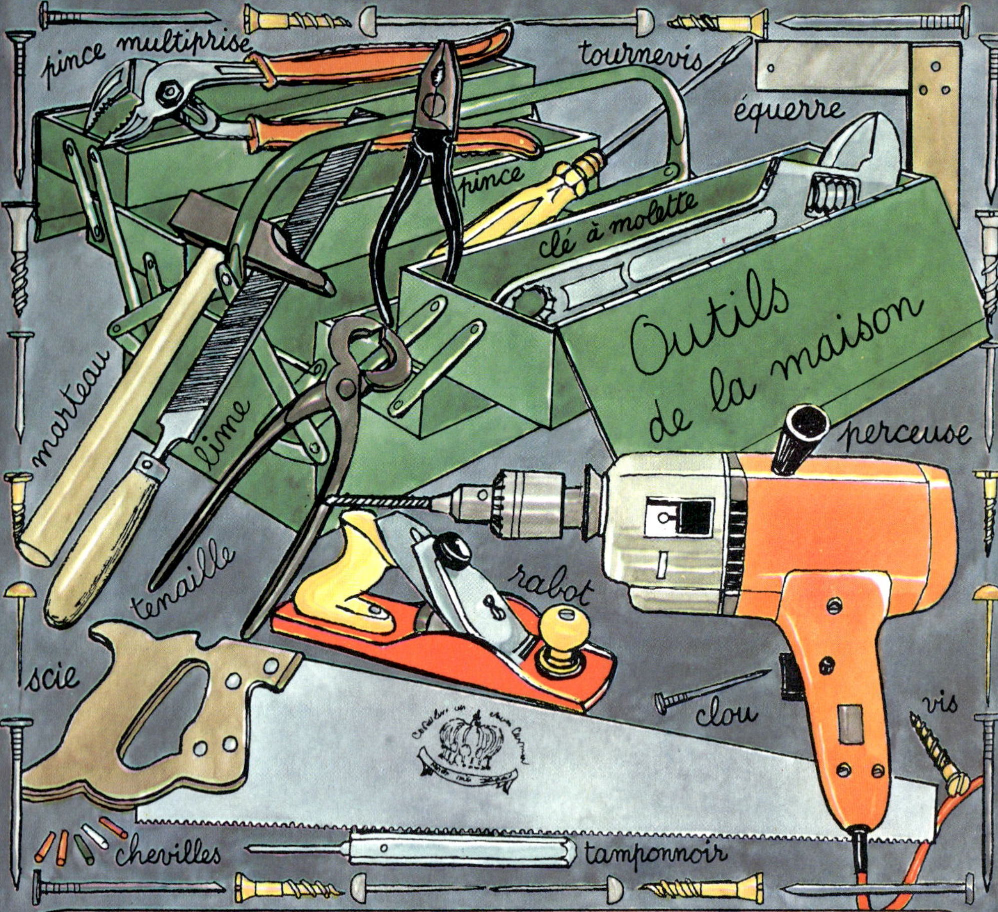
Outils de la maison
pince multiprise
tournevis
équerre
pince
clé à molette
marteau
lime
perceuse
tenaille
rabot
scie
clou
vis
chevilles
tamponnoir

machine à écrire

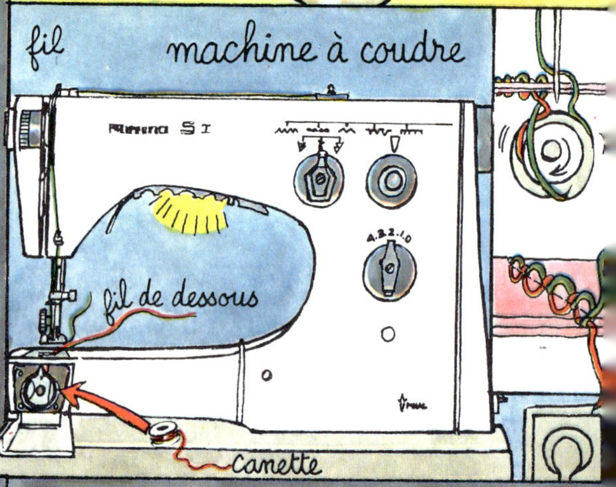
fil
machine à coudre
fil de dessous
canette

sécateur
cisailles
binette
faucille
faux
râteau
transplantoir
plantoir
cordeau
bêche
Outils du jardin
fourche à bêcher

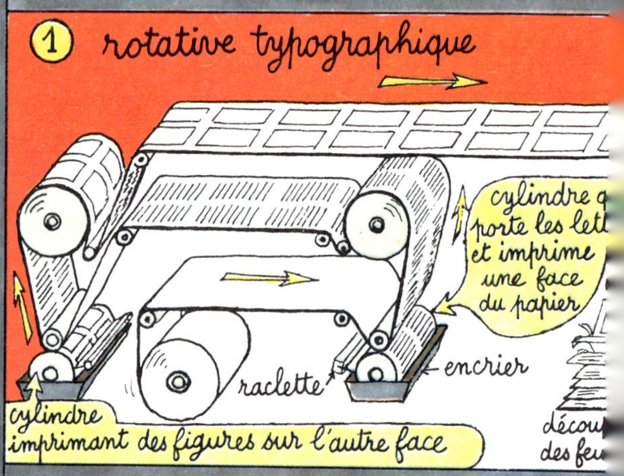
1 rotative typographique
et imprime
une face
du papier
raclette
encrier
cylindre
imprimant des figures sur l'autre face

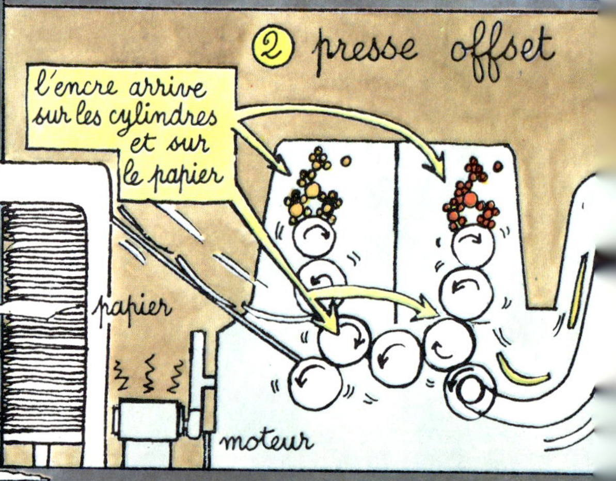
2 presse offset
l'encre arrive sur les cylindres et sur le papier
papier
moteur

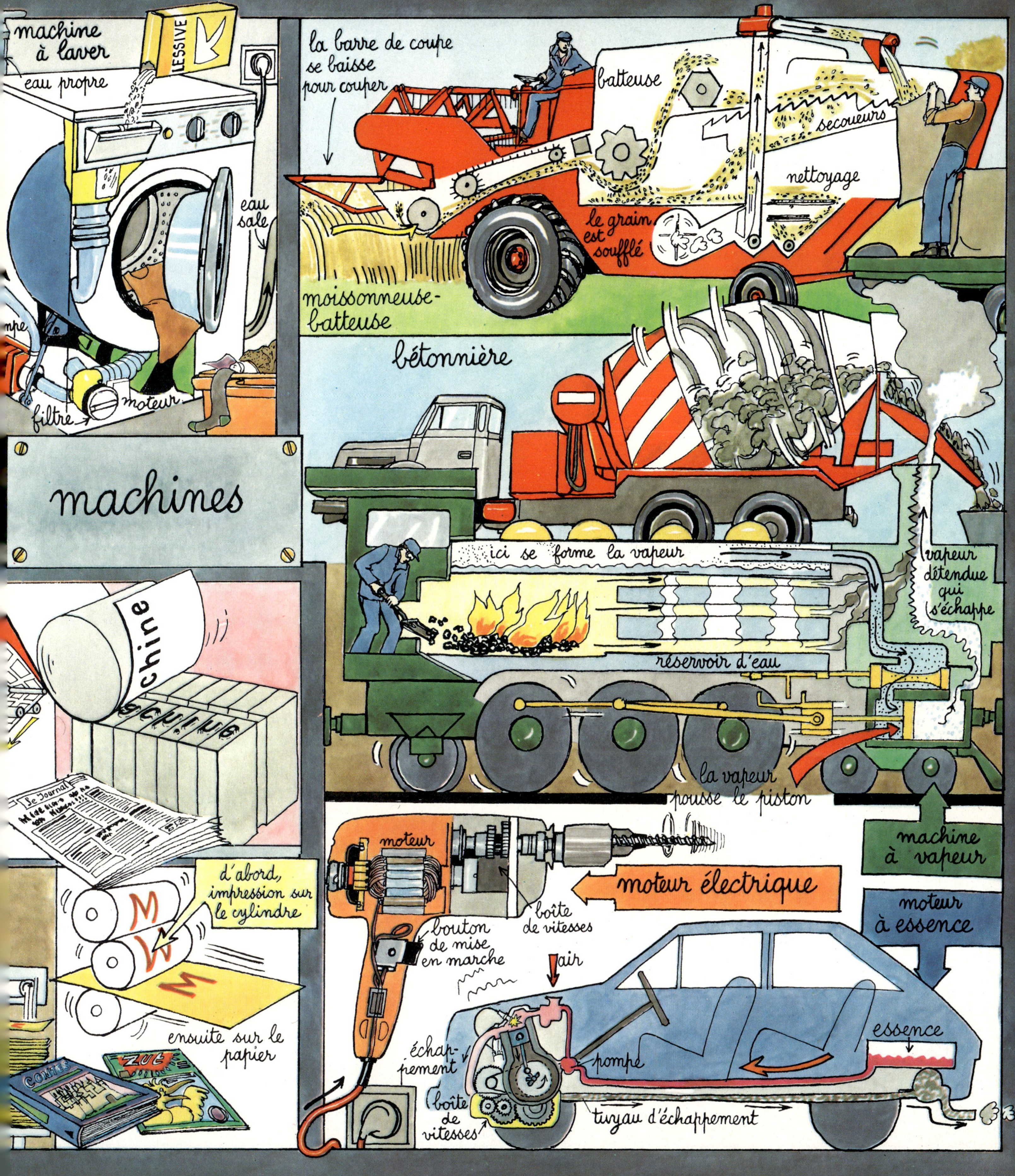

machines
machine à laver
LESSIVE
eau propre
eau sale
filtre
moteur
la barre de coupe se baisse pour couper
batteuse
secoueurs
nettoyage
le grain est soufflé
moissonneuse-batteuse
bétonnière
ici se forme la vapeur
vapeur détendue qui s'échappe
réservoir d'eau
la vapeur pousse le piston
machine à vapeur
Le Journal
d'abord, impression sur le cylindre
ensuite sur le papier
CONTES
moteur
moteur électrique
boîte de vitesses
bouton de mise en marche
air
moteur à essence
essence
pompe
échappement
boîte de vitesses
tuyau d'échappement

mairie
Cette grande maison, avec un drapeau, est la **mairie** du village.
Le **maire** travaille à la **mairie**; c'est lui qui s'occupe de tout ce qui est utile pour la vie des habitants du village ou de la ville.

maïs
Le **maïs** est une grande plante qu'on cultive dans les champs.
Ses grains jaunes poussent en épis; ils servent à nourrir les hommes et les animaux.

regarde l'image des maisons pages 170 et 171

maison
Nous habitons dans une **maison** : c'est un bâtiment avec des murs, un toit, des portes et des fenêtres.
Il existe toutes sortes de **maisons** : en bois, en pierre, en brique; beaucoup de **maisons** ont plusieurs étages avec beaucoup d'appartements.
Une **maisonnette** est une petite **maison**.
« Vous connaissez toute la **maisonnée**? »
Ce sont tous les gens qui habitent ensemble dans une **maison**.

maître
Le chien suit son **maître** : il lui appartient et lui obéit.
Le **maître** et la **maîtresse d'école** sont des instituteurs.
Les élèves apprennent avec leur **maître.**

majuscule
Une **majuscule** est une grande lettre qu'on met au début d'une phrase ou au commencement de certains mots, les prénoms par exemple : « Sophie » commence par un S **majuscule.**

mal
« Pourquoi tires-tu la queue du chien?
Tu lui **fais mal** : cela le fait souffrir.
C'est **mal** ce que tu fais là : tu as tort, ce n'est pas bien. »
Sophie a mangé trop de crème, elle **a mal au cœur** : elle a envie de vomir.
J'**ai mal à** la tête, **mal aux** dents : ma tête, mes dents me font souffrir.
Ce dessin est **mal** fait : il n'est pas bien.
Marc écrit **mal** : il a une mauvaise écriture.
« J'**ai du mal à** apprendre ma leçon, je n'y arrive pas, c'est difficile, j'ai de la peine à l'apprendre.
— Il faut **se donner du mal** pour faire des progrès : il faut faire un effort. »

malade
Cet hiver, j'ai été **malade** : je n'étais pas en bonne santé, je suis resté au lit plusieurs jours et il a fallu appeler le docteur.
Mais ce n'était pas une **maladie** grave, et j'ai été vite guéri.

mâle
Le lion est le **mâle** de la lionne
et le père des lionceaux.
Les **mâles** sont les animaux
du sexe masculin.
Le **mâle** et la femelle
font ensemble des petits
qui sont leurs enfants.

malice
« Tu te moques toujours de moi.
C'est de la **malice!** »
Sophie n'est pas méchante,
mais elle est **malicieuse** :
elle aime taquiner son frère.
Quand il se fâche,
elle le regarde d'un air **malicieux** :
elle a l'air de bien s'amuser.

malin
« Tu te crois **maligne?**
Tu penses que tu es intelligente,
mais je suis aussi **malin** que toi.
Moi aussi, j'ai de bonnes idées.
— Allons, viens jouer.
C'est bête de se disputer comme cela,
ce n'est pas **malin!** »

malle
Avant de partir en voyage,
Isabelle fait sa **malle** :
elle met tout ce qu'elle veut emporter
dans une sorte de coffre qui a
deux poignées pour le porter.
Une **mallette** est une petite valise.
La **malle** et la **mallette** sont des bagages.

manche (une)
Nos vêtements ont des **manches**
pour couvrir nos bras.
Mon manteau a des **manches** longues,
mais les **manches** de ma robe
sont courtes.
L'été, je porte une robe sans **manches.**
Les chemises de Papa ont des **manchettes** :
ce sont des bandes d'étoffe
cousues au bout des **manches**
et qui s'attachent au poignet.

manche (un)
Je tiens mon couteau par le **manche.**
Le **manche** de la fourchette est en métal.
Le balai, la pelle, le marteau
ont aussi un **manche** :
c'est un bâton plus ou moins long
qui sert à les tenir à la main.
Emmancher un outil,
c'est le fixer sur un **manche.**

manège
À la fête, je monte sur les **manèges;**
il y a des animaux en bois,
des petites autos, des avions.
Le **manège** tourne au son de la musique;
c'est un moteur qui le fait marcher.

chalet de montagne
château
maison solaire
ferme
immeuble ancien
maison du Midi
bidonville
pavillon
maisons du Nord

villa au bord de la mer
tours
maison-bulle
caravane
maison préfabriquée
H.L.M.

manger
Les hommes et les animaux **mangent** pour se nourrir : ils mettent des aliments dans leur bouche, les mâchent et les avalent.
Ce que je **mange** sert à me faire vivre.
La **salle à manger** est une pièce où nous prenons nos repas.
Pour donner à **manger** aux oiseaux, je mets des grains dans une **mangeoire** : c'est une boîte sans couvercle.
Les animaux de la ferme **mangent** dans de grandes **mangeoires.**

manière
Sophie veut apprendre à tricoter, et Marie lui montre comment faire : elle lui montre la **manière** de faire.
Pour réussir quelque chose, il faut connaître la bonne **manière** de le faire.
« Tu t'y prends d'une drôle de **manière!** tu n'y arriveras pas comme cela! »
Quand je ne suis pas poli, Maman dit : « En voilà des **manières!** ce n'est pas comme cela qu'il faut dire! »

manquer
Il **manque** un bouton à ma veste : il n'est plus là, je l'ai perdu.
« Maman, il me **manque** un bouton, j'en ai un de moins qu'avant, il faudra en recoudre un autre. »
Nicolas n'est pas venu en classe : il a **manqué** l'école aujourd'hui, il est peut-être malade.
Éric a **manqué** son but : il l'a raté, sa fléchette n'a pas touché la cible.
Nous **manquons** de pain pour le dîner : il n'y en a pas assez pour nous tous.

manteau
Un **manteau** est un vêtement qu'on porte par-dessus les autres pour avoir chaud quand on sort.

marchand
Celui qui vend quelque chose est un **marchand;** c'est son métier.
Il vend des **marchandises,** c'est-à-dire tout ce qu'on peut vendre et acheter.
C'est amusant d'aller au **marché :** on y voit beaucoup de **marchands.**
Un **supermarché** est un grand magasin où l'on peut acheter toutes sortes de **marchandises.**
Ce qui ne coûte pas cher est **bon marché.**
Quand nous avons payé nos achats, la **marchande** nous a donné un ballon **par-dessus le marché :** c'était un cadeau, nous l'avons eu gratuitement, en plus de ce que nous avions acheté.

marcher
Thomas ne sait pas encore **marcher** :
il ne peut pas avancer, debout,
en posant un pied devant l'autre.
Alors, il se traîne par terre
en se servant des pieds et des mains :
il **marche à quatre pattes.**
Nous nous sommes bien promenés à pied:
nous avons fait une bonne **marche.**
Les **marches** de l'escalier
sont les planches
sur lesquelles on pose le pied
pour monter ou descendre.
Pour monter dans le train,
je pose un pied sur le **marchepied** :
c'est une **marche** en métal
fixée sur le côté du wagon.
Ma montre **marche** bien :
elle indique l'heure exacte.
Tiens! je n'entends plus son tic-tac...
elle est arrêtée, elle ne **marche** plus!
Il faut la remonter
pour la **remettre en marche.**
Si quelque chose est abîmé dedans,
je ne peux plus la **faire marcher** :
elle est en panne. Je dois la faire réparer.
C'est la même chose avec les autos.
On dit qu'une machine **marche** mal
quand elle ne fait pas bien son travail.

mare
Dans la cour de la ferme,
il y a une **mare** où nagent les canards.
Une **mare** est un large trou
qui se remplit d'eau quand il pleut.

marée
La mer ne reste pas toujours
près de la plage;
deux fois par jour elle recule, puis
revient : ce mouvement s'appelle la
marée. Quand la mer est loin de la côte,
c'est la **marée basse;** au contraire,
c'est la **marée haute** quand les
vagues viennent près du rivage.

marge
Dans les livres et dans les cahiers,
le bord blanc autour de chaque page
s'appelle la **marge.**

marguerite
Les **marguerites** sont des fleurs
qui ont beaucoup de pétales blancs
serrés autour d'un cœur jaune d'or.

marier
Une grande nouvelle :
Philippe et Isabelle vont **se marier;**
ils s'aiment et veulent vivre ensemble.
Philippe sera le **mari** d'Isabelle,
et elle sera sa femme.
Ils vont faire une grande fête,
le jour de leur **mariage.**
Quand ils seront **mariés,**
nous irons souvent les voir chez eux.
Ils auront peut-être des enfants
qui deviendront aussi nos amis.

marin
Les hommes qui naviguent sur la mer
en travaillant sur des bateaux
sont des **marins.**
On dit qu'ils sont dans la **marine.**
Le bleu foncé s'appelle « **bleu marine** »
parce que les habits des **marins**
sont souvent de cette couleur-là.
Les plantes **marines,** les animaux **marins**
sont ceux qui vivent dans la mer.

marionnette
Nous avons fabriqué des **marionnettes** :
ce sont des poupées qu'on fait remuer
avec les mains ou en tirant des ficelles.
Elles ont l'air de jouer la comédie,
mais c'est nous qui parlons à leur place.
Le guignol est un théâtre de **marionnettes.**

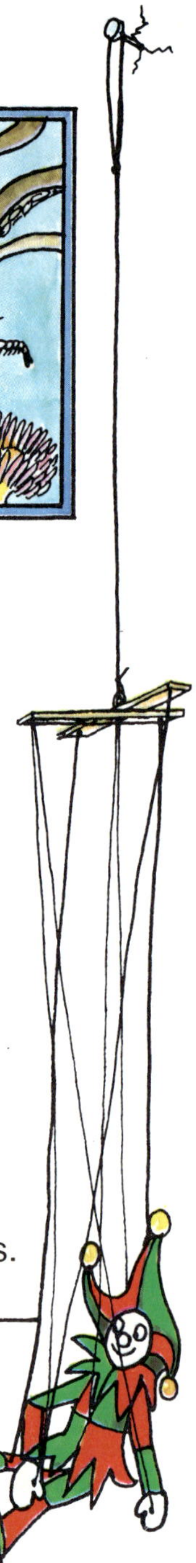

marquer
Les aiguilles de l'horloge
marquent l'heure : elles montrent
quelle heure il est.
« Qui a touché à mon cahier
avec des mains sales?
Il est couvert de **marques** de doigts :
quelqu'un a laissé des traces de doigts
sur le papier. »

marron
Le **marron** est le fruit du **marronnier.**
Nous mangeons les **marrons** grillés,
bouillis, en purée ou en confiture.
Les **marrons glacés** sont confits
dans du sucre; ce sont des bonbons.
Les grands arbres de l'avenue
sont des **marronniers d'Inde;**
leurs **marrons** ne sont pas bons à manger.
Mes chaussures sont **marron** :
elles sont brunes comme les **marrons.**

marteau
Pour enfoncer un clou,
je tape dessus avec un **marteau** :
c'est un outil en métal
qui a un manche en bois.

masque
Marc a peint un **masque** en carton
pour le mettre sur sa figure.
Le **masque** s'attache avec un élastique
passé autour de la tête.
« On ne te reconnaît pas sous ton **masque,**
tu es **masqué,** tu as un autre visage! »
Quand ils descendent dans la mer,
les plongeurs portent un **masque**
en verre et en caoutchouc,
avec un long tuyau pour pouvoir respirer.
Il existe aussi des masques métalliques
pour protéger le visage;
en as-tu déjà vu?

mât
La voile du bateau est attachée à un **mât** :
c'est un grand poteau
qu'on a dressé sur le bateau.
On a planté des **mâts** sur la place
pour y attacher des drapeaux.

match
Quand deux boxeurs se battent en public
pour savoir lequel est le plus fort,
ils font un **match** de boxe.
Dans les **matchs** de football ou de rugby,
ce sont deux équipes
qui jouent l'une contre l'autre.

matelas
Dans mon lit, il y a un **matelas** :
c'est un grand coussin rectangulaire
sur lequel je me couche.
Le **matelas** est recouvert d'un drap
et posé sur le sommier du lit.

matin
Je me lève le **matin** :
il fait jour, la nuit est finie,
c'est le commencement de la journée.
La **matinée** dure jusqu'à midi;
après le déjeuner, c'est l'après-midi.
Éric est **matinal** : il se lève tôt le **matin.**
Arnaud est sorti samedi soir;
il est rentré tard, après minuit,
il était 2 heures du **matin** :
c'était déjà le commencement du dimanche.

mauvais
À table, Marc fait la grimace :
« La soupe n'est pas bonne,
elle a **mauvais** goût, elle est **mauvaise.**
— C'est Marie qui l'a laissée brûler.
Elle ne fait pas bien la cuisine :
elle est **mauvaise** cuisinière!
— C'est vrai, cela sent **mauvais** ici,
il y a une odeur désagréable,
la soupe brûlée ne sent pas bon. »
Quand il pleut et que l'on a froid,
c'est le **mauvais** temps :
il ne fait pas beau, **il fait mauvais.**
Il est **mauvais** de rester sous la pluie
trop longtemps : on peut s'enrhumer,
ce n'est pas bon pour la santé.

mécanicien
Celui qui s'occupe des machines
est un **mécanicien.** Dans un garage,
les **mécaniciens** réparent les autos.
Le chauffeur qui conduit la locomotive
est aussi un **mécanicien.**
Dans les grands magasins,
il y a des escaliers **mécaniques** :
une machine électrique les fait bouger,
et l'on monte sans se fatiguer.
Les jouets **mécaniques**
marchent comme des machines
quand on les remonte avec une clé.

méchant
« Nathalie est **méchante** :
elle a fait pleurer Nicolas!
— Mais non, ce n'est pas par **méchanceté** :
elle ne l'a pas fait exprès.
— Ceux qui veulent faire du mal ou faire
de la peine aux autres sont des **méchants!**
— Mais toi, es-tu toujours gentille? »
Ce chien a l'air **méchant** : il montre les dents,
on dirait qu'il va me mordre.

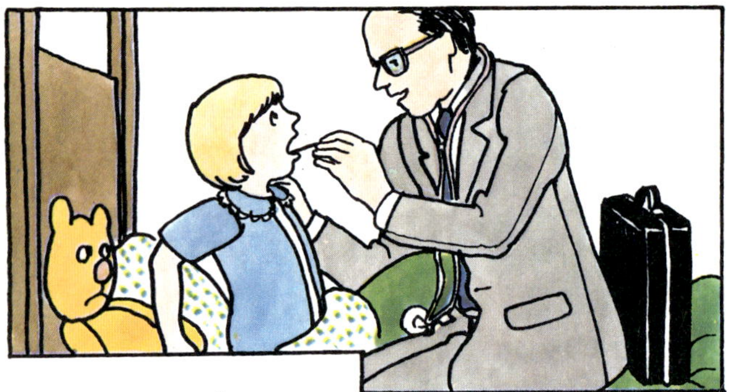

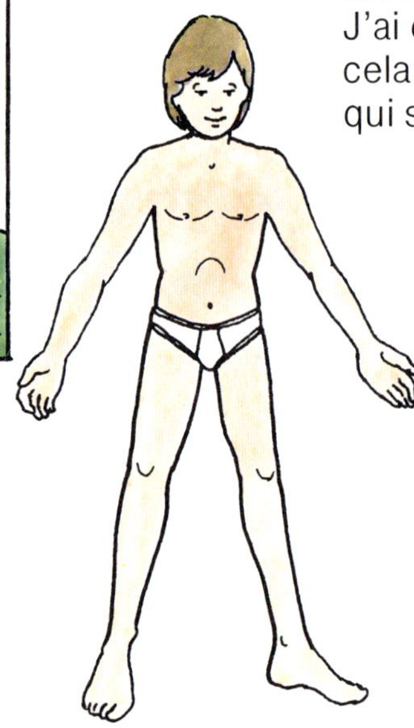

membre
J'ai deux bras et deux jambes :
cela me fait quatre **membres**
qui sont attachés à mon tronc.

médecin
Le docteur est un **médecin,**
il sait très bien
comment est fait notre corps
et comment il faut nous soigner
quand nous sommes malades :
il connaît la **médecine.**
Le **médecin** examine le malade
et lui dit quels médicaments
il doit prendre pour guérir :
des gouttes, des comprimés,
des ampoules...

meilleur
J'aime le pain frais, il est bon,
mais il est **meilleur** avec du beurre :
il a un goût plus agréable.
Philippe est mon **meilleur** ami :
c'est celui que je préfère.
Il y a de bons joueurs dans l'équipe,
mais Éric est le **meilleur** :
il joue mieux que tous les autres.

mélanger
Pour faire de la peinture,
Marc **mélange** deux couleurs :
il met ensemble du rouge et du jaune
et les remue avec son pinceau,
cela fait une autre couleur : de l'orange.
L'orange est un **mélange**
de jaune et de rouge.
Le café au lait est aussi un **mélange** :
c'est du lait avec du café.

même
Nicolas a passé la nuit chez nous.
Il a couché dans le lit de Marc :
Marc et lui ont dormi dans le **même** lit.
« Tiens, ils ont le **même** pyjama :
leurs deux pyjamas sont tout pareils! »
« J'ai aussi un cahier comme le tien :
il est pareil au tien : c'est le **même.** »
« C'est moi qui fais mon lit, le matin :
je le fais **moi-même.** »
« Il ne fait pas très beau,
mais je vais **tout de même** à la plage.
— Tu y resteras, **même** s'il pleut?
— Oui, je pêcherai **quand même** un peu. »

mémoire
Marie apprend vite ses leçons :
elle a de la **mémoire,**
elle se rappelle bien ce qu'elle a lu.
Marc, au contraire, oublie facilement :
il n'a pas beaucoup de **mémoire.**

ménage
« Sais-tu faire le **ménage?** balayer,
enlever la poussière sur les meubles,
nettoyer les carreaux,
pour que tout soit bien propre?
— Oui, je suis une bonne **ménagère** :
je sais m'occuper de la maison. »

mener
Aujourd'hui, Marie nous **mène** à l'école;
Maman n'a pas le temps
de nous **emmener**,
alors c'est Marie qui nous conduit.

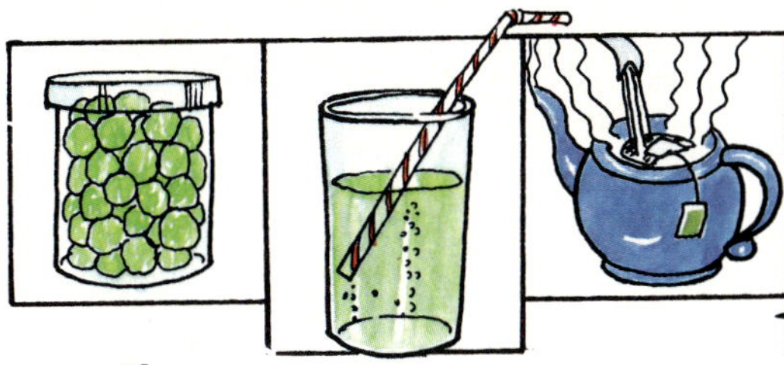

menthe
Tu vois ces bonbons verts?
Ils sont à la **menthe**,
ils ont le goût du sirop de **menthe**
qu'on boit l'été, avec de l'eau,
pour se rafraîchir.
La **menthe** est une plante qui sent bon;
elle sert à parfumer des boissons,
des bonbons et à faire de la tisane.

mentir
« Pourquoi dis-tu cela? Tu **mens** :
tu sais bien que ce n'est pas vrai. »
Quand on dit exprès une chose fausse,
on fait un **mensonge**.
Et sais-tu ce qui arrive
aux **menteurs** et aux **menteuses**?
Personne ne veut plus les croire.

menton
Le **menton**, c'est le bas du visage,
sous la bouche. Robert a une barbe,
alors on ne voit pas son **menton**.

menu
« J'ai faim. Qu'y a-t-il pour déjeuner?
— Des radis, du rôti, des frites,
de la salade, du fromage et un gâteau.
— Quel bon **menu**! »
Le **menu**, c'est tout ce qu'il y a à manger
pour un repas. Les jours de fête,
on écrit le **menu** sur un papier
qu'on pose sur la table.
Au restaurant, chacun peut choisir
ce qu'il veut commander pour déjeuner
en lisant le **menu** :
le nom de chaque plat y est écrit,
avec le prix qu'il faut payer
pour pouvoir le manger.

menuisier
Le **menuisier** travaille le bois :
il scie des planches et les cloue
pour fabriquer des meubles,
des portes, des fenêtres;
il fait de la **menuiserie**.

mer
Quand on est au bord de la **mer**,
on ne voit que l'eau devant soi.
La **mer** est large et profonde;
elle remue ses vagues tout le temps.
Elle fait vivre une foule de plantes
et de coquillages;
les poissons nagent dans son eau salée.
Il y a des montagnes au fond de la **mer**;
celles qui dépassent au-dessus de l'eau
forment les îles.

merci

« Donne-moi le pain, s'il te plaît.
— Le voilà. — **Merci.** »
On dit **merci** à celui qui vous donne quelque chose : on le **remercie.**
« Veux-tu encore du lait? — Non, **merci.** »
Il faut toujours **remercier** quand on vous offre quelque chose, même si vous n'en voulez pas.
J'ai aidé Maman à ranger la chambre, elle était contente, elle m'a **remercié.**

mère

Une femme qui a un enfant est une **mère;** elle est la **mère** de son enfant.
J'appelle ma **mère** « Maman »; c'est elle qui m'a donné la vie.
Les **mères** des animaux s'occupent aussi de leurs petits.
La **mère** de Maman et celle de Papa sont mes **grands-mères.**
Quand Thomas aura deux ou trois ans, il ira à l'école **maternelle** : l'école des petits enfants.

merle

Le **merle** est un oiseau tout noir avec un bec jaune. Sa femelle est brune.
Le **merle** siffle très bien; on l'entend souvent dans les bois et dans les jardins.

mesurer

Pour savoir de combien j'ai grandi, Maman me **mesure** avec un mètre.
Je **mesure** 1,35 mètre : c'est ma taille.
Les **mesures** s'écrivent en chiffres.
Ma chambre **mesure** 4 mètres sur 3 : elle a 4 mètres de long et 3 mètres de large.
En me pesant sur une balance, je **mesure** mon poids : je pèse 20 kilos.
La montre **mesure** le temps : il est 3 heures.

métal

Le fer est un **métal.** L'or et l'argent sont aussi des **métaux.**
On trouve les **métaux** dans la terre.
Un **métal** est dur, mais en le chauffant on peut le faire fondre.
En travaillant les **métaux,** on fabrique toutes sortes d'objets.
Un objet en **métal** est **métallique.**

métier

Le mécanicien répare les autos : il fait son **métier.**
La maîtresse est institutrice : c'est son **métier.**
Le **métier** de quelqu'un, c'est le travail qu'il fait d'habitude pour gagner sa vie.
Quel **métier** choisirez-vous quand vous serez grands?

mètre

Le **mètre** sert à mesurer.
On peut mesurer avec un **mètre pliant**,
un **mètre en ruban**,
une règle ou un **mètre métallique**.
Il y a 100 **centimètres** dans 1 **mètre**.
Ce trait mesure 1 **centimètre** : ——
ma règle mesure 20 **centimètres**.
1,35 **mètre** = 1 **mètre** plus
35 **centimètres**.
1 000 **mètres** = 1 **kilomètre**.

métro

Le **métro** est un train
que l'on prend dans les grandes villes
pour aller d'un endroit à un autre.
Le **métro** roule dans des tunnels
creusés sous la terre : il est souterrain.
Mais parfois il est aérien : il circule
en l'air, sur un pont au-dessus de la rue.

mettre

La bouteille est dans le placard,
je la change de place :
je la **mets** sur la table.
« Viens ici : **mets-toi** ici! »
« **Mettez-vous** debout : levez-vous! »
J'ai **mis le couvert** :
j'ai apporté sur la table
tout ce qu'il faut pour le repas.
« Il ne fait pas chaud,
tu devrais **mettre** ton manteau. »
Commençons à travailler :
mettons-nous au travail.

meuble

La table, les chaises, le lit,
l'armoire sont des **meubles**.
Quand nous sommes arrivés
dans la maison,
elle était vide : elle n'était pas **meublée**;
nous y avons installé nos **meubles** :
tout notre **mobilier**.

meule

Dans les champs, les bottes de paille
et le foin sont rangés en gros tas
qu'on appelle des **meules**.

meunier

Le **meunier** travaille au moulin :
il écrase les grains de blé
avec une grande machine
pour en faire de la farine.

miauler

Le chat fait : « **Miaou!** » : il **miaule**.
Le **miaulement** est le cri du chat.

microphone

La chanteuse tient un **micro**
devant sa bouche
pour qu'on l'entende mieux.
Le **microphone**, ou **micro**,
est un appareil électrique
dont on se sert, à la radio par exemple,
pour rendre plus fort le son de la voix
ou des instruments de musique.

midi
Midi est le milieu de la journée,
entre le matin et l'après-midi.
Quand il est **midi,**
le soleil est au milieu du ciel.
Ma tante habite dans le **Midi;**
les pays du **Midi** sont au sud,
il y fait plus chaud
que dans les pays du Nord.

mie
Ce qui est mou dans le pain,
sous la croûte, c'est la **mie.**
Quand on coupe le pain,
il en tombe des **miettes** :
de tout petits morceaux.
Quand la **mie** de pain est très sèche,
elle se met facilement **en miettes** :
elle **s'émiette.**

miel
Les abeilles fabriquent le **miel**
avec la poudre jaune
qu'elles récoltent dans les fleurs.
Le **miel** est jaune et très sucré;
les enfants le mangent avec du pain.
On trouve le **miel** là où les abeilles
le conservent : dans les ruches.

mieux
Le dessin de Marc est bien,
mais celui de Sophie est **mieux** fait,
il est plus réussi.
« Moi, j'aime **mieux** ce dessin-là :
il me plaît davantage. »
Nathalie a été malade, mais maintenant
elle va **mieux** : sa santé est **meilleure,**
elle sera bientôt tout à fait guérie.

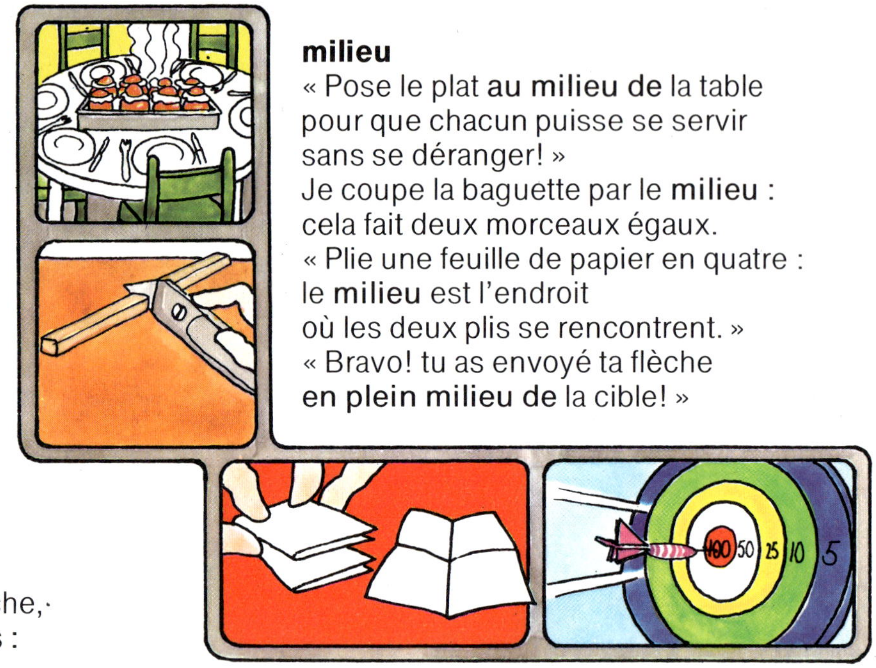

milieu
« Pose le plat **au milieu de** la table
pour que chacun puisse se servir
sans se déranger! »
Je coupe la baguette par le **milieu** :
cela fait deux morceaux égaux.
« Plie une feuille de papier en quatre :
le **milieu** est l'endroit
où les deux plis se rencontrent. »
« Bravo! tu as envoyé ta flèche
en plein milieu de la cible! »

mince
Cette tranche de jambon est **mince** :
elle est fine, elle n'est pas épaisse.
Marie n'est pas grosse : elle est **mince.**

mine
Tu **as bonne mine** : tes joues sont roses,
on voit que tu es en bonne santé.
Le malade est pâle, il a l'air fatigué :
il **a mauvaise mine.**

mine
Une **mine** est un endroit où l'on a creusé
profondément dans la terre
pour trouver du métal ou du charbon.
Les **mineurs** sont les ouvriers
qui travaillent dans les **mines.**
La **mine** de mon crayon est le petit bâton
noir ou de couleur qui est dedans
et avec lequel j'écris.
Quand la **mine** est usée, je taille le crayon.

minuit
Quand il est **minuit,**
les horloges et les pendules
sonnent douze coups;
minuit, c'est le milieu de la nuit.

minuscule
Ce qui est très petit est **minuscule.**
À côté d'un éléphant,
une fourmi est vraiment **minuscule!**

minute
« Attends une **minute,**
je reviens dans une **minute...** »
Une **minute,** c'est un peu de temps,
cela ne dure pas très longtemps.
Dans 1 heure, il y a 60 **minutes,**
et dans 1 **minute,** il y a 60 secondes.

miroir
Un **miroir** est une glace
où l'on peut se regarder;
il est fait de verre brillant.

mite
Les **mites** sont de petits papillons
qui pondent leurs œufs dans la laine
ou dans la fourrure.
Le ver qui sort de chaque œuf
ronge les lainages pour faire son cocon,
et cela fait des trous dans nos manteaux
et dans nos pull-overs.
Cette vieille jupe est **mitée** :
les **mites** ont fait des trous dedans.
Maman met de l'**antimite** dans la penderie :
c'est un poison qui tue les **mites.**

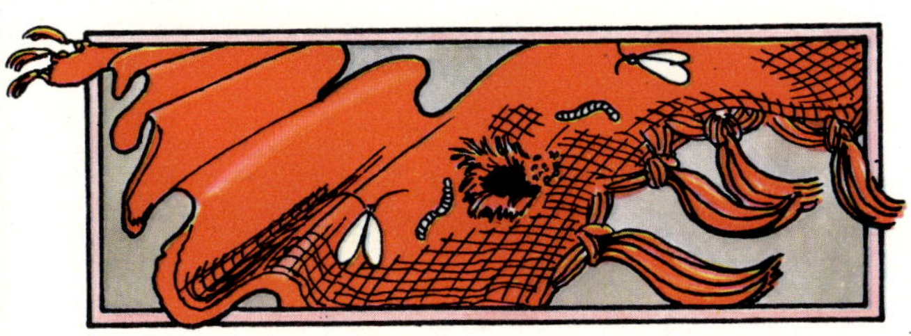

modèle
Pour apprendre à écrire les lettres,
nous copions les **modèles**
que la maîtresse a dessinés sur le tableau :
nous essayons de refaire chaque lettre
exactement comme elle l'a écrite
sur le tableau.
Marie veut dessiner un chien,
et c'est Tom qui lui sert de **modèle** :
elle le regarde bien pour faire un chien
qui lui ressemble.
Marc fait du **modelage** :
il fabrique un bonhomme
avec de la **pâte à modeler.**
Pour **modeler** un objet,
on pétrit la pâte avec ses doigts
en lui donnant la forme qu'on veut.

moineau
Le **moineau** est un petit oiseau
qu'on voit souvent dans les villes
et dans les champs. Il est vif,
il n'a peur de rien et il vient même voler
les graines des pigeons.

mois
Nous sommes à la fin du **mois** de mai;
dans un **mois,** ce sera les vacances.
Il y a douze **mois** dans une année :
janvier, février, mars, avril, mai,
juin, juillet, août, septembre, octobre,
novembre et décembre.
Certains **mois** durent trente jours,
d'autres, trente et un jours;
le **mois** de février est plus court
que tous les autres :
il a vingt-huit ou vingt-neuf jours.

moisson
Quand le blé est mûr, on fait la **moisson,**
on **moissonne** :
on récolte les épis dans les champs.
On coupe les tiges avec une machine
appelée **moissonneuse.**
Les gens qui **moissonnent**
sont des **moissonneurs.**

moitié
« Il n'y a qu'un gâteau pour nous deux,
coupons-le par le milieu :
chacun de nous en aura la **moitié.** »
Si l'on partage quelque chose
en deux morceaux égaux,
cela fait deux **moitiés.**
L'école est à 2 kilomètres,
et nous avons marché
pendant 1 kilomètre :
nous avons fait la **moitié** du chemin,
nous sommes à **mi**-chemin de l'école.
Quand Marie commence un travail,
elle va jusqu'au bout :
elle **ne fait pas les choses à moitié,**
elle ne s'arrête pas avant d'avoir fini.

moment
Il me faut un peu de temps
pour finir mon livre :
j'aurai fini dans un **moment.**
« Attends-moi un **moment,** un instant. »
Marc est arrivé **au moment où** je partais :
juste quand j'allais partir.

monde
Il y avait beaucoup de **monde** à la fête :
une foule de gens étaient venus.
Éric voudrait faire le tour du **monde :**
voyager tout autour de la Terre,
pour visiter tous les pays qui existent.

monnaie
« As-tu de la **monnaie** pour payer le lait?
— Oui, j'ai un billet et des pièces
dans mon **porte-monnaie.** »
Pour acheter un gâteau à 2 francs,
j'ai donné une pièce de 5 francs;
la marchande m'a **rendu la monnaie :**
elle m'a donné trois pièces de 1 franc.

monsieur
Il est venu un **monsieur,** ce matin :
un homme que je ne connais pas,
qui voulait voir Papa.
Il a dit : « **Monsieur** Leroux est-il là? »
J'ai répondu : « Non, **Monsieur.** »
Je vois passer des gens dans la rue :
des **messieurs,** des dames, des enfants.

montagne
On voit de loin la **montagne,**
qui s'élève haut dans le ciel.
Les grandes **montagnes**
sont couvertes d'une neige
qui ne fond jamais tout à fait.
Habites-tu un pays plat
ou un pays **montagneux?**
Si tu vis toujours à la **montagne,**
tu es un vrai **montagnard.**

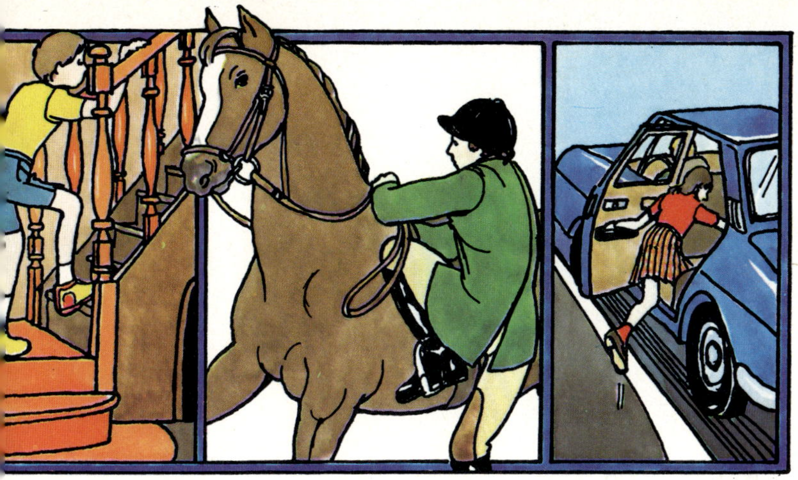

monter
Pour aller plus haut, on **monte** :
je **monte** l'escalier
pour aller au premier étage.
Marie **monte** à l'échelle
pour cueillir des pommes.
J'aide Maman à **monter** la vieille malle :
nous la portons au grenier.
Marc sait **monter** à bicyclette,
Éric **montera** à cheval demain,
nous **montons** en voiture
pour partir en promenade.

montre
La **montre** sert à mesurer le temps.
Elle a des chiffres sur son cadran,
et ses aiguilles tournent lentement
pour indiquer l'heure qu'il est.
Sous le cadran, un ressort est enfermé
dans une petite boîte;
c'est lui qui fait marcher la **montre**;
il faut le remonter tous les jours
en faisant tourner un bouton.
Un **bracelet-montre** est une **montre**
qu'on porte attachée au poignet.

montrer
La grande aiguille me **montre** l'heure :
elle me fait voir qu'il est 5 heures.
« Je voudrais voir ton livre :
montre-le-moi, s'il te plaît. »
« **Montre**-moi comment on lit l'heure :
apprends-moi à voir quelle heure il est
en lisant les chiffres sur le cadran. »

moquer
« Pourquoi ris-tu en me regardant?
Tu as l'air de penser
que je dis des bêtises :
tu te **moques** de moi! »
Sophie est **moqueuse,**
elle regarde souvent son frère
d'un air **moqueur** :
avec un sourire malicieux;
mais Marc **s'en moque** : cela lui est égal.

morceau
« Ne prends pas tout le pain,
coupes-en seulement un **morceau!** »
Nous avons partagé la tarte
en quatre **morceaux** :
chacun de nous a eu sa part.
Un **morceau** est une partie d'une chose.
L'assiette est en **morceaux** :
elle est cassée en plusieurs parties.

mordre
Le chien a **mordu** Nathalie :
il a serré sa main entre ses dents;
on voit la marque de la **morsure** :
les crocs du chien
ont fait des taches rouges sur la peau.
« Tu n'aurais pas été **mordue**
si tu n'avais pas taquiné le chien! »
Marc **mord** dans sa tartine :
il enlève avec ses dents
un morceau de pain pour le manger.

mot
Quand je parle, je dis des **mots.**
Un **mot** est un son ou un groupe de sons
qui veulent dire quelque chose.
Je te comprends quand tu me parles
avec des **mots** que je connais.
On écrit les **mots**
en mettant des lettres
les unes à côté des autres.
Les livres sont pleins de **mots**
qui ont une ou plusieurs lettres
et qui sont séparés par un petit espace.
Je sais lire un **mot**
quand je comprends ce qu'il veut dire
et quand je peux le répéter à haute voix.
Les **mots** que l'on met ensemble
pour dire ou expliquer quelque chose
forment une phrase.

moteur
Avant de faire démarrer la voiture,
il faut mettre le **moteur** en marche.
Le **moteur** est un appareil
qui marche avec de l'essence;
c'est lui qui fait tourner
les roues de la voiture.
D'autres machines ont des **moteurs**
qui marchent à l'électricité.

moto
Une **motocyclette**, ou **moto,**
est une machine qui a deux roues
comme une bicyclette,
mais elle marche avec un moteur
et l'on n'a pas besoin de pédaler
pour la faire avancer.
Celui qui conduit une **motocyclette**
est un **motocycliste.**

mou
Le beurre s'étale facilement
quand il est **mou** : il s'écrase
sous le couteau.
Il **ramollit** à la chaleur :
il devient **mou.**
La terre est **molle**
quand elle est mouillée :
les pieds s'enfoncent dedans.
Une pierre n'est jamais **molle** :
au contraire, elle est dure.

mouche
Une **mouche** est un insecte qui vole.
Les **mouches** viennent en été
dans les maisons, dans les étables,
pour y chercher leur nourriture.
Un **moucheron** est une petite **mouche.**

mouchoir
Un **mouchoir** est un carré d'étoffe
qui sert à **se moucher,** à s'essuyer
la figure ou les mains.
Je me sers aussi
de **mouchoirs** en papier,
que je jette dès qu'ils sont sales.
Thomas ne sait pas **se moucher** :
quand il est enrhumé,
on tient doucement son nez
avec un **mouchoir** et on lui dit
de souffler très fort avec ses narines,
puis on essuie son petit nez
avec l'étoffe, soigneusement.

moudre
Pour avoir de la farine,
le meunier **moud** le blé :
il écrase les grains dans son moulin.
Il faut **moudre** le café
dans un moulin à café
pour avoir du café en poudre.

moue
Quand Sophie n'est pas contente,
elle fait la **moue** : c'est une grimace
qu'elle fait en avançant les lèvres.

moufle
L'hiver, je porte des **moufles** :
ce sont des gants de laine ou de toile,
qui n'ont pas de doigts, sauf le pouce.

mouiller
« Ne marche pas dans les flaques,
tu vas **te mouiller** les pieds. »
« Tu es restée sous la pluie,
ta robe est toute **mouillée** :
elle a reçu de l'eau, elle est humide,
il faut la faire sécher. »
Ce qui a touché un liquide est **mouillé**.

moule (un)
Pour faire un gâteau,
je verse de la pâte dans un **moule**
que je mets dans le four chaud.
Un **moule** est une sorte de plat creux
ou de casserole sans queue.
Quand le gâteau sera cuit,
je le sortirai du **moule** :
je le **démoulerai**,
mais il gardera la forme du **moule**.

moule (une)
La **moule** est un coquillage noir
qui vit dans la mer, fixé aux rochers.

moulin
Le **moulin** est une machine
qui sert à écraser les grains.
Le meunier travaille au **moulin** :
c'est là qu'on fabrique la farine.
Autrefois, c'était le vent
qui faisait marcher les **moulins**
en faisant tourner leurs ailes.
Maintenant, ils ont un moteur électrique.
Dans la cuisine, nous avons
un **moulin à café** et un **moulin à poivre**.

mourir
Tout ce qui est vivant
finit par **mourir**. Les hommes,
les animaux, les plantes **meurent** :
un jour, ils s'arrêtent de vivre.
L'arbre **mort** n'aura plus de feuilles.
L'oiseau **mort** ne bouge plus.
Les gens **meurent** quand ils sont vieux,
quand ils sont très malades
ou quand ils ont un accident très grave.

mousse (le)
Un **mousse** est un jeune garçon
qui travaille sur un bateau
pour apprendre le métier de marin;
c'est un apprenti marin.

mousse (la)
La **mousse** est une petite plante verte qui
pousse même sur un mur ou sur un arbre.

mousse (la)
Quand on frotte le savon dans l'eau,
cela fait de la **mousse** :
la **mousse** est blanche et légère,
elle est faite de petites bulles.
La bière **mousse** dans le verre.
La **mousse** au chocolat est une crème
légère et **mousseuse;**
on la prépare avec des blancs d'œufs
qu'on a battus pour les faire **mousser.**

moustache
Arnaud a laissé pousser sa **moustache** :
ce sont les poils qu'il a sous le nez,
au-dessus de sa bouche.

moustique
Le **moustique** est un insecte qui vole;
il pique les bêtes et les gens
pour sucer leur sang.

moutarde
Papa mange de la **moutarde**
avec sa viande.
La **moutarde** est une pâte jaune
qui pique un peu la langue.
On la fabrique avec la graine
d'une plante.

mouton
Le **mouton** est un animal à quatre pattes
qui se nourrit avec de l'herbe.
Sa fourrure nous est très utile :
c'est avec ses poils qu'on fait la laine.
On élève aussi le **mouton** pour le manger.
Le **mouton** mâle est un bélier,
sa femelle est une brebis,
leurs petits sont des agneaux.

mouvement
Si je bouge, je fais un **mouvement.**
Quand Éric fait de la gymnastique,
il remue les bras et les jambes :
il fait des **mouvements** avec son corps.
Tout ce qui bouge est en **mouvement.**

moyen
Ce qui n'est ni grand ni petit est **moyen.**
Arnaud est d'une taille **moyenne.**
J'ai trouvé le **moyen** de réparer le pneu :
je sais ce qu'il faut faire
pour le réparer.
Il n'y a pas moyen de défaire ce nœud :
c'est impossible,
on ne peut pas y arriver.

muet
Celui qui ne peut pas parler est **muet**.
« Tu ne dis pas un mot, Sophie,
es-tu **muette**? »

muguet
Au mois de mai, nous allons dans les bois
pour cueillir du **muguet**.
Le **muguet** est une petite plante
qui porte sur sa tige des fleurs blanches
et parfumées.

mur
Le maçon construit un **mur**
en mettant des pierres ou des briques
les unes au-dessus des autres;
il les fixe avec du ciment.
Une maison a quatre **murs**,
avec un toit posé dessus.

mûr
Les fruits sont bons à manger
quand ils sont **mûrs**;
alors, ils sont parfumés et juteux.
Ces cerises sont encore vertes,
elles ne sont pas assez **mûres**,
attendons que le soleil les fasse **mûrir**.

mûre
Nous avons cueilli des **mûres**
qui poussent sur les ronces
parmi les buissons au bord du chemin.
On nourrit les vers à soie
avec les feuilles d'un arbre
qui est appelé **mûrier**.

murmurer
Le vent **murmure** dans les branches :
il fait un peu de bruit
en remuant les feuilles des arbres.
J'entends un **murmure** dans la classe :
les enfants ne parlent pas fort,
mais ils **murmurent** entre eux,
ils se disent quelque chose à mi-voix.

muscle
Nous avons des **muscles** sous notre peau;
nous nous en servons pour bouger.
Les **muscles** sont de la chair;
ils sont attachés à nos os.
Les gens très forts sont **musclés** :
on voit leurs **muscles** se gonfler,
quand ils font des efforts.
Nos **muscles** sont élastiques.

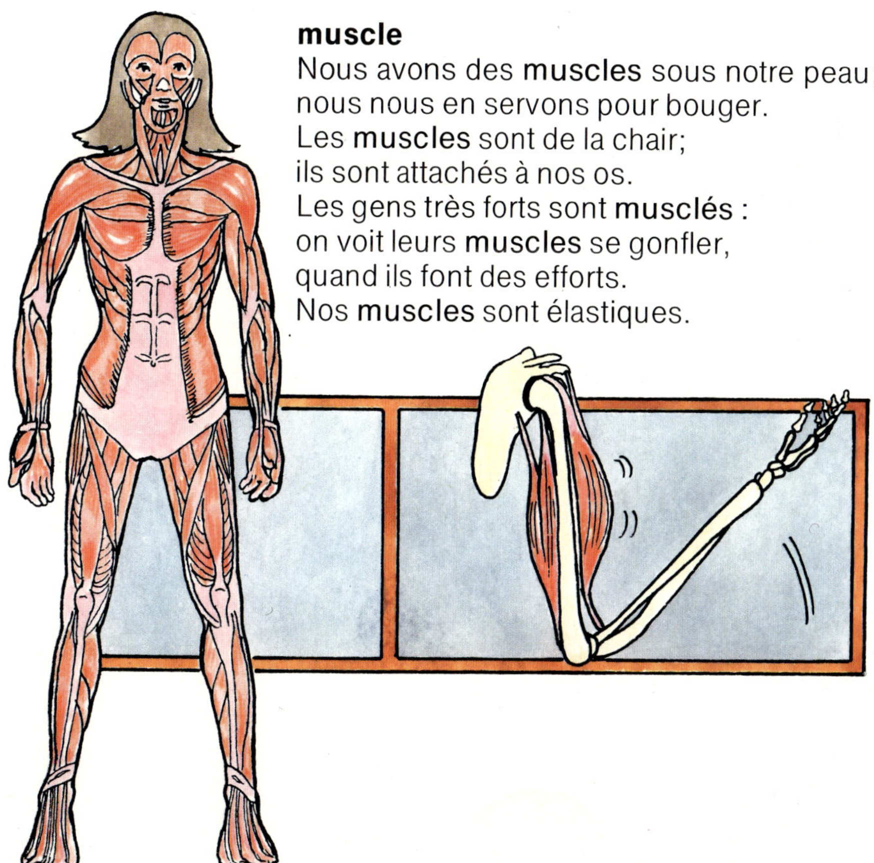

museau
Le chien pose son **museau** sur ma main :
c'est son nez et sa gueule.
La souris a un **museau** pointu.
Si un chien est méchant,
on lui met une **muselière** :
c'est un morceau de cuir
qu'on attache autour de son **museau**
pour l'empêcher de mordre.

musée
Un **musée** est un bâtiment
où l'on expose des tableaux,
des statues ou des objets
qu'on conserve soigneusement
parce qu'ils sont beaux ou intéressants.
Dans notre ville,
il y a un **musée** de peinture
et un **musée** de l'automobile.
Nous avons visité le **muséum**
et nous y avons vu des collections
de pierres, de plantes et d'animaux.

musique
Quand on chante ou que l'on joue du piano,
on fait de la **musique.**
La **musique** est faite de sons
arrangés d'une certaine manière.
Les **musiciens** font la **musique**
et la jouent avec des instruments :
le violon, la guitare, la flûte...
On écrit la **musique** avec des notes
comme on écrit les mots avec des lettres,
et les **musiciens** savent la lire
comme nous lisons dans les livres.

mystère
J'aime les histoires **mystérieuses,**
où il faut deviner quelque chose :
il y a un **mystère,** un secret,
une chose qu'on ne comprend pas,
on se demande ce qui va arriver...

Nn

nager
Les enfants s'amusent à la piscine.
Sophie sait **nager** : elle peut flotter
et avancer dans l'eau
en remuant les bras et les jambes;
c'est une bonne **nageuse.**
Marc ne **nage** pas encore très bien;
il apprend à garder sa tête sous l'eau
en arrêtant sa respiration.
Tom aime la **nage,**
il n'a pas besoin de leçons de **natation,**
car les chiens **nagent** naturellement.
Les poissons **nagent** sous l'eau
en remuant leurs **nageoires.**

nain
Il y a des gens qui restent petits,
même quand ils ne sont plus des enfants :
ce sont des **nains;**
leur corps n'a pas grandi assez.
Il existe aussi des arbres **nains,**
des plantes **naines,**
qui ne deviennent jamais très hauts.

naître
Le poussin vient de **naître** :
il est sorti de sa coquille,
c'est le premier jour de sa vie.
Beaucoup d'autres animaux **naissent**
en sortant du ventre de leur mère.
Je suis **né** comme cela moi aussi,
mais le jour de ma **naissance**
je ne courais pas comme un poussin :
les enfants **nouveau-nés** ne savent
ni marcher, ni parler, ni manger seuls,
ce sont des bébés.

nappe
Pour qu'on ne salisse pas la table
pendant les repas,
Marie la couvre d'une **nappe**
avant de mettre le couvert. Les **nappes**
sont en tissu, en plastique ou en papier.

narine
Je respire par les **narines** :
ce sont les deux trous de mon nez.
Quelquefois, quand je suis enrhumée,
on me met des gouttes dans les **narines.**

natter
Marie porte des **nattes** aujourd'hui,
elle a changé de coiffure,
elle a **natté** ses cheveux.
Tu peux faire aussi une **natte**
en entrecroisant trois rubans :
cela fait une **natte,** ou une tresse.
Tresser, c'est la même chose que **natter.**

nature
La terre, la mer, le ciel, les plantes,
les animaux en liberté,
c'est la **nature** : tout ce qui existe
et que l'homme n'a pas fabriqué.
Les maisons, les machines
ne sont pas **naturelles** :
elles ne viennent pas de la **nature,**
c'est l'homme qui les a inventées.
On dit qu'une personne est **naturelle,**
quand elle est toute simple :
« Nicolas est **naturel,**
il ne fait pas de manières. »
« Tu aimes les vacances?
— Bien sûr! **naturellement!** c'est normal,
tout le monde aime les vacances! »
Marc a dessiné le chat **grandeur nature** :
le portrait de Patapon
est aussi grand que le vrai chat.

naufrage
Le vent soufflait si fort sur la mer
qu'il y a eu une tempête,
et le bateau a **fait naufrage** :
il a coulé au fond de l'eau.
Heureusement, on a sauvé les **naufragés** :
les gens qui étaient sur le navire
au moment du **naufrage,**
et personne n'a été noyé.

naviguer
Les bateaux sont faits pour **naviguer** :
pour aller et venir sur l'eau.
Nathalie n'a jamais **navigué** :
elle n'a jamais voyagé sur un navire.

navire
Un **navire** est un grand bateau
construit pour naviguer sur la mer.

neige
Quand il fait très froid, qu'il gèle,
l'eau des nuages se change en **neige**
qui tombe en flocons blancs sur la terre.
Il neige, les enfants s'amusent
à faire des **boules de neige.**
Mais le soleil fait fondre la **neige** :
elle redevient de l'eau.
Nicolas est parti en **classe de neige** :
il va passer quinze jours à la montagne
avec son maître et ses camarades;
ils iront à l'école chaque jour,
mais feront aussi du ski et de la luge.
Le **perce-neige** est une fleur blanche
qui pousse en hiver.
Quelquefois il tombe tant de **neige**
qu'on ne peut plus circuler sur la route,
alors on envoie un **chasse-neige** :
c'est un camion qui est fabriqué exprès
pour enlever la **neige** du chemin.

nettoyer
Si la maison est sale,
il faut la **nettoyer** : laver, frotter,
balayer, faire le ménage.
Après un bon **nettoyage,** elle sera **nette** :
tout y sera propre, bien **nettoyé.**

neuf
Marc a des souliers **neufs** :
ils n'ont pas encore beaucoup servi,
on les a achetés la semaine dernière.
Sophie aussi a quelque chose de nouveau :
elle porte une jupe **neuve,**
c'est la première fois qu'elle la met.

neveu, nièce
Je suis le **neveu** d'oncle Albert
parce qu'il est le frère de Papa,
et ma sœur Sophie est sa **nièce.**
Plus tard, si j'ai des enfants,
ils seront les **neveux** de Sophie,
et elle, elle sera leur tante.

nez
Mon **nez** est au milieu de ma figure,
il me sert à respirer
et à sentir les odeurs.
Le **nez** de Sophie lui sert aussi
à me **faire un pied de nez,**
quand elle veut se moquer de moi!
« Peux-tu voir le bout de ton **nez**
sans te regarder dans la glace? »

niche
Le chien dort dans sa **niche** :
c'est une petite cabane en bois
où il peut se mettre à l'abri.
« À la **niche,** Tom! va dans ta maison! »

nid
Au printemps, les oiseaux font leur **nid** :
ils le construisent avec des brindilles,
puis la femelle y pond ses œufs.
Quand elle a fini de couver,
ses petits sont sortis des œufs,
cela fait une **nichée** d'oisillons
qui ne savent pas encore voler.
Un oiseau **niche** dans cet arbre :
il a bâti son **nid** sur une branche.
Attention au chat,
il **déniche** les oiseaux :
il abîme les **nids** et mange les petits.

Noël
Le 25 décembre, c'est **Noël** :
l'anniversaire de l'Enfant Jésus.
On fait des crèches dans les églises.
À la maison, c'est la fête :
la famille et les amis sont réunis
autour de l'**arbre de Noël,**
et nous nous faisons des cadeaux.

nœud
Pour attacher la ficelle
autour du paquet, je fais un **nœud**
et je tire sur les deux bouts
pour que le **nœud** soit solide;
mais s'il est trop serré,
on ne pourra plus le défaire :
impossible de **dénouer** la ficelle.
Pour **nouer** mes lacets de souliers,
je fais un **nœud** avec deux boucles :
aussi, il **se dénoue** facilement
si l'on tire le bout des lacets.

noir
La nuit, s'il n'y a pas de lumière,
on ne voit pas clair : il fait **noir.**
Les animaux n'ont pas de lampe,
pourtant ils se promènent dans le **noir.**
Le **noir** est la couleur la plus sombre.
J'écris souvent à l'encre **noire**
ou avec un crayon **noir.**
Pour que mes souliers soient bien **noirs,**
je les **noircis** avec du cirage.

noix
La **noix** est le fruit d'un arbre
qui s'appelle le **noyer.**
Il faut casser la coquille de la **noix**
pour manger ce qui est dedans.
La **noisette** est plus petite,
c'est le fruit du **noisetier.**
Pour ouvrir les **noix** et les **noisettes,**
on se sert d'un instrument :
le **casse-noisettes** ou le **casse-noix.**

nom
Si je veux t'appeler, je dis ton **nom** :
« Marc! es-tu là? » et tu me réponds.
« Marc », c'est ton **nom,** c'est un mot.
Mais nous avons plusieurs **noms :**
je m'appelle Sophie Leroux;
Sophie est mon **prénom,**
et Leroux est mon **nom de famille.**
Nous sommes la famille Leroux :
mes parents, mes frères et sœurs
portent le même **nom de famille.**
Les objets aussi ont des **noms**
pour qu'on puisse les reconnaître :
je peux **nommer** la table, la fleur,
le pain en disant leur **nom,**
et l'on comprend de quoi je parle.
Le **nom** de chaque rue
est écrit sur une plaque
fixée sur le mur d'une maison.

nombre
« Combien êtes-vous dans la classe?
— Nous sommes quinze filles
et douze garçons.
— Avez-vous beaucoup de livres?
— Nous avons trois livres chacun. »
Quinze, douze, trois sont des **nombres.**
On écrit les **nombres** avec des chiffres
ou avec des lettres.
Il y a beaucoup d'enfants à l'école :
ils sont **nombreux,**
il y en a un grand **nombre.**

nord
Le soleil n'éclaire jamais
cette fenêtre : elle est au **nord.**
Sur la carte, le **nord** est en haut.
Les pays du **Nord** sont plus froids
que ceux du Sud, ou du Midi.

note
Marie a bien fait son problème :
elle a eu une bonne **note.**
La maîtresse l'a marquée sur son cahier :
elle a **noté** le devoir de Marie.
Les **notes** sont aussi des signes
qui servent à écrire la musique.
Il y a sept **notes** : do, ré, mi, fa, sol,
la, si. « Sais-tu les reconnaître? »
Ce sont les **notes** de musique.

nougat
On fait le **nougat** en cuisant ensemble
du miel et du sucre avec des amandes.

nourrir
Maman donne à manger à Thomas :
elle le **nourrit.**
Quand il était tout petit,
c'était un **nourrisson,**
elle le **nourrissait** avec du lait.
Une **nourrice** est une femme
à qui l'on confie les bébés
pour qu'elle s'en occupe
et qu'elle leur donne à manger.
Tous les aliments que nous avalons
pour **nourrir** notre corps
sont notre **nourriture.**
La viande, le poisson, le beurre,
les œufs sont **nourrissants :**
ils nous donnent des forces pour vivre.

nouveau
Voici un **nouveau** magasin dans la rue :
il n'existait pas avant,
il vient d'ouvrir, il est tout neuf.
Un **nouveau-né** est un bébé
qui vient de naître.
Isabelle a une **nouvelle** robe :
elle l'a depuis peu de temps.
Il y a du **nouveau** dans la maison :
quelque chose a changé chez nous,
nous avons tout repeint.
J'ai reçu des **nouvelles** d'Éric :
il m'a écrit une lettre
pour me dire comment il va
et ce qu'il fait.
Le libraire m'a montré les **nouveautés :**
les livres qui viennent de paraître.

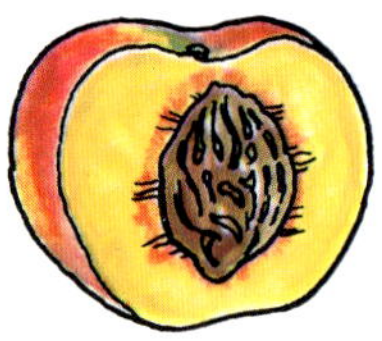

noyau
Si tu manges une cerise, une pêche,
n'avale pas le **noyau**, jette-le.
Le **noyau** est à l'intérieur du fruit,
il est dur; dedans, il y a une amande,
qui est la graine.

noyer
Quelqu'un est tombé dans la rivière
et s'est **noyé** : il est mort étouffé.
On **se noie** dans l'eau,
quand on ne sait pas nager,
parce qu'on ne peut plus respirer.

nu
Je me mets toute **nue** pour me laver :
j'enlève tous mes vêtements.
L'été, les enfants sont **nus** sur la plage :
ils courent pieds **nus**, sans souliers.
« Mais ne reste pas **nu**-tête!
Mets un chapeau
pour te protéger du soleil. »
Un éléphant, cela se voit **à l'œil nu** :
pas besoin de lunettes pour le voir!

nuage
Les **nuages** passent dans le ciel,
ils sont souvent blancs ou gris.
Parfois, au coucher du soleil,
ils sont roses, orange ou violets.
Ils changent tout le temps de forme.
Les **nuages** sont faits de vapeur d'eau,
et ce sont eux qui donnent la pluie.
Quand le ciel est très **nuageux,**
on ne voit plus le soleil :
il est caché derrière les **nuages.**

nuit
Quand le jour est fini, **il fait nuit** :
le ciel est noir, on ne voit pas clair;
pourtant, s'il n'y a pas de nuages,
on voit la lune et les étoiles.
Pendant la **nuit**, nous dormons,
tandis que le hibou part à la chasse,
car c'est un oiseau **de nuit,**
un animal **nocturne.**

numéro
Nous habitons au **n°** 24 de la rue Verte.
N° veut dire : **numéro;**
24 est le **numéro** de notre maison.
Les maisons sont **numérotées** :
elles portent chacune un nombre
pour qu'on puisse les reconnaître.
Les journaux et les revues
sont aussi **numérotés,**
et chaque cahier qui paraît
s'appelle un **numéro** :
« As-tu vu le **numéro** de cette semaine?
Il y a une nouvelle bande dessinée! »

Oo

obéir
Maman a dit : « Au lit, les enfants! »
alors Marc **obéit,** il va se coucher.
Marc fait ce que Maman demande :
c'est un enfant **obéissant.**
Mais Sophie est **désobéissante** :
il faut insister pour qu'elle **obéisse,**
elle fait même souvent le contraire
de ce qu'on lui demande!

objet
Un livre, une assiette, un mouchoir :
il y a beaucoup d'**objets** sur la table!
La table est aussi un **objet.**
Les **objets** sont les choses
que nous pouvons voir et saisir.

obliger
Papa m'attend, il faut que je parte :
je suis **obligé** de partir.
« Pourquoi cours-tu comme cela?
— C'est Nathalie qui me force à courir,
elle m'**oblige** à me dépêcher! »

obscur
Il fait sombre dans cette chambre :
elle est **obscure.** On ne voit rien dans le noir,
dans **l'obscurité.** Alors, allumons la lampe.

observer
Thomas ne dit rien,
mais il nous regarde attentivement :
il **observe** tout ce que nous faisons.
J'ai **observé** les oiseaux et j'ai bien vu
comment ils faisaient leur nid.
La maîtresse m'a fait une **observation** :
elle m'a dit que je me tenais mal.

obstacle
La voiture ne peut pas passer :
il y a un **obstacle** sur la route.
Un **obstacle** est une chose
qui nous empêche d'aller plus loin.
La haie n'arrête pas le cheval :
il saute par-dessus l'**obstacle.**

occuper
Je ne peux pas sortir maintenant
parce que je suis **occupé** :
j'ai quelque chose à faire.
Arnaud **s'occupe** de sa moto :
il la nettoie, il la répare.
Maman a confié Thomas à Marie;
« Joue avec lui, fais-le manger,
prends bien soin de ton petit frère :
occupe-toi de lui. »

océan
Une grande partie de la Terre
est recouverte d'eau salée :
c'est ce qu'on appelle
la mer ou l'**océan.**
Sur la carte, les **océans** sont bleus.
Beaucoup de plantes et d'animaux
vivent au fond de l'**océan.**

odeur
Cela sent bon dans la cuisine :
je respire une bonne **odeur** de gâteau.
Nous sentons les **odeurs** avec notre nez.
Il y a des choses qui sentent mauvais :
elles ont une **odeur** désagréable.

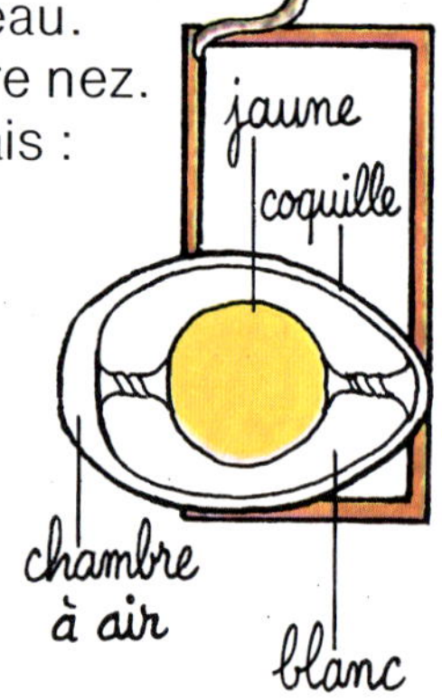

œil
J'ai deux **yeux** :
mon **œil** droit et mon **œil** gauche.
Mes **yeux** voient la lumière,
ils me servent à regarder
tout ce qu'il y a autour de moi.
Je peux les ouvrir ou les fermer,
ou bien faire un **clin d'œil,**
comme ça, en fermant un **œil** très vite.
Les **yeux** sont bruns, bleus, verts, gris.
Le médecin qui soigne les **yeux**
s'appelle un **oculiste.**
« As-tu vu mon nouvel album?
— Non, je ne l'ai pas bien regardé,
j'y ai seulement jeté un **coup d'œil.** »

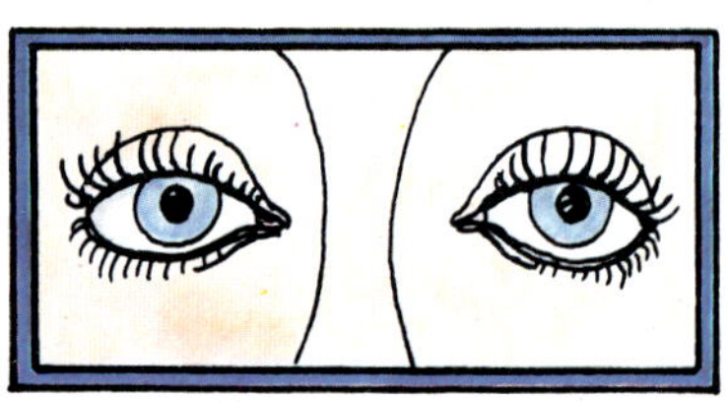

œuf
Les oiseaux naissent dans des **œufs**;
la mère pond un **œuf** dans son nid,
elle le couve, et un jour
le petit sort en cassant la coquille.
Les insectes, les poissons,
les tortues, les serpents, les crabes
pondent aussi des **œufs.**
Nous mangeons les **œufs** de la poule :
ils sont bons crus ou cuits,
à la coque ou en omelette.

offrir
Que vais-je donner à Maman pour sa fête?
je veux lui **offrir** un beau cadeau.
Au mois de janvier,
je dis « Bonne année! » à la maîtresse :
je lui **offre** mes vœux pour le nouvel an.

ogre
L'**ogre** est un affreux géant :
il dévore les petits enfants,
et sa femme, l'**ogresse,**
est aussi méchante que lui.
Heureusement, ces gens-là n'existent
que dans les contes de fées!

oie
L'**oie** est un grand oiseau blanc ou gris;
son bec et ses pattes
ressemblent à ceux du canard,
mais elle a le cou bien plus long.
Les **oies** domestiques vivent à la ferme,
tandis que les **oies** sauvages
voyagent en groupe et volent très loin.
Nous avons joué au **jeu de l'oie,**
et c'est Marie qui a gagné :
elle est arrivée la première au but.

oignon
L'**oignon** est un légume;
on s'en sert pour faire la cuisine.
L'**oignon** sent fort, et ça pique les yeux
quand on l'épluche.
Les **oignons** de fleurs
ne se mangent pas :
on les plante dans la terre
pour avoir des jacinthes, des tulipes...

egarde
image
oiseaux
ages
3 et 199

oiseau
Les **oiseaux** sont des animaux
qui ont des plumes sur tout le corps.
Ils ont un bec, deux pattes
et deux ailes pour voler.
Beaucoup d'**oiseaux** savent chanter.
Un **oisillon** est un jeune **oiseau.**

olive
L'**olive** est le fruit d'un arbre
qu'on appelle l'**olivier.**
On mange les **olives** vertes,
ou noires quand elles sont plus mûres.
Les **olives** écrasées donnent de l'huile.

ombre
« Ne te mets pas devant le soleil,
tu me fais de l'**ombre** :
tu empêches la lumière du soleil
de venir jusqu'à moi. »
Quand la lumière est derrière nous,
nous voyons nos **ombres** par terre
ou sur les murs.
Isabelle avait trop chaud au soleil,
elle s'est assise **à l'ombre** des arbres;
il fait plus frais sous leur **ombrage.**
« Sais-tu faire des **ombres chinoises**
en remuant les doigts
devant un mur bien éclairé? »

omelette
Pour faire une **omelette,**
je casse des œufs au-dessus d'un bol
sans y faire tomber de coquille,
je mélange bien les blancs et les jaunes
en les battant avec une fourchette,
puis je fais cuire l'**omelette** à la poêle,
dans du beurre très chaud.

on
« **On** dit », « **on** fait », « **on** raconte »...
Qui est « **on** »? c'est quelqu'un,
les gens, n'importe qui.

oncle
Notre **oncle** Albert est le frère de Papa.
Si Maman avait un frère,
il serait aussi notre **oncle,**
et nous serions ses neveux et ses nièces.

alouette
hirondelle
pie
aigle
hibou
chouette
faucon
étourneau
oie sauvage
pivert
corbeau
martin-pêcheur
merle
geai
mouette
canards
faisan
pigeon
coucou
rossignol
perdrix
poule d'eau
rouge-gorge
mésange
bouvreuil
cygne
héron
paon
chardonneret
pinson
moineau
bécasse
troglodyte

perroquet
toucan
canari
colibri
oiseau-mouche
flamant
vautour
cigogne
pélican
ibis
autruche
goéland
spatule
grue
manchot
pingouin
macareux

ongle
Les **ongles** protègent le bout des doigts.
Ils sont durs et lisses.
Il faut les brosser avec du savon
pour qu'ils soient propres
et les couper de temps en temps,
car ils poussent vite.
Les griffes sont les **ongles** des animaux.

or
La bague de Maman est en **or.**
L'**or** est un métal jaune et brillant,
il ne s'abîme pas facilement.
On dit qu'une chose est **dorée,**
quand elle a la couleur de l'**or** :
Isabelle a les cheveux **dorés.**
La fleur du **bouton-d'or**
est jaune comme de l'**or.**

orage
Quelquefois, en plein été,
le ciel se couvre de nuages noirs :
on dit que le temps est **orageux;**
puis on voit briller des éclairs,
des coups de tonnerre éclatent,
et la pluie tombe à grosses gouttes :
c'est l'**orage.**
Mettons-nous vite à l'abri!

orange
L'**orange** pousse sur un arbuste
appelé **oranger.**
Le jus d'**orange** est agréable à boire;
avec de l'eau et du sucre,
cela fait de l'**orangeade.**
On peut faire de la peinture **orange**
en mélangeant du jaune et du rouge.

orchestre
Un **orchestre** est un groupe de musiciens
qui jouent de la musique ensemble.
Chacun vient avec son instrument.
Le **chef d'orchestre** lève les mains :
« Tout le monde est prêt? »
La musique va commencer.

ordre
« Rangez vos affaires, mes enfants!
Il faut que tout soit **en ordre,**
que chaque chose soit à sa place. »
« Tu n'as pas d'**ordre,** Marc :
tu laisses traîner tes jouets partout!
Dans un **désordre** pareil,
on ne retrouve plus rien. »
Les mots du dictionnaire
suivent l'**ordre** de l'alphabet.
Connais-tu toutes les lettres : *a, b, c*...?
Peux-tu les réciter **dans l'ordre?**
Le chef donne des **ordres** à ses soldats :
il leur dit ce qu'ils doivent faire;
et les soldats obéissent :
ils font ce qu'on leur a **ordonné.**

ordure
Les **ordures** sont les choses qu'on jette :
les épluchures, les vieux papiers, etc.
On les met dans une poubelle.
En ville, un camion ramasse les **ordures**,
et l'on brûle ce qui ne peut plus servir.

oreille
Nous avons deux **oreilles** :
une de chaque côté de la tête;
elles nous servent à entendre les sons :
les paroles, la musique, les bruits.
Le chien dresse **l'oreille** :
il écoute les pas derrière la porte.
Pour dormir, dans mon lit,
je pose ma tête sur un **oreiller** :
c'est comme un grand coussin.

orphelin
Les enfants dont les parents sont morts
sont des **orphelins**.
Un **orphelinat** est une maison
où l'on s'occupe des garçons **orphelins**
et des filles **orphelines**.

orteil
Mes doigts de pied sont mes **orteils**.
Le **gros orteil** est le pouce de mon pied.

ortie
L'**ortie** est une plante qui pique :
ses feuilles ont des poils très fins
qui entrent dans notre peau.
Aïe, ça brûle!
Cela fait des taches rouges
comme si un moustique vous avait piqué!

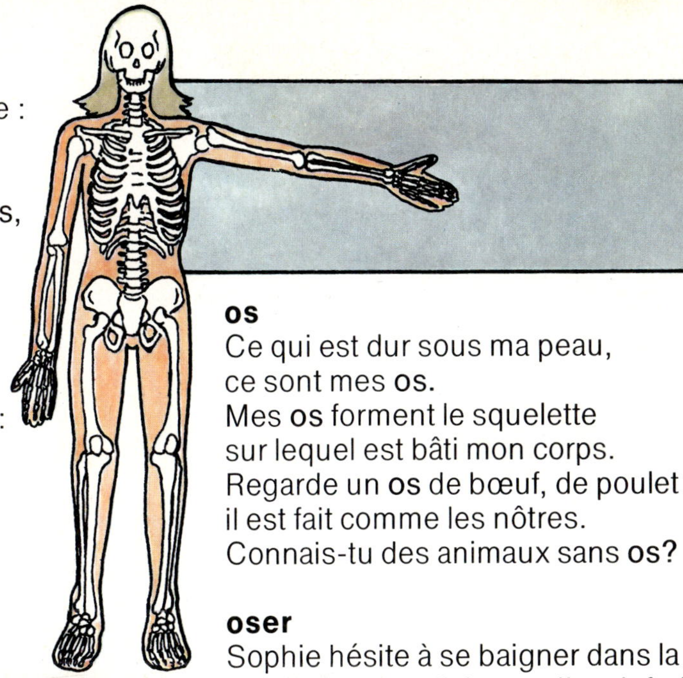

os
Ce qui est dur sous ma peau,
ce sont mes **os.**
Mes **os** forment le squelette
sur lequel est bâti mon corps.
Regarde un **os** de bœuf, de poulet :
il est fait comme les nôtres.
Connais-tu des animaux sans **os?**

oser
Sophie hésite à se baigner dans la mer :
« Je n'**ose** pas, j'ai peur d'avoir froid.
— Mais si, il faut **oser.**
Un peu de courage, et tout ira bien! »

osier
Le panier est fait avec de l'**osier.**
L'**osier** est un arbuste dont les branches
sont souples et solides.
On fait aussi des fauteuils
et d'autres meubles
en tressant des brins d'**osier.**

ôter
Si tu as trop chaud, **ôte** ton manteau :
enlève-le.

oublier
Marc a **oublié** son cahier :
il l'a laissé à la maison
au lieu de l'emporter à l'école.
« N'**oublie** pas de venir dimanche!
Souviens-toi que tu dînes chez nous!
— Oh! pour cela, j'ai de la mémoire!
J'y penserai, je n'**oublierai** pas! »

ouest
L'**ouest** est le côté du ciel
où le soleil se couche.
Quand on regarde sur une carte,
les pays de l'**Ouest** sont à gauche.

ourlet
« L'**ourlet** de ta jupe est défait :
il faut le recoudre. » Pour faire un **ourlet**,
on replie l'étoffe au bord d'un vêtement,
puis on coud le pli à l'envers
pour fixer l'étoffe;
on peut aussi le coudre à la machine.
Sophie apprend à **ourler** un mouchoir.

ours
L'**ours** est un animal sauvage.
L'**ours brun** vit dans les montagnes,
l'**ours blanc** habite les pays froids.
La femelle de l'**ours** est une **ourse**
et ses petits sont des **oursons**.

regarde l'image des outils et des machines pages 166 et 167

outil
Le marteau, la scie, la pelle,
les ciseaux sont des **outils**.
On s'en sert pour travailler le bois, le fer,
pour creuser la terre,
pour couper l'étoffe ou le papier.
Les ouvriers ont besoin d'**outils**,
d'instruments, pour faire leur travail.

ouvrage
Marie a beaucoup de travail :
vite, elle se met à l'**ouvrage**.
Notre **ouvrage**,
c'est ce que nous avons à faire.
Mamie a une **boîte à ouvrage**
pour ranger le fil, les aiguilles,
tout ce qu'il faut pour coudre.

ouvrier
Celui qui travaille avec ses mains
pour gagner sa vie est un **ouvrier**.
Les **ouvriers** font leur métier à l'usine,
à l'atelier ou sur les chantiers.

ouvrir
La boîte est fermée; pour l'**ouvrir**,
il faut soulever le couvercle.
« Si tu veux sortir, **ouvre** la porte! »
« L'air entre par la fenêtre **ouverte**.
Ne la ferme pas tout à fait :
laisse-la **entrouverte**, un peu **ouverte**. »
« Thomas dort-il?
— Non, il a les yeux **grands ouverts**. »
« Il y a une fente, dans la boîte à lettres,
glisse l'enveloppe dans cette **ouverture**. »

ovale
Un œuf n'est pas rond comme une balle :
il est **ovale**.
L'**ovale** est une forme ronde
un peu allongée.
Isabelle a le visage **ovale**.

Pp

page
« J'ai écrit sur tout un côté
de ma feuille de papier :
cela fait une **page** d'écriture.
— Si tu continues à l'envers du papier,
ça fera une autre **page** d'écriture. »
Une **page**, c'est un côté de la feuille.
Pour lire, je tourne les **pages** du livre.
Les **pages** de cet album sont numérotées.
« Combien a-t-il de **pages?** »

paille
La **paille** est la tige creuse du blé
ou d'autres plantes.
Après la moisson,
quand on a récolté les grains,
on garde la **paille,** car elle est utile.
« Sais-tu tout ce qu'on peut faire avec? »
Marc boit son orangeade avec une **paille** :
c'est un petit tube en plastique
qui a la forme d'un brin de **paille.**
Avant d'entrer dans la maison,
on essuie ses pieds sur le **paillasson** :
c'est le petit tapis
qui est par terre devant la porte.
« As-tu déjà vu des animaux **empaillés?**
Pour les conserver, après leur mort,
on a bourré leur peau avec de la **paille.** »

①
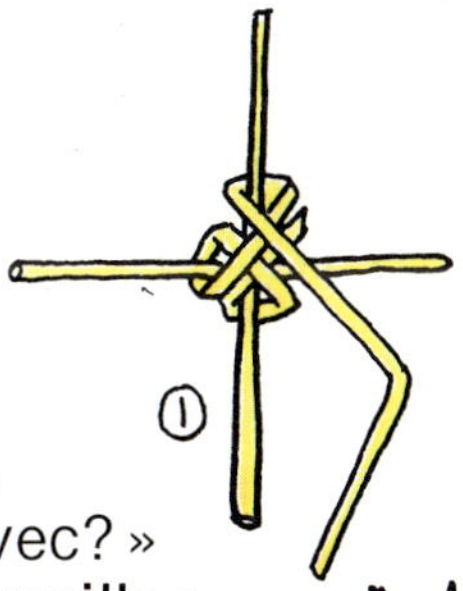

②

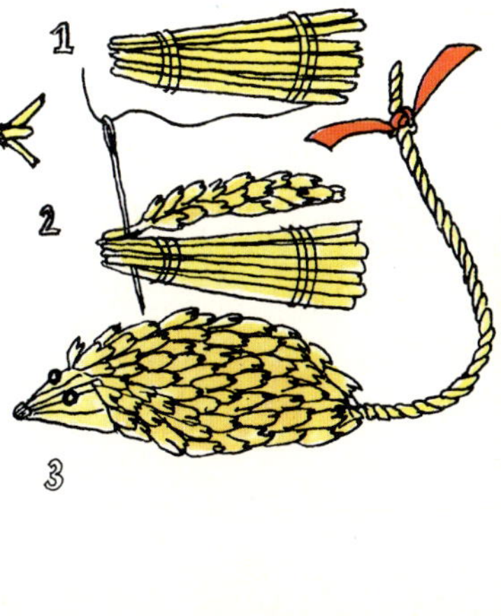

pain

Pour faire du **pain,**
le boulanger pétrit une pâte
avec de la farine et de l'eau,
puis il la met à cuire dans un four.
Le **pain d'épice** est un gâteau
fait avec de la farine et du miel.

paire
J'ai une **paire** de chaussures :
une chaussure pour le pied droit
et une pour le pied gauche.
Une **paire** de lunettes a deux verres,
Une **paire** de ciseaux a deux lames.
Deux choses qui sont pareilles
et qui vont toujours ensemble
forment une **paire.**
Marc et Nicolas sont une **paire** d'amis :
ils s'entendent très bien.

paix
Ce soir, tout est tranquille, il n'y a
pas de disputes, les enfants sont sages :
c'est la **paix** dans la maison.
Après une journée agitée,
nous avons besoin d'une soirée **paisible**
pour nous reposer.
Pour qu'il n'y ait pas de guerre,
il faut que les pays ne se battent pas,
qu'ils vivent en **paix.**
Les gens qui aiment la **paix**
sont **pacifiques.**

palais
Un **palais** est un grand château;
autrefois, c'était la maison des rois.
Sais-tu imiter le pas du cheval
en faisant claquer ta langue
contre ton **palais?**
Ton **palais,** c'est le haut de ta bouche,
au-dessus de ta langue; il est dur
parce qu'il est en os.

pâle
Marc a un pull-over bleu **pâle.**
On dit qu'une couleur est **pâle**
quand elle est claire;
c'est le contraire de foncé.
Depuis que Nathalie a été malade,
ses joues ne sont plus roses :
elle a **pâli,** elle a perdu ses couleurs.
Maman dit qu'elle est **pâlotte.**

palmier
Le **palmier** est un arbre des pays chauds;
il a un tronc droit, sans branches,
qui porte un bouquet de grandes feuilles.

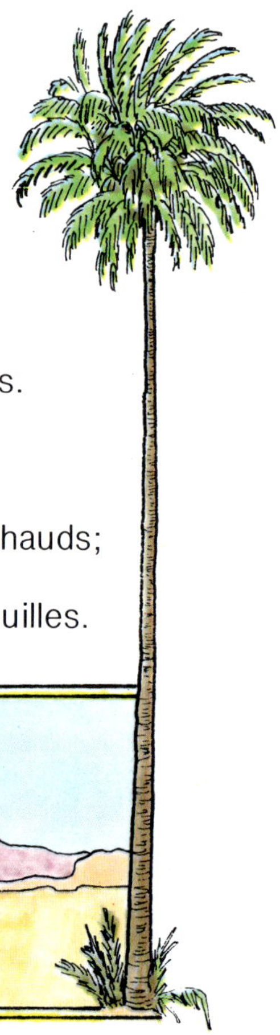

panier
Aline a mis les pommes dans un **panier**
pour les emporter à la maison.
Son **panier** est en osier,
il a une anse courbe
pour qu'on puisse le porter à la main.

panne
Quand la lumière s'éteint toute seule,
brusquement, dans la maison,
c'est une **panne** d'électricité;
alors, on allume une lampe de poche
ou une bougie pour voir clair
et réparer ce qui est abîmé.
La voiture de Robert ne marche plus :
elle est en **panne.** Il faut trouver
un mécanicien pour la **dépanner** :
pour la réparer, la faire rouler
comme avant.

pansement
L'infirmière soigne une blessée;
elle met un médicament sur sa blessure
et la protège avec un linge :
elle lui fait un **pansement.**
Quand Philippe a eu son accident,
on l'a **pansé** à la pharmacie,
on lui a fait un **pansement** au bras.

pantalon
Un **pantalon** est un vêtement
qui a deux jambes et qui couvre le corps
depuis la taille jusqu'aux pieds.
On l'attache avec une ceinture
ou bien avec des bretelles.

pantoufle
Le soir, à la maison, j'ôte mes souliers
et je mets des **pantoufles.**
Les **pantoufles** sont en étoffe
ou en peau;
on les appelle aussi des chaussons.

paon
Le **paon** est un bel oiseau
qui ne sait pas bien voler;
le mâle a une longue queue
en plumes de toutes les couleurs
qu'il peut étaler en forme d'éventail :
on dit alors qu'il « fait la roue ».

papa
« **Papa** » est le nom que je donne
à mon père.
J'appelle mon père : « **Papa** ».

papier
Mes livres et mes cahiers sont en **papier.**
Maman prend une feuille de **papier**
pour faire un paquet.
On fabrique le **papier** dans une usine
en faisant une pâte avec du bois,
de la paille et d'autres tiges de plantes
hachés en tout petits morceaux;
cette pâte est étalée en couche mince
et quand elle est sèche on la découpe
pour faire des feuilles de **papier.**
Les vieux chiffons et les vieux **papiers**
servent aussi à faire du **papier** neuf.
Celui qui fabrique du **papier**
s'appelle un **papetier;**
son usine est une **papeterie.**
Celui qui vend du **papier**
s'appelle aussi un **papetier;**
il travaille dans une **papeterie.**

papillon
Le **papillon** est un insecte;
il a deux paires d'ailes (quatre ailes)
qui ont souvent de belles couleurs;
il pond de tout petits œufs
d'où sortent des chenilles
qui se changeront un jour en **papillons.**

pâquerette
Au printemps, on voit dans l'herbe
des petites fleurs blanches
qui ont beaucoup de pétales
comme les marguerites :
on les appelle des **pâquerettes**
parce qu'elles fleurissent
au moment de la fête de **Pâques.**

paquet
Maman a fait un **paquet** de livres
pour les envoyer à Éric :
elle les a **empaquetés** dans un papier
et elle a noué solidement une ficelle
autour du **paquet.**
On fait un **paquet** quand on enveloppe
un ou plusieurs objets ensemble
pour les protéger ou pour les porter
plus facilement.
J'ai acheté un **paquet** de bonbons.

parachute
Si un homme tombe d'un avion en vol,
il s'écrasera par terre et se tuera;
mais s'il saute avec un **parachute**,
il descendra lentement
et ne se fera pas de mal.
Le **parachute** est en tissu;
il est attaché au dos du **parachutiste**
par une ceinture, des bretelles
et des cordons très solides.

paraître
Voici le soleil qui se lève :
il **paraît** au-dessus des toits,
maintenant on peut le voir.
Si un nuage vient le cacher,
on ne le verra plus :
il **disparaîtra.**
Nous avons rencontré Robert;
il avait l'air en bonne santé :
il **paraissait** tout à fait guéri.
Le journal **paraît** tous les jours :
il y a un nouveau numéro chaque matin;
Papa va l'acheter au kiosque
aussitôt qu'il est **paru.**
« Tu sais, **il paraît qu**'il y a
un nouvel illustré pour les enfants :
on me l'a dit,
je ne sais pas si c'est vrai. »

parapluie
Le **parapluie** sert à nous abriter
de la pluie. Il est fait d'étoffe
ou de plastique tendu
sur des tiges en métal,
et d'un manche pour le tenir à la main.
Le **parasol** est plus grand;
il nous protège du soleil.

parc
Un **parc** est un grand jardin
où poussent des arbres;
on peut s'y promener
dans des allées.

pardonner
Sophie a été très désagréable, hier,
et, maintenant, elle le regrette :
« Maman, **pardonne**-moi,
il ne faut pas m'en vouloir...
— Je veux bien te **pardonner**, Sophie,
mais ne recommence pas
et nous n'y penserons plus. »
Si tu veux demander un renseignement
ou passer devant quelqu'un,
tu dis d'abord : « **Pardon...** »;
cela veut dire : « Excusez-moi
de vous déranger... »

pare-brise
En voiture, on voit la route
à travers le **pare-brise :**
c'est une plaque de verre
qui protège le chauffeur
contre le vent ou la pluie.

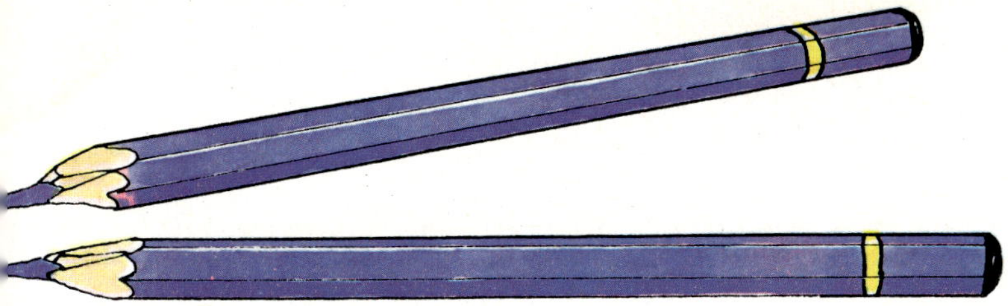

pareil
Ces deux crayons se ressemblent,
ils ont la même forme et la même couleur :
ils sont **pareils.**
Sophie a envie d'une robe
comme celle de Nathalie :
elle en voudrait une **pareille.**
« Quelle différence y a-t-il
entre un bonnet blanc et un blanc bonnet?
— Il n'y en a pas : c'est **pareil,**
c'est la même chose. »

parent
Mon père et ma mère sont mes **parents.**
Mes **grands-parents**
sont mes deux grands-pères
et mes deux grands-mères.
On dit aussi que les gens sont **parents,**
quand ils font partie de la même famille.

paresseux
« Nicolas est **paresseux** :
il ne veut jamais rien faire
pour ne pas se fatiguer!
— Et toi, tu n'es pas **paresseuse?**
Tu aimes mieux jouer que travailler.
— Ce n'est pas de la **paresse,**
car je sais me donner de la peine
pour une chose qui m'intéresse. »

parfait
« Bravo! Marie, ton devoir est **parfait** :
il n'y a aucune faute
et il est très bien écrit.
Je vois que tu as **parfaitement** compris
comment il faut faire.
— Oui, mais ce qui est difficile,
c'est d'être **parfaite** tous les jours! »

parfum
Certaines fleurs ont une odeur agréable :
c'est leur **parfum**; la rose, le lilas,
le muguet sont très **parfumés.**
Papa a offert du **parfum** à Maman;
elle en met un peu sur sa peau
ou sur ses vêtements,
et cela sent très bon.
Le **parfum** est un liquide qui sent bon;
on le fabrique surtout avec des fleurs.

parier
« Je suis sûr que Philippe va venir!
— Moi, je **parie** qu'il ne viendra pas.
— Qu'est-ce que tu **paries?**
— Des glaces pour le goûter.
— Eh bien, tu as perdu ton **pari** :
voilà Philippe qui arrive!
Tu n'as plus qu'à acheter les glaces :
c'est la règle du jeu. »

parler
Quand je veux dire quelque chose,
je **parle** : j'ouvre la bouche,
je remue les lèvres et la langue
pour former des mots;
les autres entendent ma voix
et comprennent ce que je dis,
et ils me répondent en **parlant** aussi.
Les mots que l'on dit sont des **paroles.**
« De quoi **parlez**-vous tous les deux?
— Nous nous racontons des histoires. »

parquet
Le chien a sali le **parquet**
avec ses pattes mouillées;
il va falloir frotter le bois
avec de la cire pour le faire briller.
Le **parquet** recouvre le sol de la chambre;
il est fait de planches assemblées
les unes à côté des autres.

partager

« Nous avons un gâteau pour le goûter
et nous sommes six. Comment faire?
— Il faut le **partager** :
je vais le couper en six morceaux
et je donnerai une **part** à chacun.
Voilà, le **partage** est fait,
tout le monde a sa **part** de gâteau.
— **Partageons** aussi les bonbons :
nous en aurons trois chacun. »

partie

Ma tête, mon tronc, mes membres
sont des **parties** de mon corps.
Mon bras n'est pas tout mon corps,
mais il **en fait partie.**
Je ne passe pas tout mon temps à l'école :
j'y vais une **partie** de la journée.
Les enfants ont joué aux cartes,
et Sophie a gagné la **partie** :
« Veux-tu en faire une autre?
— Non, allons plutôt dehors
faire une **partie** de boules. »

partir

Nicolas sort de chez lui :
il **part** pour l'école.
Allons-nous-en aussi :
il est l'heure de **partir.**
Cet été, nous **partirons** en voyage :
nous quitterons la maison
pour aller ailleurs, en vacances.
« Je viendrai ce soir après 6 heures,
je ne peux pas venir avant,
alors attends-moi **à partir de** 6 heures. »

pas

Quand je marche, je fais un **pas**
chaque fois que j'avance un pied.
Éric marche à grands **pas**
parce qu'il a de longues jambes.
« Regarde sur le sable,
on voit la trace de nos **pas** :
voici la marque de tes pieds
et celle des pattes de Tom! »
J'entends le **pas** d'Éric dans la rue :
c'est le bruit qu'il fait en marchant.

passer

Je vois des autos rouler dans la rue :
elles **passent** devant ma maison.
Tous ces gens qui marchent,
allant d'un endroit à un autre,
sont des **passants.**
Les voitures s'arrêtent au feu rouge
pour laisser **passer** les piétons;
alors, nous pouvons traverser la rue
en prenant le **passage clouté** :
l'endroit où on **passe**
entre deux rangées de clous.
Attention! le train arrive,
on ferme le **passage à niveau.**
C'est une barrière
qui empêche les autos d'avancer
pendant que le train traverse la route.
Nicolas est **passé** ce matin; il a dit :
« Bonjour! je n'ai pas le temps d'entrer
parce que je vais à l'école.
— Par où **passes**-tu pour y aller?
— Je prends la rue de la Mairie.

J'ai pensé à quelque chose,
une idée m'est **passée par la tête** :
viens ce soir voir la télévision,
le film **passe** à l'heure du dîner.
Mais il est tard, le temps **passe**,
il faut que je m'en aille. »
Les vacances sont **passées** maintenant :
elles sont finies, je retourne en classe.

À table, je demande à Marie :
« **Passe**-moi le sel, s'il te plaît.
— Je ne peux pas te le donner,
il n'y en a plus.
— Tant pis, je n'en aurai pas :
je **m'en passerai.** »
Les pâtes sont cuites, alors je les verse
dans une **passoire** en métal
pour que l'eau s'en aille
en **passant** par les trous.
« Aïe, aïe! — Qu'est-ce qui arrive?
qu'est-ce qui **se passe?**
— Je me suis un peu brûlée,
mais ce n'est rien, c'est **passé,**
c'est déjà fini, je n'ai plus mal. »
Demain, Éric **passera** un examen :
un professeur lui posera des questions
pour voir s'il se rappelle bien
tout ce qu'il a appris au lycée.

patauger
Les enfants marchent dans la boue :
ils s'amusent à **patauger.**

pâte
Pour faire du pain, des crêpes
ou des gâteaux, on prépare une **pâte**
en mélangeant de la farine et de l'eau
et puis on la fait cuire.
On fabrique aussi des **pâtes** : nouilles,
macaronis, coquillettes...
Le **pâtissier** sait faire des gâteaux
et toutes sortes de **pâtisseries**
avec de la **pâte** sucrée et de la crème.
Il y a des **pâtes** qui ne se mangent pas :
connais-tu la **pâte dentifrice?**
et la **pâte à modeler?**
Ce qui est **pâteux** n'est ni dur
ni liquide, mais épais et mou.
« Tom, viens manger ta soupe :
ta **pâtée** est prête!
Mais le **pâté,** ce n'est pas pour toi :
nous le mangerons au déjeuner. »
Un **pâté** est fait avec de la viande;
quelquefois, on le fait cuire
enveloppé dans de la **pâte.**
L'été, pour m'amuser sur la plage,
je fais des **pâtés** de sable.
Marc aussi sait faire des **pâtés,**
mais ce sont des taches d'encre
sur son cahier!

patient
Quand Arnaud m'explique quelque chose,
il ne se fâche pas
si je ne comprends pas tout de suite :
il est **patient.**
Sophie, au contraire, est **impatiente :**
elle n'aime pas attendre.
Il faut de la **patience**
pour réussir un château de cartes
ou pour faire un puzzle : c'est long,
il faut faire attention,
il ne faut pas **s'impatienter ;**
ce sont des **jeux de patience.**

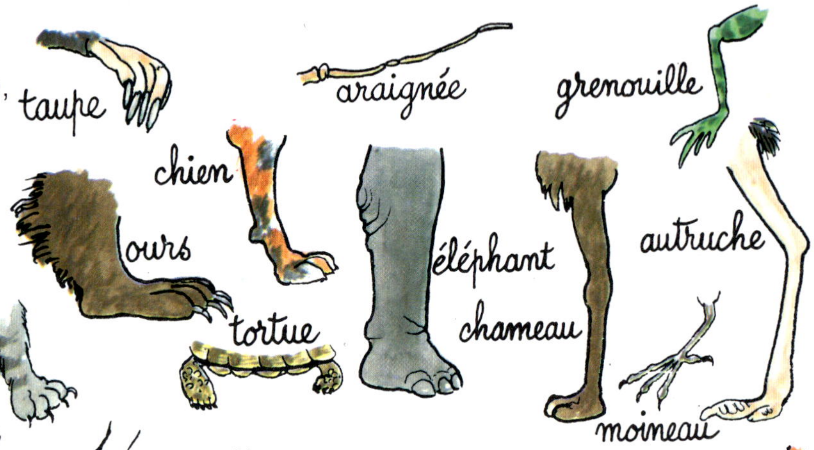

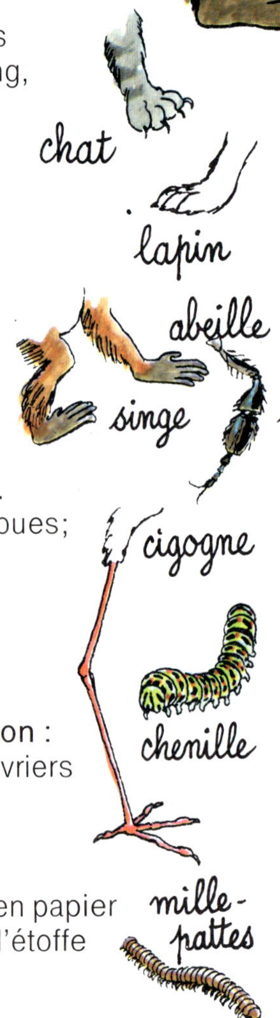

patin
Pour faire du **patin à roulettes,**
j'attache à mes souliers
des semelles de fer
avec de toutes petites roues.
Marie glisse sur l'eau gelée
avec des **patins à glace :**
elle **patine,** elle fait du **patinage.**
La **patinette** de Nicolas a deux roues;
il la conduit avec un guidon,
comme une bicyclette.

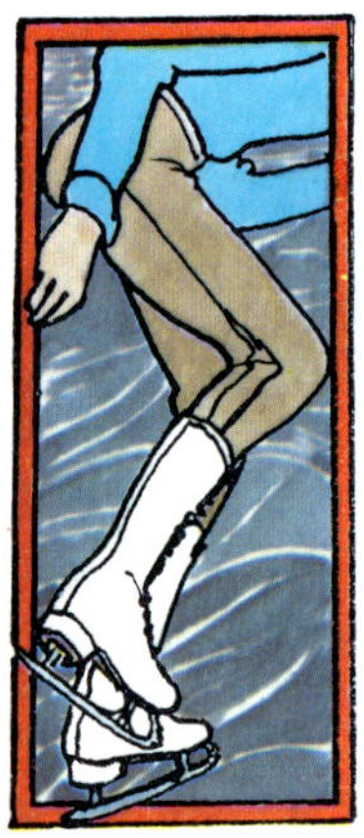

patron
Celui qui paie quelqu'un
pour le faire travailler est un **patron :**
le **patron** de Philippe a trente ouvriers
dans son atelier;
la **patronne** du magasin
a deux vendeuses.
Un **patron** est aussi un modèle en papier
qui sert à couper les morceaux d'étoffe
pour faire un vêtement.

patte
Les jambes et les pieds des animaux
s'appellent des **pattes.**
Les oiseaux ont deux **pattes,**
les chiens, les chats en ont quatre,
les insectes six, et les **mille-pattes**
en ont... beaucoup!

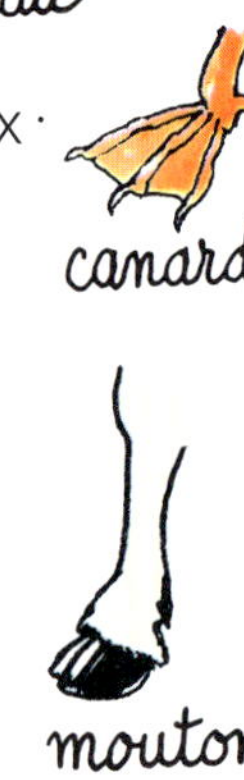

paupière
Pour fermer les yeux,
je baisse mes **paupières;**
elles sont en peau fine,
et chaque **paupière** est bordée de cils.

pauvre
Les gens qui ont très peu d'argent
sont **pauvres :** ils ne peuvent pas acheter
toutes les choses dont ils ont besoin.
La **pauvreté,**
c'est le contraire de la richesse.
Mon frère a l'air malheureux :
« Qu'est-ce que tu as, mon **pauvre** Marc?
tu as de la peine? tu t'es fait mal? »

pavé
Dans la ville, il y a des rues **pavées :**
elles sont couvertes de pierres carrées
qu'on appelle des **pavés.**

payer
Quand j'achète du pain, je le **paie** :
je donne de l'argent au boulanger
en échange de son pain.
À l'atelier où travaille Philippe,
les ouvriers sont **payés** au mois :
à la fin de chaque mois, ils reçoivent
de l'argent en échange de leur travail;
hier, Philippe a reçu sa **paie** :
c'est l'argent qu'il a gagné ce mois-ci.

pays
Je suis né ici, dans ce village,
et j'y vis avec ma famille :
c'est mon **pays.** Mais il fait partie
d'un **pays** plus grand, où il y a
une quantité de villes et de villages.
Il existe beaucoup de **pays** différents
dans le monde. Regarde la carte :
au nord, tu vois les **pays** froids,
où il tombe beaucoup de neige
et, au sud, les **pays** chauds,
où il ne gèle jamais.
Je collectionne les cartes postales
qui montrent des **paysages** :
tout ce qu'on voit dans un **pays**
quand on regarde autour de soi.
Les **paysans** et les **paysannes**
sont ceux qui habitent à la campagne
et qui vivent en cultivant la terre.

regarde
l'image
des paysages
pages
212 et 213

peau
Notre corps est recouvert de **peau.**
La **peau** est souple et solide,
elle nous protège,
c'est par elle que nous sentons
ce que nous touchons,
ce qui est chaud ou froid.
On prépare le cuir
avec des **peaux** d'animaux.
Les fruits ont aussi une **peau**,
qu'on peut enlever avant de les manger.

pêche
La **pêche** est un fruit parfumé
qui a la peau fine et un gros noyau;
elle pousse sur un arbre
appelé **pêcher.**

pêcher
Mon oncle **pêche** au bord de la rivière :
il jette sa ligne dans l'eau
pour attraper des poissons.
Les **pêcheurs** s'en vont en bateau
très loin sur la mer,
et **pêchent** avec des grands filets :
la **pêche en mer** est un dur métier.

pédaler
Pour faire avancer la bicyclette,
je **pédale** : je fais tourner les roues
en appuyant sur les **pédales**
avec mes pieds.
L'été, nous nous promenons sur l'eau
en **pédalo** : une sorte de bateau
qu'on fait marcher avec des **pédales.**

pays chaud
montagne
forêt
ville
viaduc
vallée
champs
autoroute

pays froid
lac
île
presqu'île
plaine
pont
estuaire
mer
village
carrefour
port
colline
falaise
plage
route

peigne
Le matin, je me coiffe :
je **peigne** mes cheveux;
quand je me lève, ils sont en désordre :
je suis toute **dépeignée;**
mais, en passant dans la chevelure,
le **peigne** la remet en ordre :
il sépare les cheveux avec ses dents.
Avant de se faire couper les cheveux,
Marie met un **peignoir** :
c'est un vêtement large, en toile,
qui protège sa robe.
Le **peignoir de bain** sert à nous sécher
quand nous sortons de l'eau;
il est en tissu-éponge.

peindre
Pour **peindre,** je prends un pinceau,
je le trempe dans la **peinture**
et j'étale la couleur sur le papier.
La **peinture** est préparée
avec de la poudre de couleur
mélangée à un liquide : de l'eau,
de l'huile ou de l'essence.
Le **peintre** en bâtiment **peint** les murs,
les portes et les fenêtres des maisons.
Peindre, c'est aussi faire des tableaux :
le **peintre** assemble des couleurs
et des formes dessinées;
souvent, sa **peinture** représente
des personnes, un paysage ou des objets.

peine
Sophie **a de la peine** à porter le panier :
il est trop lourd pour elle,
et elle est obligée de faire un effort.
J'ai pleuré, quand mon oiseau est mort :
cela m'a **fait de la peine,**
j'avais du chagrin.
« As-tu fini ton devoir?
— Non, je viens de me mettre au travail,
il est **à peine** commencé.
— Veux-tu que je t'aide?
— Non, merci, **ce n'est pas la peine,**
je peux le faire toute seule. »

pelle
Je creuse le sable avec ma **pelle.**
La **pelle** est un outil en fer
avec un long manche;
elle sert à ramasser de la terre,
du sable, des pierres, des feuilles...

pelote
Mamie achète de la laine pour tricoter.
La laine est enroulée en **pelote** :
une grosse boule douce et légère.
Un **peloton** est une petite **pelote.**
Le chat **se pelotonne** près du feu :
il se roule en boule pour dormir.

pelouse
Nous avons une **pelouse** dans le jardin :
c'est un endroit semé de gazon,
on dirait un tapis vert.

peluche
Thomas a un ours en **peluche.**
La **peluche** est une étoffe solide
avec des poils doux comme de la soie.

pencher
Marc fait une tour avec ses cubes :
« Elle n'est pas droite, ta tour,
elle **penche** d'un côté.
Attention, elle va tomber! »
Quand on me coupe les cheveux,
je tiens la tête **penchée** en avant.
Marie **se penche** à la fenêtre
pour regarder dans la rue.

pendre
Les fruits **pendent** aux branches.
Ce qui est **pendu** ou **suspendu**
est attaché par le haut :
le tableau est **pendu** au mur par un clou.
Je **pends** ma veste au portemanteau.
Sophie **se pend** au cou de Papa :
elle met ses bras autour de son cou.
Une **penderie** est un placard
où l'on **pend** les vêtements.

pendule
Une **pendule** est une petite horloge;
elle est plus grosse qu'une montre.
Beaucoup de **pendules** sonnent,
pour indiquer quelle heure il est.

péniche
Une **péniche** est un grand bateau plat
qui transporte du charbon, du sable
ou d'autres marchandises
en naviguant sur les rivières.

penser
« Tu ne dis rien. À quoi **penses**-tu?
— Je **pense** à Éric, qui est loin :
je le vois dans ma tête,
je me demande ce qu'il fait.
— Et si nous lui écrivions?
qu'en **penses**-tu?
— Je trouve que tu as raison,
mais qu'est-ce qu'on va lui raconter?
— Ce que nous **pensons** : nos **pensées**.
Réfléchissons un peu,
nous aurons bien des idées! »

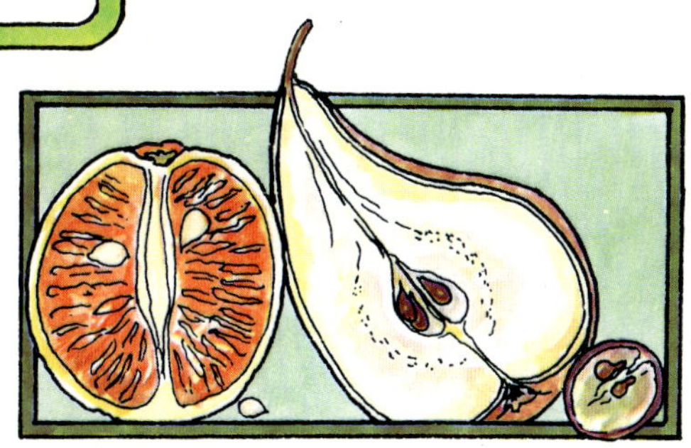

pépin
Dans l'orange, il y a des graines
qu'on appelle des **pépins**; le raisin,
la pomme, la poire
ont aussi des **pépins**.

percer
Ma chaussette est **percée** :
elle est trouée,
et mon talon passe au travers.
Le menuisier **perce** la planche :
il fait un trou dedans avec son outil.
Thomas a une petite dent qui **perce** :
elle vient juste de sortir,
et bientôt il en poussera d'autres.
Ces enfants poussent des cris **perçants** :
on dirait que leurs cris
vous **percent** les oreilles!

père
Un **père** est un homme qui a un enfant.
Je suis la fille de mon **père** :
je l'appelle **Papa.**
Le **père** de Maman et celui de Papa
sont mes **grands-pères.**

percher
Les oiseaux se posent sur les arbres :
ils **perchent** sur les branches.
Les poules dorment sur leur **perchoir** :
c'est un grand bâton
qu'on a placé dans le poulailler
pour qu'elles puissent s'y **percher.**
« Si tu joues à **chat perché,**
il faut monter sur un banc, sur une pierre,
ou sur quelque chose au-dessus du sol,
sinon j'ai le droit de t'attraper! »

perdre
« J'avais une pièce de 1 franc
mais où est-elle maintenant?
Je ne la trouve plus : je l'ai **perdue.**
— Inutile de chercher,
tu **perds** ton temps, ça ne sert à rien.
Elle a dû tomber dans la rue :
ta poche est percée! »
« Aujourd'hui, nous avons joué aux cartes,
et j'ai **perdu** la partie,
mais, demain, tu verras, je gagnerai! »
Quand on joue, il y a toujours
des gagnants et des **perdants.**
Marc s'est trompé de chemin
pour aller chez Nathalie;
il ne savait plus où il était :
le pauvre Marc était **perdu!**
Heureusement, il n'a pas eu peur,
il n'a pas **perdu la tête,**
et un passant l'a aidé
à retrouver la bonne direction.

perle
Sophie fait un collier avec des **perles.**
Une **perle** est une petite boule
percée d'un trou au milieu
pour qu'on puisse l'enfiler sur un fil.

permettre
Nicolas a envie de dîner chez nous :
« Papa, s'il te plaît, tu veux bien?
tu me **permets** de rester dîner?
— Oui, je te donne la **permission.**
Tu pourras t'amuser toute la soirée,
cela te **permettra** de jouer
plus longtemps chez tes amis.
Mais il ne faudra pas faire de bruit,
ce n'est pas **permis** : c'est défendu. »

perroquet
Le **perroquet** est un oiseau
qui a de belles couleurs et un bec crochu;
il y a des **perroquets** qui répètent
les mots qu'on leur apprend.
Les **perruches** sont plus petites
et elles ne peuvent pas parler.

personne
Les hommes, les femmes et les enfants
sont des **personnes :**
nous sommes six **personnes** à table.
Nos parents sont des adultes :
ce sont de **grandes personnes.**
Quand nous allons tous nous promener,
il n'y a plus **personne** dans la maison.
Dans mon livre, on raconte l'histoire
de plusieurs **personnes** :
ce sont les **personnages** du livre.
Au théâtre, les acteurs jouent la pièce
comme s'ils étaient vraiment
les **personnages** de l'histoire.

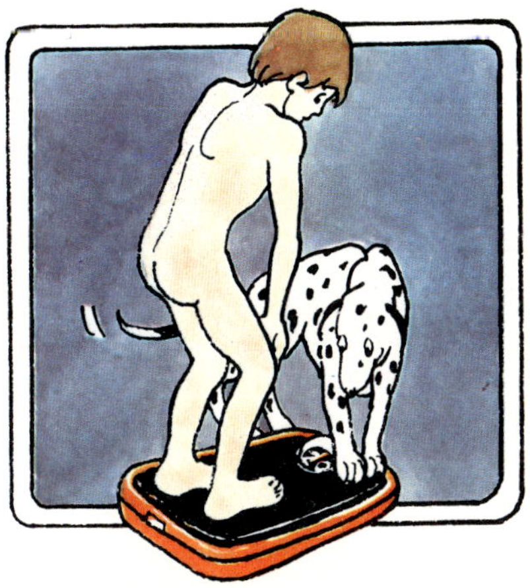

peser
Je **me pèse** pour mesurer mon poids;
je monte sur une grosse balance,
l'aiguille s'arrête sur un chiffre :
je **pèse** 20 kilos.
Quand Thomas était tout petit,
Papa le **pesait** sur un **pèse-bébé :**
c'est une balance avec un panier.
Les marchands **pèsent** ce qu'ils vendent
pour savoir s'il y a bien le poids
que les acheteurs ont demandé :
2 kilos de pommes, 1 livre de viande...

pétale
Les fleurs sont faites de **pétales**
qui poussent au bout d'une tige :
cette violette a cinq **pétales;**
un **pétale** ressemble à une feuille,
mais il y en a de toutes les couleurs.

petit
Nicolas est plus **petit** que Sophie :
il est moins grand qu'elle.
Thomas est tout **petit :**
c'est le plus jeune de la famille.
Sur son gâteau d'anniversaire,
la bougie diminue en brûlant :
elle **rapetisse,** elle devient
de plus en plus courte
parce que la cire fond **petit à petit,**
tout doucement, peu à peu.
La chatte s'occupe de ses **petits :**
ce sont ses enfants, ses chatons.

pétrir
Maman fait une tarte pour le goûter;
elle **pétrit** la farine et le beurre :
elle les presse avec ses mains
pour bien les mélanger.
Chez le boulanger,
la pâte à pain est **pétrie**
par une machine électrique.
Sophie fabrique des bonshommes
en **pétrissant** de la pâte à modeler.

peur
Marc n'aime pas rester seul dans le noir :
il n'est pas tranquille, il **a peur.**
« Courage! dit Papa. Allume la lumière :
tu verras qu'il n'y a pas de danger. »
Nicolas aussi est **peureux :**
il n'ose pas s'approcher du chien.
« C'est Tom qui te **fait peur?**
Ne t'inquiète pas, n'aie pas **peur** :
il ne mord jamais les amis. »

peut-être
« Tu viens avec nous, oui ou non?
— **Peut-être** : je ne suis pas décidé. »
Je ne sais pas si Arnaud va venir,
il viendra **peut-être :**
c'est possible, mais ce n'est pas sûr.

photographier
Éric nous a pris en **photo** :
il a fait une image de nous
avec son **appareil photographique**;
nous étions sur la plage ce jour-là.
Tu nous reconnais sur la **photographie**?
Marie aussi aime bien **photographier**.
Celui qui fait des **photos**
est un **photographe**.
Dans notre album de **photographies**,
il y a des paysages que nous avons vus
en vacances, des portraits de nos amis,
et même des **photos** de Maman
quand elle était toute petite!

phare
La nuit, au bord de la mer,
on voit briller la lumière du **phare** :
c'est une tour avec une grosse lampe
au sommet.
Le **phare** aide les bateaux
à trouver leur chemin vers le port.
Les **phares** des autos se voient de loin;
ils éclairent la route devant la voiture.

phrase
En parlant, je fais des **phrases** :
j'assemble des mots
pour dire quelque chose.
Quand j'ai fini d'écrire une **phrase**,
je mets un point au bout, comme ça .

pharmacien
Quand quelqu'un est malade chez nous,
il faut aller chez le **pharmacien**
pour acheter des médicaments;
sa boutique est une **pharmacie**;
il y vend aussi de l'eau de Cologne,
du savon, de la pâte dentifrice...

phoque
Le **phoque** est un animal à fourrure
qui vit dans la mer,
surtout dans les pays froids.

piano
Le **piano** est un instrument de musique.
Pour jouer du **piano**, on s'assied devant
et on appuie avec les doigts
sur des « touches » noires et blanches.
Ceux qui savent jouer du **piano**
sont des **pianistes**.

pie
La **pie** est un oiseau noir et blanc
avec une longue queue.
La **pie** crie : on dit qu'elle « jacasse ».
Sophie **est bavarde comme une pie** :
elle parle beaucoup.

pièce
Pour payer ce que nous achetons,
nous donnons de l'argent :
des billets ou des **pièces de monnaie;**
les **pièces** sont rondes et plates,
on les fabrique avec du métal.
Mon vieux pantalon est percé,
alors Maman lui met une **pièce** :
elle coud un morceau d'étoffe
sur le trou; mon pantalon sera **rapiécé.**
Les chambres, la salle à manger
sont les **pièces** de notre appartement;
la salle de classe est une grande **pièce.**
Il y a combien de **pièces** dans ta maison?
Au théâtre, nous avons vu une **pièce** :
une histoire jouée par des acteurs.

pied
Mes **pieds** sont au bout de mes jambes;
j'en ai deux : le droit et le gauche,
et chaque **pied** a cinq doigts.
« Tu prends le car pour aller à l'école?
— Non, j'y vais **à pied** : en marchant;
je suis un **piéton.** »
La route passe au **pied** de la colline :
elle passe en bas de la colline.
La table, la chaise ont quatre **pieds** :
le **pied** est la partie d'un meuble
qui est posée sur le sol.

piège
Un **piège** est un appareil en métal
qui sert à attraper les souris
ou d'autres bêtes.
L'animal vient manger ce qu'on a mis
dans le **piège** pour l'attirer;
cela fait bouger un ressort.
Clac! le **piège** se referme :
la bête est prisonnière.

pierre
La **pierre** est une chose dure
que l'on trouve dans la terre;
elle est blanche, jaune, rose ou grise;
on s'en sert pour bâtir les maisons,
pour faire les rues et les routes.
Un caillou est un morceau de **pierre.**
Les **pierres précieuses** sont brillantes,
elles ont de belles couleurs
et servent à faire des bijoux.

pigeon
Le **pigeon** est un oiseau gris, beige
ou blanc qui vit souvent dans les villes.
Le **pigeon voyageur** vole très loin
et sait retrouver son chemin.
Un **pigeonnier** est un abri
construit pour élever des **pigeons.**
Le **pigeon** fait un bruit doux
avec sa gorge : il roucoule.
« Sais-tu jouer à **pigeon vole?** »

pile
Les assiettes sont en **pile** sur la table.
J'ai une **pile** de mouchoirs dans l'armoire.
Le marchand **empile** les pièces de 1 F :
il fait une **pile** en mettant les pièces
les unes sur les autres.
Quand la lampe de poche ne marche plus,
on enlève la **pile** usée
pour en mettre une neuve à la place :
une **pile** est un appareil
qui donne de l'électricité.

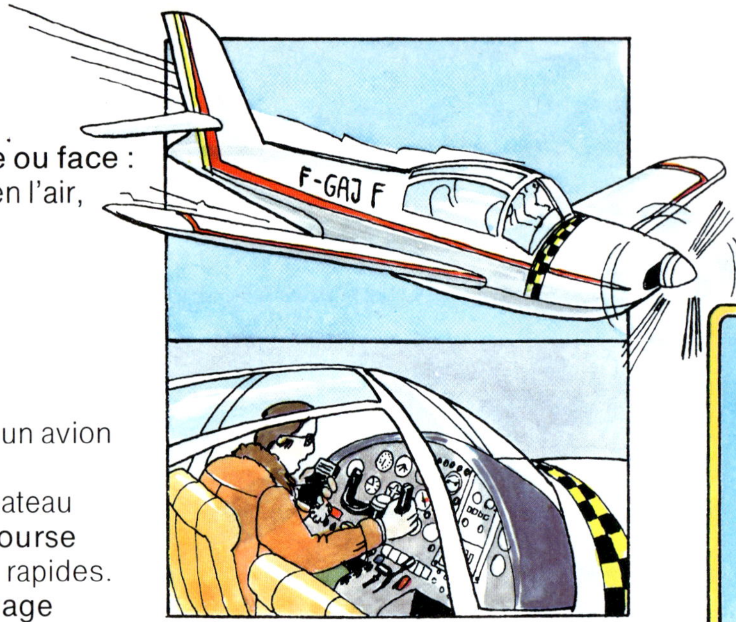

pile ou face
« Qui va se cacher?
— Pour le savoir, **jouons à pile ou face** :
je jette une pièce de monnaie en l'air,
si elle retombe du côté **pile**,
je me cache. »
Le côté **pile** d'une pièce,
c'est celui où il y a un chiffre.

pilote
Celui qui conduit un bateau ou un avion
est un **pilote**; il sait **piloter** :
il a appris à faire marcher son bateau
ou son avion. Les **pilotes de course**
savent conduire des autos très rapides.
Éric veut aller à l'école de **pilotage**
pour devenir aviateur.

pinceau
Je peins avec un **pinceau** : un petit bâton
avec beaucoup de poils attachés au bout;
on trempe le **pinceau** dans la peinture.

pincer
Sophie m'a **pincé** : elle a pris la peau
de mon bras entre ses doigts
et elle a serré! Ça fait mal...
Maman va mettre une **pincée** de sel
dans la soupe : elle prend un peu de sel
entre le pouce et l'index.
Je mets ma serviette à sécher sur un fil
et je la fixe avec une **pince à linge**
pour qu'elle ne tombe pas.
Les **pinces** sont des instruments
qui ont deux branches, comme les ciseaux,
pour saisir et tenir de petits objets.

pingouin
Le **pingouin** est un oiseau noir et blanc,
qui vit au bord de la mer,
dans des pays très froids.

ping-pong
Marie et Arnaud jouent au **ping-pong** :
ils sont chacun à un bout de la table
et ils se renvoient une petite balle
avec des raquettes, comme au tennis.

pinson
Dans les jardins, on entend souvent
chanter le **pinson** : c'est un petit oiseau
gris-bleu, rouge clair, noir et blanc.
Nathalie est de bonne humeur :
elle **est gaie comme un pinson!**

pioche
Les ouvriers creusent la terre
à coups de **pioche.**
La **pioche** est un outil pointu, en métal,
avec un long manche en bois.
C'est dur de **piocher!**

pion
Nous faisons une partie de dames
avec des **pions** blancs et noirs :
les **pions** sont de petits objets
dont on se sert pour jouer.

pipe
Éric met du tabac dans sa **pipe,**
puis il l'allume avec une allumette
et il aspire la fumée par le tuyau.
Grand-Père aussi fume la **pipe.**

piquer
Je me suis **piqué** avec une épingle :
la pointe de l'épingle a percé ma peau,
et mon sang sort par le petit trou.
Fais attention aux épines des roses :
elles sont **piquantes** aussi.
Les feuilles de cactus sont des **piquants.**
Quand un moustique nous **pique,**
l'endroit de la **piqûre** devient rouge,
et cela fait un peu mal.
Le docteur m'a fait une **piqûre** :
avec une aiguille creuse, il a mis
des gouttes de médicament
dans mon sang pour me guérir.
La couturière **pique** à la machine :
elle coud ensemble des morceaux d'étoffe
avec sa machine à coudre.
Le vinaigre est **piquant** : on dirait
qu'il vous **pique** un peu la langue.
La chèvre est attachée à un **piquet** :
un bâton pointu planté dans la terre.

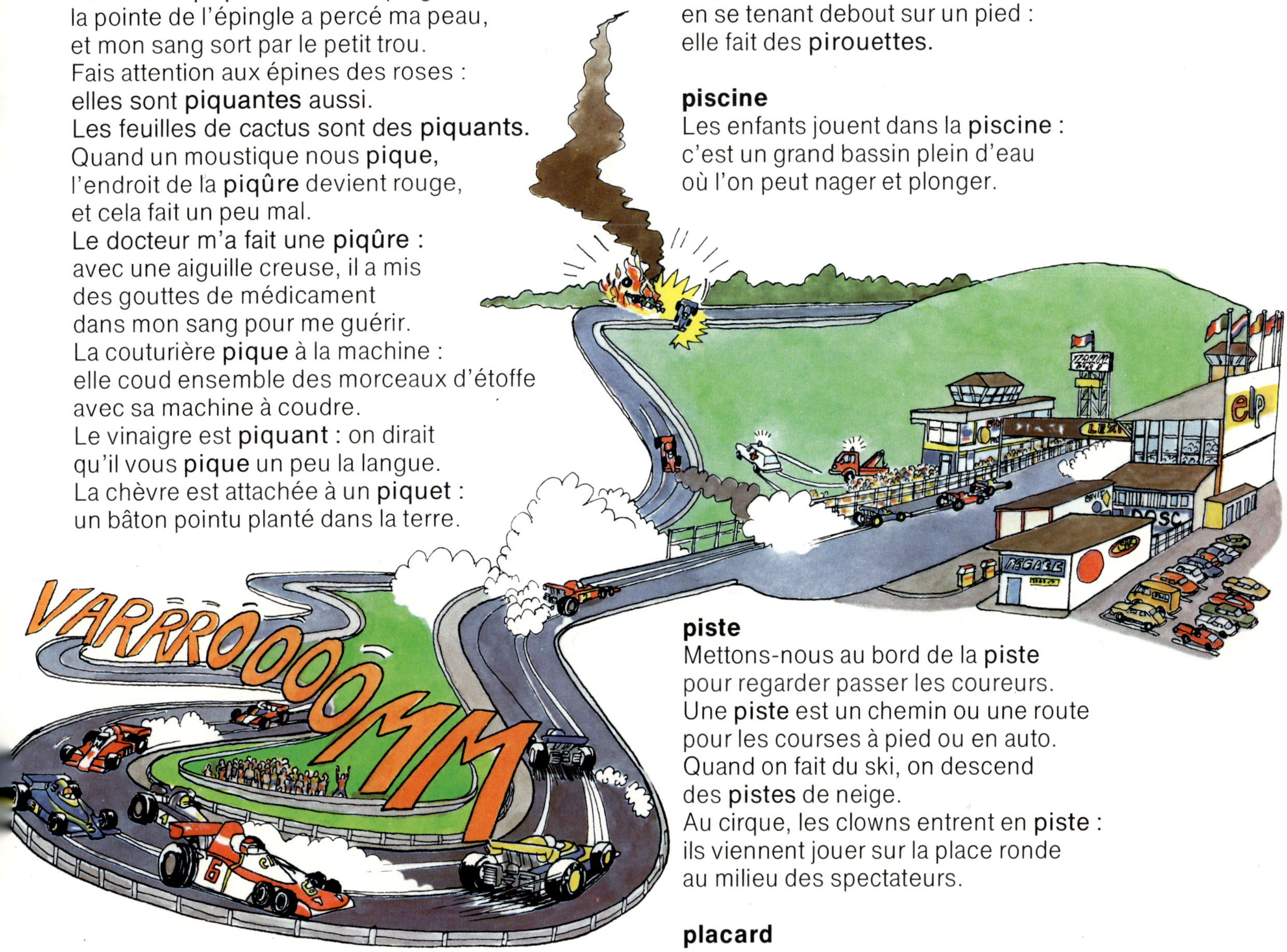

pique-nique
Dimanche, nous ferons un **pique-nique** :
nous partirons en promenade
en emportant des provisions
pour déjeuner dehors, assis dans l'herbe.

pirate
Autrefois, quand on voyageait en bateau,
on pouvait être attaqué par des **pirates**
qui naviguaient pour voler les gens.
Sais-tu ce qu'est un **pirate de l'air?**

pirouette
Sophie s'amuse à tourner très vite
en se tenant debout sur un pied :
elle fait des **pirouettes.**

piscine
Les enfants jouent dans la **piscine** :
c'est un grand bassin plein d'eau
où l'on peut nager et plonger.

piste
Mettons-nous au bord de la **piste**
pour regarder passer les coureurs.
Une **piste** est un chemin ou une route
pour les courses à pied ou en auto.
Quand on fait du ski, on descend
des **pistes** de neige.
Au cirque, les clowns entrent en **piste** :
ils viennent jouer sur la place ronde
au milieu des spectateurs.

placard
Je range mes affaires dans le **placard** :
c'est un endroit creux dans le mur,
avec des planches pour poser des objets;
on ferme le **placard** avec une porte,
comme une armoire.

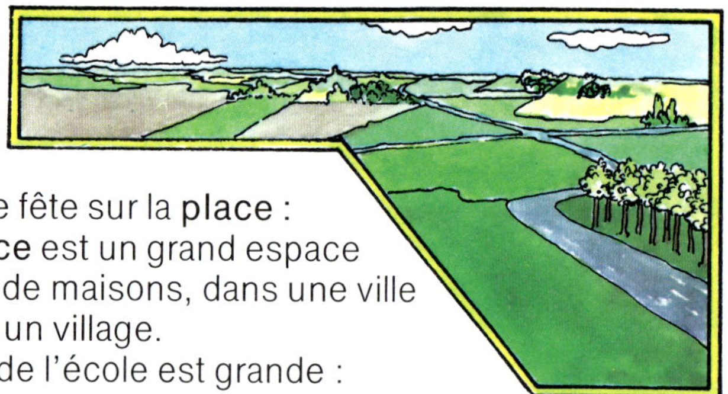

place
Il y a une fête sur la **place** :
une **place** est un grand espace
entouré de maisons, dans une ville
ou dans un village.
La cour de l'école est grande :
il y a beaucoup de **place** pour jouer.
En classe, je m'assieds sur ce banc-là :
c'est ma **place.** Où est mon livre?
il n'est plus à sa **place** :
à l'endroit où je l'avais posé.
Je l'avais **placé** sur la table,
qui l'a mis ailleurs? qui l'a **déplacé?**
La maîtresse n'est pas là, ce matin,
c'est une jeune fille qui la **remplace :**
« Votre maîtresse reviendra demain.
Aujourd'hui, je fais la classe à sa **place.** »

plafond
Sophie regarde en l'air;
elle voit le **plafond** au-dessus d'elle :
il est blanc et plat,
il ferme la pièce, en haut,
comme un couvercle ferme une boîte.

plage
Au bord de la mer, nous pouvons jouer
sur la **plage,** tout près de l'eau.
La **plage** est couverte de sable,
avec quelquefois des cailloux ronds
qu'on appelle des galets.

plaindre
Nicolas n'est jamais content,
il **se plaint** toujours :
« J'ai trop chaud... Je m'ennuie...
— Mon pauvre Nicolas, lui dit Sophie,
je te **plains,** tu es bien malheureux!
Mais, au lieu de pleurnicher,
viens plutôt jouer avec nous! »

plaine
Le pays où j'habite est tout plat,
on n'y voit ni montagne ni colline :
c'est une **plaine.**

plaire
« Es-tu content d'être à la campagne?
— Oh! oui, cela me **plaît :**
j'aime beaucoup courir dans les champs.
Et puis cela me **fait plaisir**
de voir mes cousins : c'est si agréable
d'être tous ensemble! »
Mon oncle est drôle : il aime **plaisanter.**
Je lui demande souvent :
« Oncle Albert, **s'il te plaît :**
si tu veux bien,
raconte-nous des choses amusantes,
des **plaisanteries,** pour nous faire rire. »

plan
Voici le **plan** de notre maison :
c'est un dessin qui montre les pièces
comme si on les voyait de très haut,
sans toit et sans plafond.

planche
Arnaud a fixé une **planche** sur le mur
pour ranger ses livres dessus.
Une **planche** est un morceau de bois
long et plat; on l'a découpée,
avec une scie, dans un tronc d'arbre.
Une **planchette** est une petite **planche.**
Thomas est assis par terre,
sur le **plancher** de la chambre;
un **plancher** est souvent fait de bois,
comme un parquet.

planer
Il existe des oiseaux qui savent voler
longtemps sans remuer leurs ailes;
ils se laissent porter par le vent :
on dit qu'ils **planent.**
Un **planeur** est un avion sans moteur
qui peut **planer** en l'air, comme un oiseau.

plante
Les arbres, les légumes, l'herbe,
la mousse sont des **plantes.**
Les **plantes** poussent dans la terre
en se nourrissant par leurs racines
et en respirant avec leurs feuilles.
Pour avoir des fleurs,
tu peux **planter** des graines
en les enfonçant dans la terre
où elles germeront.
On dit aussi qu'on **plante** un clou
quand on l'enfonce dans une planche
en tapant dessus avec un marteau.
Tu peux **planter** un piquet dans le sol.

plaque
Les autos portent leur numéro
sur une **plaque** de métal.
Les noms des rues, le numéro des
maisons sont écrits aussi sur des **plaques.**
Une **plaque** est un objet mince et plat.
Le chocolat se vend en **plaques**
ou en tablettes.

plastique
Marie a couvert son cahier
avec du **plastique** transparent.
Le **plastique** est léger et lisse,
il est imperméable comme le caoutchouc;
on le fabrique dans des usines
et on peut faire beaucoup d'objets avec :
des cuvettes, des seaux, des rideaux,
et même des chaussures
et des vêtements.

plat
Éric apporte le **plat** sur la table.
Un **plat** est comme une grande assiette;
on y met ce qu'il y a à manger.
Quand j'étais malade,
Maman m'apportait mon dîner au lit
sur un **plateau** : c'est une plaque
de bois, de métal ou de plastique
avec un petit bord tout autour
pour que les objets ne glissent pas.
Sophie a les cheveux **plats** :
ils ne sont pas frisés.
Le dessus de la table est **plat** :
il n'a ni creux ni bosses.
La galette est **plate** : elle est mince.
Le pneu de ma bicyclette est dégonflé :
il **est à plat.**
« Ne t'assieds pas sur mon chapeau :
tu vas l'**aplatir,** il sera tout écrasé! »
« Je vais dessiner la forme de ta main.
Pose-la bien **à plat** sur le papier :
allonge bien les doigts. »
Marc est allongé sur le ventre :
il est **à plat ventre** sur le tapis.

plâtre
Éric bouche un trou dans le mur
en mettant du **plâtre** dedans.
Le **plâtre** est une poudre blanche
qu'on mélange avec de l'eau :
ça fait une pâte qui durcit en séchant.

plein
Mon verre est **plein** :
il est rempli jusqu'au bord.
Marc a emporté beaucoup de bonbons :
il en a **plein** ses poches.
« Il n'y a plus de place dans l'auto :
elle est **pleine.**
— Mais le réservoir d'essence est vide!
Allons au garage **faire le plein,**
autrement, nous serons en panne. »
Quand la lune est toute ronde,
on dit que c'est la **pleine lune.**
Alors, il fait clair pendant la nuit
presque comme **en plein jour** :
comme au milieu de la journée.

pleurer
Sophie s'est fait mal en tombant
et elle a bien envie de **pleurer** :
les larmes commencent à couler
sur ses joues. Mais elle essuie ses yeux :
« Allons, c'est fini, dit-elle,
je ne **pleurniche** pas pour rien, moi! »

plier
Marie **plie** sa lettre
pour la mettre dans une enveloppe,
elle fait un **pli** :
elle soulève le bas de la feuille
et le pose sur le haut,
puis elle aplatit bien le papier.
Elle recommence
pour **replier** la lettre dans l'autre sens.
Voilà : la lettre est **pliée** en quatre.
Ma serviette est **pliée** sur la table,
je la **déplie** pour la mettre devant moi.
Le menuisier se sert d'un mètre **pliant.**
Quand il a fini de mesurer,
il **replie** son mètre
pour le ranger dans sa poche.
Sophie porte une jupe **plissée** :
l'étoffe est arrangée en **plis**
tout autour de la taille.

plomb
Le **plomb** est un métal gris très lourd.
Le chasseur met des grains de **plomb**
dans son fusil pour tuer des lapins.
L'eau et le gaz arrivent chez nous
par des tuyaux de **plomb**;
c'est le **plombier** qui répare les tuyaux,
quand ils sont abîmés.

plonger
Thomas a **plongé** son ours dans le lavabo :
il l'a mis tout entier dans l'eau!
Éric **plonge** dans la rivière :
il se jette dans l'eau,
la tête et les bras en avant;
Éric est un vrai **plongeur.**
À la piscine, les bons nageurs
montent tout en haut du **plongeoir**
pour sauter dans le grand bassin;
à chaque **plongeon,** à chaque saut,
cela fait un grand bruit d'eau : plouf!

pluie
La **pluie** tombe du ciel :
ce sont des gouttes d'eau
qui viennent des nuages.
Il pleut sur les toits et sur la terre,
nous allons être mouillés.
Mais l'**eau de pluie** est bonne
pour les plantes : elles sont plus vertes
quand il a **plu. Il pleuvait** déjà hier;
le temps est **pluvieux,** cette année.
« Tu sors, Mamie? Prends ton **parapluie.** »

plume
L'oiseau a le corps couvert de **plumes;**
elles le protègent contre le froid
et lui servent à voler.
Le paon a un beau **plumage** :
il a des **plumes** de toutes les couleurs.
On a **plumé** le poulet pour le faire cuire :
il est tout **déplumé,** on voit sa peau.
Un **plumeau** est un petit balai
fait de **plumes** attachées à un manche.
Autrefois, on écrivait avec une vraie
plume, une **plume** d'oie! Maintenant,
j'écris avec une **plume** en métal
fixée au bout d'un **porte-plume.**

pneu
Autour des roues des autos, des vélos,
on met des **pneus** en caoutchouc.
Les **pneus** sont creux et gonflés d'air.
Quand un **pneu** a un trou, il est crevé;
il faut réparer la « chambre à air » qui est
dedans avant de la regonfler.

poche
J'ai deux **poches** à ma culotte
pour mettre mon mouchoir, mon canif...
Une **poche** est un petit sac en étoffe
qui est cousu dans nos vêtements.
Connais-tu un animal
qui a une **poche** sur le ventre?
Marc a acheté une **pochette-surprise** :
c'est un sac en papier, et dedans,
qu'est-ce qu'il y a? une surprise!
Un **livre de poche,** une **lampe de poche,**
ce n'est pas très grand :
on peut les mettre dans sa **poche.**
Maman me donne de l'**argent de poche**
pour acheter ce qui me fait plaisir.

poêle (un)
Mamie se chauffe près du **poêle.**
Un **poêle** est un appareil
où l'on fait brûler du charbon, du bois
ou du gaz, en hiver,
pour avoir chaud dans les maisons.

poêle (une)
Le cuisinier fait sauter une crêpe
dans la **poêle.**
Une **poêle** est une sorte de casserole
dont le fond est large et plat.

poésie
Marie m'a lu une **poésie** :
cela ne racontait pas une histoire,
mais il y avait de beaux mots
et qui allaient bien ensemble;
j'ai envie de l'entendre encore,
de répéter la **poésie,** de la chanter
pour me faire plaisir.
Les **poètes** sont ceux qui écrivent
de la **poésie** ou des **poèmes.**

poids
« Combien pèses-tu?
— Je pèse 20 kilos : c'est mon **poids.** »
Un **poids** est aussi le morceau de métal
qu'on pose sur la balance pour peser.
Les gros camions qu'on voit sur la route
et qui transportent des marchandises
s'appellent des **poids lourds.**

poil
Le chien est couvert de **poils,**
qui poussent sur son corps.
Beaucoup d'autres animaux sont **poilus.**
Les hommes aussi ont des **poils** :
regarde la belle barbe d'Arnaud!

poing
Les boxeurs se battent à coups de **poing.**
Mon **poing,** c'est ma main
quand elle est fermée bien serré.
« Tu peux prendre une **poignée**
de bonbons :
tous les bonbons que tu peux tenir
dans ta main fermée. »
Quand Papa rencontre Robert,
il serre sa main dans la sienne :
il lui donne une **poignée de main.**
Marie porte une montre à son **poignet** :
c'est l'endroit du corps
où sa main est attachée à son bras.

point
Si j'appuie la pointe de mon crayon
sur le papier, je fais un **point .**
Les étoiles sont tellement loin
qu'elles ont l'air toutes petites :
des **points** brillant dans la nuit.
Quand on écrit, on met un **point**
chaque fois qu'on a fini une phrase.
On met aussi un **point** sur la lettre *i*
et sur la lettre *j*.
Connais-tu ces autres signes?
le **point-virgule ;**
les **deux points :**
le **point d'interrogation ?**
le **point d'exclamation !**
les **points de suspension ...**
Si j'aligne plusieurs **points**
les uns à côté des autres,
cela fait un **pointillé ....**
La voisine coud; elle fait un **point**
chaque fois qu'elle passe le fil
dans l'étoffe avec son aiguille.

pointe
L'aiguille a un bout qui pique :
c'est sa **pointe**, elle est fine.
Les couteaux, les ciseaux,
les crayons bien taillés sont **pointus** :
ils ont une **pointe.**
Une **pointe,** c'est aussi un petit clou.
Sophie **marche sur la pointe des pieds** :
pour faire moins de bruit, elle avance
en posant le bout du pied par terre.

poire
La **poire** est le fruit d'un arbre
appelé **poirier.**

poireau
Le **poireau** est un légume.
On mange les longues feuilles
vertes et blanches des **poireaux.**

pois
Les **petits pois,** ronds et verts,
sont enfermés dans une « cosse » verte.
Ce sont des graines, comme les haricots.
On les fait cuire, pour les manger.
Isabelle a une robe **à pois :**
des petits ronds de couleur
sont imprimés sur l'étoffe.

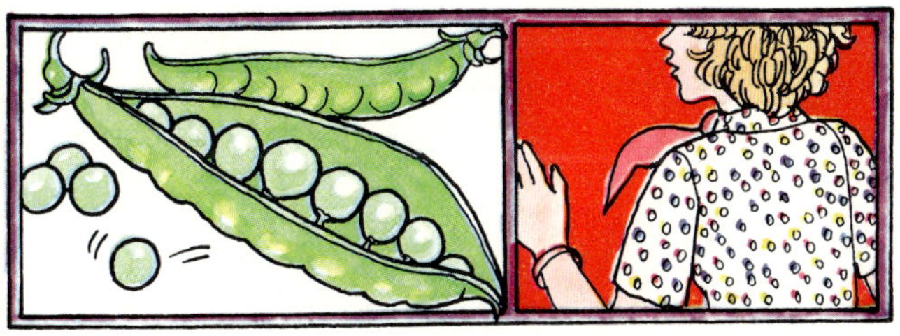

poison
Il existe des plantes ou d'autres choses
qui sont dangereuses pour la santé;
si on les mange, on peut en mourir
ou être très malade : c'est du **poison.**
Les gens qui ont avalé du **poison**
sont **empoisonnés;** il faut les soigner
très vite avec du **contrepoison** :
c'est un médicament pour les guérir.

regarde
l'image
des poissons
pages
228 et 229

poisson
Les **poissons** sont des animaux
qui vivent et nagent dans l'eau.
Ils sont couverts d'écailles.
On les pêche pour les manger.
Le **poissonnier** vend du **poisson.**

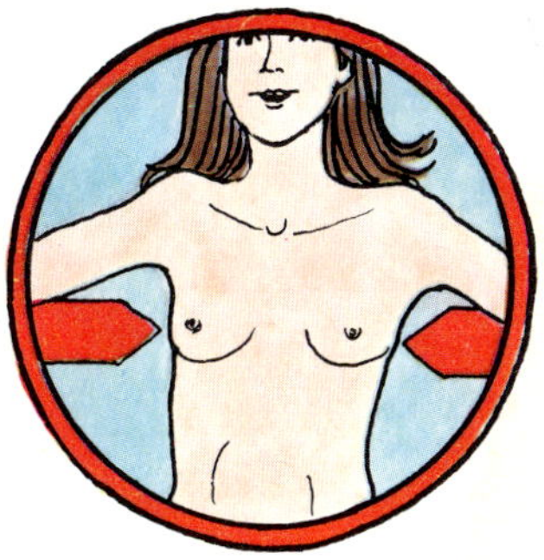

poitrine
Quand je respire, ma **poitrine** se gonfle;
elle est entre mon cou et mon ventre.
Mon cœur et mes poumons
sont dans ma **poitrine.**

poivre
Le **poivre** a un goût piquant.
C'est la graine d'une plante
des pays chauds. On l'écrase
et on en met un peu dans les plats
pour assaisonner ce qu'on mange.
Arnaud aime la viande bien **poivrée.**

poli
Si tu n'oublies pas de dire : « bonjour »,
« s'il vous plaît », « merci », tu es **poli.**
Un garçon **poli,** une fille **polie.**

truite
saumon
barbeau
épinoche
lotte
brochet
goujon
carpe
perche
tanche
brème
gardon
anguille

poisson porc-épic
poisson-papil
guppy
poisson-an
poisson-clown
poisson-chirurgien

poisson volant ou
exocet
thon
sardine
rouget
hippocampe
anchois
morue
requin
maquereau
merlan
hareng
églefin
esturgeon
espadon
bar ou loup
daurade
turbot
raie
sole

pomme
La **pomme** est un fruit rond et dur
qui pousse sur un arbre appelé **pommier.**
La **pomme de terre** est un légume;
elle pousse dans la terre,
au pied d'une tige verte.
On mange les **pommes de terre** frites
ou cuites à l'eau, au four, à la poêle...

pompe
Éric regonfle son pneu
avec sa **pompe** de bicyclette.
Au garage, il y a une **pompe à essence**;
le **pompiste** fait couler l'essence
par un tuyau dans le réservoir de l'auto.
Les **pompiers** éteignent le feu
avec leur **pompe à incendie,**
en envoyant de l'eau sur les flammes
avec de très longs tuyaux.
Une **pompe** est un appareil
qui sert à aspirer l'air
ou l'eau et d'autres liquides.

pondre
Nous avons trouvé un œuf
dans le nid de la mère poule :
elle a **pondu** un œuf;
l'œuf s'est fait dans son ventre
et puis il est sorti de son corps.
Notre poule blanche **pond** chaque jour :
c'est une bonne **pondeuse.**

pont
Pour traverser la rivière,
je passe sur le **pont** : c'est un chemin
en pierre, en bois ou en fer
qu'on a construit au-dessus de l'eau
pour aller facilement
d'une rive à l'autre.
Il y a aussi des **ponts** pour passer
au-dessus du chemin de fer.

porc
Le **porc** est un animal domestique
qu'on appelle aussi cochon;
on l'élève pour le manger.
La femelle du **porc** est la truie
et ses petits sont les **porcelets.**
Les **porcs** habitent dans une **porcherie.**

porcelaine
Nous avons des tasses en **porcelaine,**
des assiettes et des plats en faïence.
On les fabrique avec une sorte de terre
plus ou moins fine
puis on les fait cuire dans des fours.
La **porcelaine** est dure et brillante;
elle est plus fragile que la faïence.

port
Les bateaux de pêche rentrent au **port**
pour y rapporter du poisson.
Un **port** est un endroit au bord de la mer
où les bateaux peuvent s'arrêter
pour déposer des marchandises
ou des voyageurs
et en prendre d'autres.

porte
Pour entrer dans la maison
ou pour en sortir, on passe par la **porte** :
c'est une ouverture dans le mur,
mais on appelle aussi **porte**
ce qui sert à fermer cette ouverture :
je peux ouvrir ou fermer la **porte.**
Le menuisier fabrique les **portes**
avec des planches de bois.

porter
En promenade, Papa **porte** Thomas :
il le tient dans ses bras,
car Thomas ne peut pas encore marcher.
Le panier est lourd, et pourtant
je veux le **porter,** parce qu'il faut
que je le **rapporte** à la maison.
Sophie est vêtue d'un costume de toile :
elle **porte** une jupe et un corsage d'été.
Je suis en bonne santé : je **me porte** bien.
Maman a un **portefeuille** en cuir
pour mettre les billets et les papiers
qu'elle veut **emporter** avec elle.
Mon **porte-monnaie,** c'est un petit sac
où je mets de l'argent
pour aller faire les courses.
Un **porte-bagages** sert à **transporter**
quelque chose sur une auto ou un vélo.
Quand j'arrive à l'école ou à la maison,
j'accroche ma veste au **portemanteau.**

portrait
« Qu'est-ce que tu dessines?
— Je fais ton **portrait.**
— Ce n'est pas vrai :
le **portrait** de quelqu'un,
c'est une image qui lui ressemble,
et je ne me reconnais pas sur ton dessin. »

poser
« Où as-tu mis mon crayon?
— Je l'ai **posé** sur la table. Tu vois,
il est toujours là, à sa place.
— Regarde! un oiseau vient **se poser**
sur le bord de la fenêtre!
— Il vient se percher là quelquefois
parce que je mets des graines pour lui. »

possible
« Crois-tu que l'oiseau viendra demain?
— C'est **possible** : il viendra peut-être.
— Et si nous l'attrapions?
— Non, nous ne pourrons jamais :
c'est **impossible,** il ne voudra pas
se laisser prendre.
— Ne fais pas de bruit, il s'en irait!
— Je reste tranquille autant que je peux :
je bouge le moins **possible.** »

poste (la)
J'ai écrit une carte pour Éric
et je vais la porter à la **poste** :
c'est un bureau où on envoie le courrier.
Le facteur travaille à la **poste** :
il y prend les lettres et les paquets
qui sont arrivés par le train ou par l'avion
et il les distribue dans les maisons.
Pour envoyer une lettre par la **poste,**
il faut coller dessus un **timbre-poste.**

le tri *tri automatique*

poste (un)
Nous avons un **poste** de télévision;
il est posé sur une table.
Éric a un petit **poste** de radio
qu'il peut emporter en voyage
pour écouter la musique et les nouvelles.

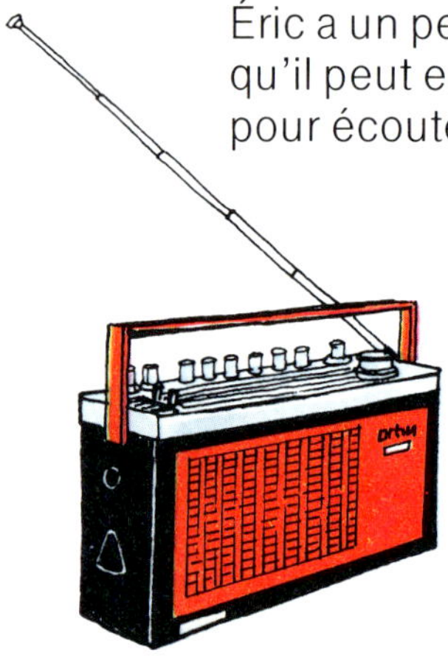

pot
Les confitures sont dans un **pot** en verre.
Le **pot de fleurs** est plein de terre.
Le yaourt est dans un **pot** en carton.
Un **pot** est un objet creux :
on peut mettre quelque chose dedans.
Pour faire du **pot-au-feu**,
on met de la viande et des légumes
dans de l'eau et on les fait cuire
très longtemps sur le feu.
Au dîner, je mange souvent du **potage**,
qu'on appelle aussi de la soupe.

poteau
Un **poteau** est un long morceau de bois,
de métal ou de ciment, planté dans le sol.
Au bord de la route, on voit des **poteaux**
aussi grands que des arbres,
qui portent des fils électriques.
Sur la route, on trouve son chemin
en lisant ce qui est écrit
sur les **poteaux indicateurs**.

poubelle
Nous jetons les ordures à la **poubelle** :
c'est une grande boîte en fer
ou en plastique, avec un couvercle.

pouce
J'ai un **pouce** à chaque main :
c'est le doigt le plus gros.
Je peux saisir les objets
entre mon **pouce** et mes autres doigts.
« **Pouce**! crie Sophie en levant le doigt,
arrêtez le jeu, j'ai perdu ma sandale... »
« Connais-tu l'histoire de **Tom Pouce**
et celle du **Petit Poucet**?
C'étaient des petits bonshommes
pas beaucoup plus grands qu'un **pouce**! »

poudre
« Veux-tu du sucre en **poudre**
pour mettre sur tes fraises? »
Le sucre en **poudre** est écrasé
en grains si fins qu'on les voit à peine.
Maman se met de la **poudre** sur le nez
et sur les joues : on dirait de la farine
un peu rose et qui sent bon.

poule
La **poule** est la femelle du coq;
c'est un oiseau domestique.
Elle pond des œufs, d'où sortent
les **poussins**, qui sont de jeunes **poulets**.
En grandissant, les **poulets** deviennent
des **poules** et des coqs.
On élève les **poules** dans un **poulailler**.
Les **poules** et les **poulets**
sont bons à manger.

poumon
Dans ma poitrine, j'ai deux **poumons** :
un à droite et un à gauche;
ils se remplissent d'air
quand je respire.

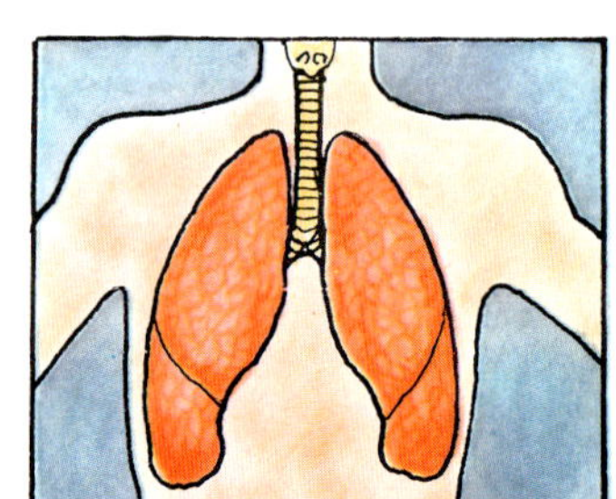

poupée
Une **poupée** est un jouet
qui ressemble à un enfant, à un bébé
ou à une grande personne.

pourrir
Un fruit qu'on garde trop longtemps
devient mou, il a des taches brunes :
on dit qu'il **pourrit.**
Quand une pomme est **pourrie,**
elle n'est plus bonne à manger.
Les légumes aussi **pourrissent.**
Ce qui est **pourri** est bon à jeter.

pousser
L'herbe **pousse** : elle sort de la terre
et devient de plus en plus grande.
Nos cheveux et nos ongles **poussent**
aussi : ils grandissent tout le temps.
Tom **pousse** la porte avec son museau :
il appuie dessus pour l'ouvrir.
Marc **pousse** la voiture de Thomas :
il la fait rouler devant lui.
Mais Thomas n'est pas content,
il crie très fort : il **pousse** des cris.
La voiture de bébé est une **poussette** :
on l'appelle comme ça
parce qu'on la fait avancer en la **poussant.**
« **Pousse-toi,** Nicolas, dit Marc,
ne reste pas devant moi,
tu m'empêches de passer. »

poussière
L'été, en passant sur la route,
les autos font voler la **poussière** :
c'est une poudre, souvent grise
ou jaune, qui se pose partout.
« Aïe! j'ai une **poussière** dans l'œil!
— Un petit grain de terre sèche
est entré dans ton œil et te fait mal! »
Nous avons beaucoup marché,
et nos souliers sont **poussiéreux** :
ils sont couverts de **poussière.**

pouvoir
« Je **peux** sortir avec Arnaud et Marc?
— Oui, tu **pourras** partir si tu veux
quand tu auras rangé tes affaires.
— Mais j'aurais **pu** le faire ce soir...
— Non, ce n'est pas possible,
tu n'auras pas le temps.
— Vous **pouvez** m'attendre, vous deux?
— Oui, nous **pouvons** même t'aider,
pour que tu **puisses** finir plus vite. »

pratique
« Ce n'est pas difficile de ranger,
quand on a un coffre à jouets,
c'est **pratique** : on a vite fait
de tout mettre dedans.
— Oui, mais c'est moins commode
quand tu veux retrouver ta balle
et qu'elle est tombée tout au fond! »

pré
L'été, on mène les vaches dans les **prés**
pour qu'elles y mangent l'herbe verte.
Les **prés** et les **prairies**
sont des champs où l'on fait pousser
de l'herbe, du trèfle,
pour nourrir les animaux de la ferme.

précieux
L'or est un métal **précieux** :
il coûte cher. Ma bague ne vaut rien,
mais pour moi elle est **précieuse** :
je l'aime bien, j'y tiens beaucoup.

préférer
« Qu'est-ce que tu aimes le mieux :
aller au bord de la mer ou à la montagne?
— Je **préfère** la mer quand il fait chaud,
car la nage est mon sport **préféré** :
c'est celui qui me plaît le plus.
— Éric **préfère** la montagne à la mer,
mais moi j'aime bien les deux :
je n'ai pas de **préférence.** »

premier
Je m'appelle Sophie,
mon nom commence par un S :
S est la **première** lettre de mon nom.
« Qui a gagné la course?
— C'est Philippe, il est le **premier** :
il est arrivé avant tous les autres. »
C'est la **première** fois que je viens ici :
je n'étais jamais venu, avant.

prendre
Le crayon est posé sur la table,
je le **prends** dans ma main pour dessiner.
Avec ma main, je peux **prendre** un objet :
je le saisis entre mes doigts.
« C'est mon crayon, dit Sophie,
je ne veux pas que tu le **prennes!**
Tu me voles toujours mes affaires! »
Maman a **pris** Thomas dans ses bras :
elle le porte en le tenant contre elle.
Nous sommes sortis pour **prendre l'air** :
pour respirer un peu dehors;
il ne faisait pas chaud,
et mon petit frère s'est enrhumé :
il a **pris froid.**
« Il est l'heure de vous laver, dit Éric.
Allez **prendre votre bain**, mes enfants!
— Tu **te prends pour** Papa, mon cher
Éric : tu parles comme si tu étais lui! »
Demain, nous **prenons** le train
pour partir en vacances.

préparer
Marie prend ses livres, ses cahiers,
tout ce qu'il lui faut pour le lycée :
elle **prépare** ses affaires pour partir.
« Sophie, Marc, **préparez-vous**,
habillez-vous pour aller à l'école! »
Ce soir, c'est moi qui ferai la cuisine :
je **préparerai** le dîner.

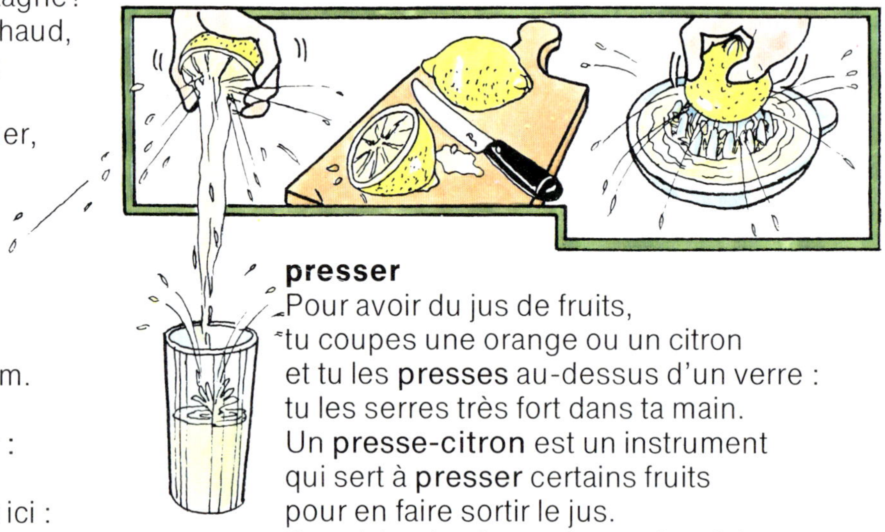

presser
Pour avoir du jus de fruits,
tu coupes une orange ou un citron
et tu les **presses** au-dessus d'un verre :
tu les serres très fort dans ta main.
Un **presse-citron** est un instrument
qui sert à **presser** certains fruits
pour en faire sortir le jus.
Pour faire du vin, on écrase le raisin
dans un grand **pressoir.**
« Il est tard, le train va partir,
il faut aller vite : nous sommes **pressés.**
Allons, **pressez-vous**, les enfants :
dépêchez-vous! »

prestidigitateur
Celui qui fait des tours de magie
avec des cartes ou d'autres objets
est un **prestidigitateur.**
Pour savoir la **prestidigitation**,
il faut être adroit de ses mains
et apprendre pendant très longtemps.

prêt
« À table! Le petit déjeuner est **prêt**,
il n'y a plus qu'à le manger! »
Après le déjeuner, on se prépare
pour aller à l'école ou au travail :
« Attendez-moi, je ne suis pas **prête**,
dit Marie, j'ai oublié mon mouchoir! »

prêter
« Passe-moi ton crayon, s'il te plaît.
— Bon, je te le **prête**;
je ne te le donne pas; il est à moi,
il faudra me le rendre!
— Bien sûr! Je rends toujours
les choses que j'emprunte. »

prétexte
Nicolas ne veut pas aller à l'école
sous prétexte qu'il a mal à la tête :
il cherche une raison pour ne pas sortir.
Un **prétexte**, c'est une excuse qu'on
donne pour ne pas faire ce qui vous ennuie.

preuve
Nicolas n'est pas vraiment malade;
la **preuve**, c'est qu'il joue au ballon :
cela **prouve** qu'il va bien.
Une **preuve** nous montre que
quelque chose est sûr.

prévenir
« Je te **préviens**, Nicolas,
si tu ne veux pas aller à l'école,
tu ne pourras pas non plus
aller chez Marc, ce soir.
Tu es **prévenu** : tu le sais d'avance,
ainsi tu ne seras pas étonné.
Il faudra téléphoner chez Marc
pour **prévenir** ses parents :
leur dire qu'ils ne t'attendent pas. »

prier
« S'il te plaît, Maman,
laisse-moi aller chez mon ami, ce soir...
Je t'en prie : je te le demande...
— Bon, mais va d'abord à l'école!
Et **je te prie** de ne plus faire
de caprices comme ce matin! »

prince
Les enfants des rois et des reines
sont des **princes** et des **princesses**.

printemps
L'hiver est fini, voilà le **printemps** :
les feuilles poussent sur les arbres
et l'on commence à voir des fleurs
dans les jardins et dans les champs.
Le **printemps** est une saison
qui commence au mois de mars
et qui finit en juin, quand vient l'été.

prison
Les **prisons** sont de grands bâtiments
où l'on enferme les voleurs, les bandits
et ceux qui font ce qui est interdit.
Les **prisonniers** ne sont plus libres;
ils restent quelquefois **emprisonnés**
pendant de nombreuses années.

priver
Nathalie est punie.
Son père l'a **privée** de dessert :
elle n'aura pas de gâteau au dîner.
« Et si tu continues,
je te **priverai** de promenade :
tu ne sortiras pas avec Sophie! »

prix
« Combien a coûté ce livre?
— Je l'ai payé 5 F : c'est son **prix.** »
Le **prix** d'une chose, c'est l'argent qu'il faut donner pour l'acheter.
Un **prix,** c'est aussi une récompense qu'on donne à ceux qui ont gagné dans une course ou un concours et aux élèves qui ont bien travaillé.

problème
Sophie a un devoir à faire :
« Jean a acheté 3 bonbons à 1 franc et une sucette à 3 francs.
Combien a-t-il dépensé? »
C'est un **problème** :
on pose une question,
et il faut dire la bonne réponse.
Sophie réfléchit. Elle va trouver parce qu'elle sait bien compter.

prochain
« Éric va rentrer dimanche.
— Le dimanche qui vient?
— Oui, dimanche **prochain.**
— Alors, il sera là quand je reviendrai?
— Oui, la **prochaine** fois que tu viendras, tu pourras le voir. »

professeur
« Que fera Éric, plus tard?
— Il veut apprendre aux enfants à devenir des sportifs comme lui :
il sera **professeur** de gymnastique;
ce sera son métier, sa **profession.** »

profond
Les ouvriers ont creusé un grand trou.
Tu vois le fond, là, tout en bas?
Comme il est loin! C'est très **profond.**
Il y a au moins 10 mètres du bord du trou jusqu'au fond :
le trou a 10 mètres de **profondeur.**
La mer est encore plus **profonde,**
il faut plonger très bas pour aller jusqu'au fond.

programme
« Qu'est-ce qu'on peut voir ce soir, à la télévision?
— Regarde dans le journal,
il y a la liste des films
et de tout ce qu'on peut voir ce soir :
c'est le **programme** de la télévision. »

progrès
« Tu écris mieux qu'avant, Marc :
tu fais des **progrès.**
— C'est parce que je m'applique!
— Continue, mon garçon! »

promener
« Je vais **promener** Thomas :
je l'emmène dehors prendre l'air.
— Nous allons aussi **nous promener,**
puisqu'il fait beau, aujourd'hui.
Promenons-nous, marchons tranquillement. »
Le dimanche, les gens s'en vont à pied ou en auto faire une **promenade.**
Il y a des **promeneurs** dans les rues.

promettre
Éric va me rapporter un cadeau,
il l'a **promis** : il a dit qu'il le ferait.
J'avais dit à Éric : « Je t'écrirai,
je te le **promets**, c'est juré »,
et je lui ai envoyé plusieurs lettres;
moi aussi je tiens mes **promesses** :
quand je dis quelque chose, je le fais.

propre
Nous avons fait le ménage partout
dans la chambre d'Éric
pour qu'elle soit bien **propre**
quand il rentrera : plus de poussière,
plus de taches, les rideaux sont lavés,
et Arnaud a nettoyé le parquet.
C'est agréable, la **propreté!**
« Vite, allez vous débarbouiller,
vous avez la figure **malpropre!**
Et essayez de manger **proprement**,
sans faire de saletés à table! »

protéger
La poule **protège** ses poussins :
elle se met devant eux
pour qu'on ne leur fasse pas de mal.
L'hiver, nous **nous protégeons** du froid
en portant des vêtements chauds.
Avec mon imperméable et mes bottes,
je suis bien **protégé** contre la pluie.
Pour ne pas salir son cahier,
Marie l'a recouvert
avec un **protège-cahier** :
une feuille de papier ou de plastique
qui met la couverture du cahier
à l'abri des taches d'encre.

proverbe
Voici des **proverbes.** Les connais-tu?
On les répète depuis très longtemps,
mais personne ne sait qui les a inventés.
Trouves-tu qu'ils disent la vérité?

Quand le chat n'est pas là, les souris dansent.

Après la pluie, le beau temps.

L'appétit vient en mangeant.

Il n'y a pas de fumée sans feu.

Le soleil brille pour tout le monde.

Qui s'y frotte s'y pique.

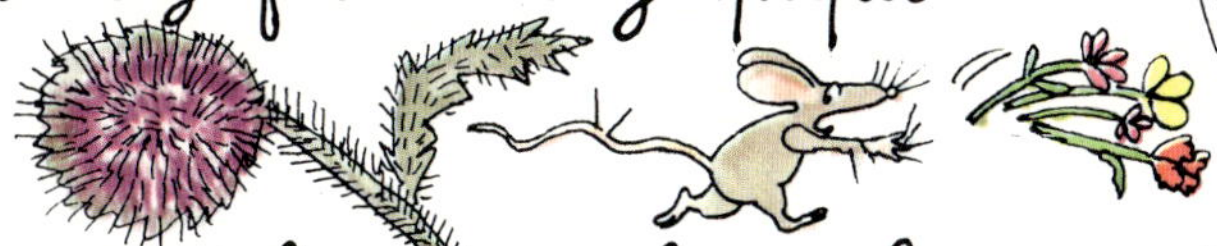

Tout est bien qui finit bien.

Plus on est de fous, plus on rit.

provisions
À la maison, il y a de quoi manger
pour plusieurs jours : des légumes,
des pâtes, des conserves...,
nous avons des **provisions.**

prudent
« Sois **prudent**, dit Mamie,
fais attention en traversant la rue. »
Les enfants étourdis sont **imprudents** :
ils ne pensent pas au danger,
et il leur arrive des accidents.
En auto, il faut conduire avec **prudence.**

prune
La **prune** est un fruit juteux et sucré;
elle pousse sur un arbre
appelé **prunier**.
Il existe des **prunes** jaunes, vertes,
violettes ou bleues.
Aimes-tu la tarte aux **prunes**?
Quand on fait sécher des **prunes**,
cela fait des **pruneaux**.

public
Dans notre ville, il y a un jardin
où tout le monde peut entrer
pour s'asseoir ou se promener :
c'est un jardin **public**.
À la fête de l'école,
nous avons chanté **en public** :
il y avait beaucoup de monde
pour nous écouter.
Nous allons à l'école **publique** :
tous les enfants peuvent y aller.

puce
Tom se gratte, il doit avoir une **puce** :
la **puce** est un petit insecte brun
qui pique les animaux et les gens
pour boire leur sang.
C'est difficile d'attraper une **puce**
parce qu'elle sait très bien sauter.

puits
À la ferme, il y a un **puits** :
c'est un trou très profond;
on l'a creusé pour prendre l'eau
qui coule sous la terre.
Pour **puiser** de l'eau,
on descend un seau dans le **puits**
au bout d'une corde ou d'une chaîne
et on le remonte quand il est plein.

pull-over
J'ai un beau **pull-over** rouge :
c'est un vêtement en laine tricotée.
Pour le mettre, je passe ma tête
dans l'ouverture, puis je mets mes bras
dans les manches. Ça tient chaud.

punaise
Aline met une affiche sur le mur :
elle la fixe avec des **punaises**.
Une **punaise** est une sorte de clou
qui a une grande tête ronde et plate;
on n'a pas besoin de marteau
pour faire entrer la pointe dans le mur;
on appuie sur la **punaise** avec le pouce.
Les **punaises** sont aussi des insectes
qui ont le corps tout plat.

punir
« Si tu fais encore des sottises,
je serai obligée de te **punir**, Nicolas :
tu n'iras pas chez tes amis!
Alors tu regretteras d'avoir désobéi,
tu seras bien **puni**! »
La maman de Nicolas est sévère :
elle lui donne souvent des **punitions**,
quand il n'est pas sage.

pur
« Veux-tu un peu de sirop dans ton eau?
— Non, j'aime mieux boire de l'eau **pure**. »
On dit qu'une chose est **pure**,
quand on ne mélange rien d'autre avec.
L'eau **pure** est propre et transparente.
Le ciel est **pur**, l'été,
quand il est bleu et sans nuages.
Mon pull-over est en **pure** laine :
la vraie laine que donnent les moutons.

purée
Thomas mange de la **purée**.
On fait de la **purée** en écrasant des légumes et en les mélangeant avec du lait et du beurre.

puzzle
« À quoi servent tous ces morceaux?
— C'est un **puzzle** : il faut mettre chaque petit morceau à sa place, et cela fait une grande image. »
Il faut du temps pour faire un **puzzle** : c'est un jeu de patience.

pyjama
Pour aller dormir, je mets un **pyjama** : c'est un vêtement léger pour la nuit; il est fait d'une veste et d'un pantalon.

pyramide
Avec mes cubes, je bâtis une **pyramide** : une **pyramide** est large en bas et devient de plus en plus étroite en montant jusqu'en haut.

python
Un **python** est un très grand serpent qui vit dans les pays chauds; il ne mord pas, mais il s'enroule autour des animaux qu'il veut manger pour les étouffer avant de les avaler.

Qq

quai
Éric rentre de voyage, nous l'attendons sur le **quai** de la gare.
Un **quai** est une sorte de grand trottoir le long du chemin de fer; on y pose les bagages et les paquets.
Il y a aussi des **quais** dans les ports : les bateaux viennent s'y arrêter pour laisser monter ou descendre les gens, charger ou décharger les marchandises.
Nous nous promenons sur les **quais**, le long de la rivière.

qualité
Marie a des **qualités** :
elle est franche, elle est courageuse, mais elle n'a pas bon caractère.
Marie est comme tout le monde : elle a des **qualités** et des défauts.

quantité
Éric a rapporté beaucoup de cadeaux,
sa valise en est pleine :
il y en a des **quantités.**
Il nous a montré aussi
une grande **quantité** de timbres :
tellement que je n'ai pas pu les compter!

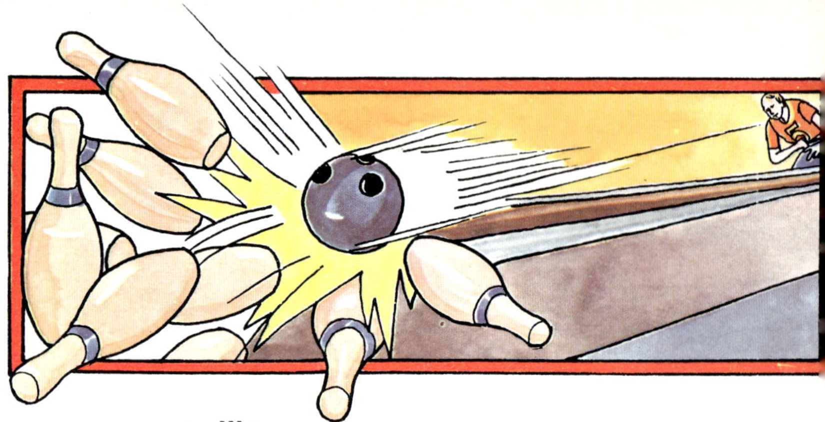

quart
Voici un gâteau pour Sophie, Nicolas,
Marc et Nathalie. Coupons-le en quatre :
chacun en aura un **quart.**
Nous goûterons dans un **quart d'heure**
Combien y a-t-il de **quarts d'heure**
dans 1 heure? le sais-tu?
Nicolas habite près de chez nous,
dans le même **quartier :**
un **quartier** est une partie d'une ville.

question
Lisa me demande : « Où habites-tu? »,
elle me pose une **question;**
alors, je lui réponds :
« J'habite rue des Moulinettes. »
Quand je veux savoir quelque chose,
j'interroge Maman, Papa ou Arnaud :
je les **questionne** pour qu'ils me répondent.

queue
Le chien remue la **queue**
parce qu'il est content de nous voir.
Beaucoup d'animaux ont une **queue** :
c'est la partie de leur corps
qui est attachée au bas de leur dos.
La **queue** de la poêle ou de la casserole,
c'est le manche qui sert à les tenir.
Les fruits aussi ont une **queue** :
c'est la petite tige qui les attache
à la branche de l'arbre.
Les enfants marchent **à la queue leu leu :**
ils avancent en se tenant
les uns derrière les autres.
Quand il y a beaucoup de monde
à la porte d'un cinéma ou d'une boutique,
les gens **font la queue** : ils restent là,
les uns derrière les autres,
en attendant leur tour d'entrer.

quille
Sais-tu jouer aux **quilles?**
Les **quilles** sont de gros bâtons
qu'on pose debout par terre
et qu'on essaie de faire tomber
en lançant une boule dessus.

quitter
« J'aimerais bien rester avec toi,
mais il faut que je te **quitte** :
je dois te laisser pour rentrer chez moi.
— À quelle heure partiras-tu demain?
— Je **quitterai** la maison à 8 heures :
je sors toujours à cette heure-là
pour aller à l'école. »

R r

raccommoder
Ma chaussette est percée,
alors Mamie la **raccommode** :
elle bouche le trou avec de la laine
et une grosse aiguille à repriser.
Quand on répare
un vêtement usé ou déchiré,
on fait du **raccommodage.**

racine
Les plantes ont des **racines**
qui s'enfoncent dans la terre.
La **racine** est une partie de la plante :
elle sert à la fixer dans le sol
et à la nourrir.
Les carottes, les radis sont des **racines**
qui sont bonnes à manger.
Quand un arbre est **déraciné,**
ses **racines** sont sorties de la terre,
il tombe et ne peut plus vivre.
Nos dents aussi ont des **racines**
qui les fixent dans notre mâchoire.

raconter
Éric nous a **raconté** son voyage :
il nous a dit tout ce qu'il a fait
et tout ce qui lui est arrivé
pendant qu'il était loin de nous.
Maman sait bien **raconter** :
elle nous dit des histoires vraies
et aussi des **contes** de fées.

radiateur
Pour nous chauffer dans la maison,
nous avons des **radiateurs** :
ce sont des appareils de chauffage
qui marchent au gaz ou à l'électricité;
Mamie a un **radiateur électrique.**

radio
« Éric, tu écoutais la **radio** quand tu étais en voyage?
— Oui, j'avais emporté mon petit poste et je pouvais entendre la musique et les nouvelles de tous les pays. »
Chez le docteur, il y a un appareil pour regarder à l'intérieur du corps : on voit les os, le cœur, les poumons..., et on peut les photographier, ça s'appelle faire une **radiographie** ou une **radio.** On passe à la **radio** pour savoir si on n'est pas malade.

radis
Le **radis** est une petite plante qui a des feuilles vertes et une racine rose et blanche qu'on mange avec du beurre et du sel.

raide
Nicolas a les cheveux **raides** : ils poussent tout droit, sans friser.
Grand-Père ne peut pas plier la jambe parce qu'il a mal au genou : il a la jambe **raide.**
Ce qui est **raide** ne se plie pas bien.
Pour grimper en haut de la montagne, le chemin est **raide** : il est dur à monter.

rail
Le train roule sur des **rails.**
Les **rails** sont des barres de fer fixées sur le chemin du train.
Il y a eu un accident de chemin de fer, le train a **déraillé** : les roues des wagons sont sorties des **rails,** elles ont quitté leur chemin.

raisin
Le **raisin** est le fruit de la vigne, il pousse en grappes.
On cueille le **raisin** pour le manger ou pour faire du vin avec son jus.

raison
« Cela fait du bien de prendre l'air, n'est-ce pas, Papa? — Oui, c'est vrai, tu **as raison** : tu ne te trompes pas.
— Alors, pourquoi je ne peux pas sortir?
— Parce que tu es enrhumée.
Tu aurais froid dehors et, après, tu serais encore plus malade.
Tu comprends la **raison?** »
Une **raison,** c'est ce qui explique pourquoi les choses sont comme ça.
« Maman dit que j'ai l'**âge de raison.**
— Oui, tu auras bientôt sept ans, tu n'es plus un bébé, tu peux réfléchir et ne pas faire de caprices : tu es **raisonnable.** »

ramasser
J'ai **ramassé** un coquillage sur le sable : je l'ai pris dans ma main pour le garder.
Il y a des pommes par terre, sous le pommier : **ramassons**-les et mettons-les dans notre panier.
« J'ai fait tomber mes lunettes.
Veux-tu me les **ramasser?** » dit Mamie.

ramer
Nous avons fait une promenade en mer,
et c'est Éric qui **ramait** :
il poussait l'eau avec ses **rames**
pour faire avancer le bateau.
Une **rame** est un long bâton;
un de ses bouts est aplati,
et on le plonge dans l'eau.
Il faut être fort pour **ramer** : c'est dur!
Éric **rame** bien : c'est un bon **rameur**.

rampe
C'est plus facile de monter l'escalier
quand on s'appuie sur la **rampe**.
La **rampe** de l'escalier est en bois,
en fer ou en pierre;
elle est fixée au bord de l'escalier
pour qu'on puisse poser la main dessus.

ramper
Le serpent **rampe** sur la terre :
il avance en se traînant sur le ventre.

ranger
Marie **range** ses affaires :
elle met ses vêtements dans l'armoire,
ses livres dans la bibliothèque,
elle jette les vieux papiers;
voilà, tout est **rangé** :
chaque chose est à sa place,
et la chambre est bien en ordre.
Dans la cour de l'école,
les élèves se mettent en **rangs** :
ils sont les uns derrière les autres.
Au cinéma, il y a des **rangées** de sièges
où les gens s'assoient, en **rang**,
les uns à côté des autres;
Marc et Sophie sont au troisième **rang**.

rapide
« Si tu étais pressé, tu prendrais
une auto ou une bicyclette?
— L'auto va plus vite : elle est **rapide**,
mais pour voyager **rapidement**, très vite,
je prendrais plutôt un avion! »

rappeler
« Tu **te rappelles** le nom de ma rue?
— Oh! oui, je m'en souviens très bien,
il est si drôle : rue des Moulinettes!
Tu n'as pas besoin de me **rappeler**
ton adresse, je ne l'oublierai pas. »

raquette
Pour jouer au tennis ou au ping-pong,
on envoie une balle en tapant dessus
avec une **raquette**.
Les **raquettes** de tennis sont faites
avec des cordes fines, croisées
et tendues sur un cadre ovale.
Les **raquettes** de ping-pong sont plates.
Dans les pays très froids,
les gens attachent sous leurs pieds
des sortes de **raquettes**
pour marcher dans la neige.

rare
Au zoo, on garde des animaux **rares** :
des bêtes qu'on ne voit pas souvent
parce qu'il n'y en a pas beaucoup.
Sophie n'est presque jamais malade :
elle est **rarement** malade.
Elle attrape quelquefois un rhume,
mais c'est **rare** : ça n'arrive pas souvent.

raser
Arnaud a coupé sa barbe : il l'a **rasée.**
Éric **se rase** tous les matins :
il enlève les poils qui poussent
sur son menton et ses joues
en les coupant avec un **rasoir.**
Un **rasoir** est un instrument
qui a une lame très coupante.
Papa a un **rasoir électrique.**

rassurer
Nicolas ne veut pas rester seul, le soir :
« N'aie pas peur, Nicolas, **rassure-toi,**
je serai là, je te tiendrai compagnie. »
Quelquefois, j'ai un peu peur la nuit,
mais en pensant que mes parents sont là,
je suis **rassuré** : je suis plus tranquille.
S'il y a du danger, ils me protègent :
c'est **rassurant,** je n'ai plus peur.

rat
Le **rat** est un animal qui ronge tout;
il ressemble à une grosse souris.
Pour tuer les **rats,** mon oncle a mis
de la **mort-aux-rats** dans la cave.
N'y touche pas : c'est du poison!

râteau
Papa ramasse les feuilles mortes
avec un **râteau** : c'est un instrument
qui a un long manche en bois
avec des dents en fer au bout.
Le jardinier **râtisse** les allées :
il passe le **râteau** par terre;
quand le sable est **râtissé,**
on voit dessus les traces du **râteau** :
cela fait de longues raies
les unes à côté des autres.

rater
Je voulais faire un beau dessin,
mais il n'est pas réussi : il est **raté;**
tant pis! j'en ferai un autre.
Dépêchons-nous d'aller à la gare,
sinon nous allons **rater** le train :
nous ne pourrons pas le prendre,
il partira sans nous.

rayer
Si tu as mal écrit un mot,
tu peux le **rayer** : tu le barres
en faisant un trait dessus;
alors le mot est **rayé** : il ne compte pas.
Marie se coiffe, elle se fait une **raie**
en séparant ses cheveux avec le peigne.
Aline a une robe à **rayures** :
il y a des lignes dessinées dessus,
les unes à côté des autres,
des **raies** bleues et des **raies** rouges;
sa robe est en tissu **rayé.**

rayon
Les livres sont rangés
sur les **rayons** de la bibliothèque.
Les **rayons** sont des planches
sur lesquelles on pose des objets.
Les abeilles conservent leur miel
dans des **rayons** de cire.
Dans un grand magasin,
il y a le **rayon** des jouets,
le **rayon** des vêtements, etc.;
chaque **rayon** est une partie du magasin.

rayonner
Le soleil **rayonne** : il envoie sa lumière
partout autour de lui.
Les **rayons** du soleil
passent entre les branches des arbres.

réaliser
« Si on plantait des graines? »
« Si on faisait une maison de poupée? »
Sophie a souvent de bonnes idées,
mais pour que les choses existent
vraiment, il faut les **réaliser.**
Alors, Sophie a planté des graines,
et Arnaud l'a aidée à fabriquer
une petite maison en carton :
elle a **réalisé** ce qu'elle voulait,
les choses qu'elle voyait dans sa tête.
Maintenant, les plantes sont là,
la maison aussi existe **réellement,**
les plantes et la maison sont **réelles :**
on peut les voir et les toucher.

recette
« Sais-tu faire des crêpes?
— Oui, Maman m'a donné la **recette :**
elle m'a expliqué comment il faut faire. »
Nous avons un livre de cuisine
où on trouve des **recettes** de gâteaux
et de toutes sortes de bons plats.

recevoir
J'ai **reçu** un cadeau pour ma fête.
Maman me l'a donné en me disant :
« Tiens, prends-le, c'est pour toi. »
Mamie a promis de m'envoyer un jouet.
Je le **recevrai** peut-être demain.
Quand Papa **reçoit** des amis à la maison,
il les fait entrer et il leur dit :
« Bonjour, je suis content de vous voir! »

réciter
Marie sait sa leçon par cœur,
elle peut la **réciter :**
elle peut dire sans se tromper
ce qu'elle a appris dans son livre.
Moi aussi, je me rappelle ma **récitation;**
je la **réciterai** demain à l'école.
Quand quelqu'un raconte une histoire,
il fait un **récit;**
j'aime bien écouter les **récits**
pour savoir ce qui va arriver
aux personnages de l'histoire.
Je lis aussi des **récits** dans les livres.

réclamer
« Pourquoi Thomas fait-il tant de bruit?
Qu'est-ce qu'il demande?
— Il **réclame** son déjeuner; il a faim
et il sent que c'est l'heure de manger. »

récolter
Quand les fruits seront mûrs,
nous les **récolterons** :
nous les cueillerons pour les manger
ou pour les vendre au marché.
Tante Clara a fait pousser des tomates,
des pommes de terre, des salades;
elle va faire une bonne **récolte** :
elle aura beaucoup de légumes.

récompenser
« Puisque tu m'as aidée
à ramasser les pommes,
je t'en donnerai un grand panier
pour te **récompenser.** »
Une **récompense** est un cadeau
qu'on fait quelquefois aux enfants
qui ont bien travaillé
ou à ceux qui ont rendu service.

reconnaître
J'ai rencontré Nicolas à la fête,
mais comme j'étais déguisée,
il ne m'a pas **reconnue** :
« Alors, Nicolas, tu ne me **connais** plus?
tu ne vois pas que c'est moi?
— Oh! si, c'est bien toi, Sophie,
je **reconnais** ton visage et ta voix. »

récréation
On ne peut pas rester à l'école
toute la journée sans bouger,
alors, quand on a assez travaillé,
on s'amuse : c'est la **récréation.**
Les enfants sortent de la classe
pour aller jouer dehors,
dans la **cour de récréation.**

rectangle
La table a quatre côtés,
deux côtés longs et deux plus courts;
elle a la forme d'un **rectangle** :
on dit qu'elle est **rectangulaire.**
Connais-tu d'autres objets
qui sont **rectangulaires?**
Et sais-tu la différence qu'il y a
entre un **rectangle** et un carré?

reculer
La voiture **recule** : elle va en arrière.
Quand je m'amuse à marcher en arrière,
en **reculant** au lieu d'avancer,
je marche **à reculons.**
À table, je **recule** ma chaise pour me lever.

réfléchir
« Je t'ai posé une question,
Marc, tu ne dis rien?
— Attends, je cherche dans ma tête :
je **réfléchis.** Avant de répondre,
je dois penser à ce que je vais dire :
il faut que je **réfléchisse.** »

refléter
Quand je suis devant une glace,
je vois mon visage dedans :
la glace **reflète** ma figure.
Je ne suis pas vraiment dans la glace,
ce que je vois, c'est mon **reflet.**
Un **reflet** est l'image de quelque chose
dans une glace, dans un miroir.
Les objets **se reflètent** aussi dans l'eau :
quand l'eau du bassin ne bouge pas,
on voit dedans l'image des arbres,
comme dans un miroir.

refrain
« Nous allons chanter une chanson.
— Mais je ne sais pas les paroles!
— Ça ne fait rien, tu peux chanter
le **refrain** avec moi; c'est facile,
on répète toujours les mêmes mots :
« Sur le pont d'Avignon,
on y danse, on y danse... »;
c'est le **refrain** de la chanson;
moi, je chanterai les autres paroles. »

réfrigérateur
Nous conservons le lait, la viande
dans le **réfrigérateur** :
c'est une armoire où il fait froid.
Le **réfrigérateur** fabrique de la glace;
il marche à l'électricité.

réfugier (se)
Thomas a peur du gros chien,
alors il va vers Maman
pour qu'elle le protège :
il **se réfugie** dans ses bras.
Pendant l'orage, je me suis **réfugié**
sous le hangar de la ferme
pour ne pas être mouillé.
Un **refuge** est un endroit
où l'on est à l'abri du danger
ou du mauvais temps.

refuser
J'ai demandé à Marc de sortir avec moi,
mais il ne veut pas,
il dit non : il **refuse.**
Mais Nathalie veut bien venir,
au contraire : elle ne **refuse** pas
de sortir, elle accepte, elle dit oui.

régaler (se)
Les enfants ont mangé un bon gâteau,
ils sont très contents :
ils se sont bien **régalés.**
« Quel bon goûter : c'était un vrai **régal!** »

regarder
« Je te tiens, tu me tiens
par la barbichette... »
« **Regarde**-moi, ne détourne pas la tête.
Tu vois bien mes yeux? tu les **regardes?**
Si tu ne peux pas me **regarder** sans rire,
tu as perdu. Ah! c'est moi qui ai gagné!
— Voilà Nicolas qui arrive.
— Je ne le vois pas, où est-il?
— **Regarde** au bout de la rue, là-bas :
tourne tes yeux de ce côté-là.
— Qu'est-ce que vous faites? dit Nicolas.
— Ça ne te **regarde** pas :
tu n'as pas besoin de le savoir.
— Mais si, ça m'intéresse,
ça me **regarde!**
J'ai bien le droit de m'en occuper! »

règle
Pour faire une ligne bien droite,
je me sers d'une **règle** :
c'est une baguette toute droite,
en bois, en fer ou en plastique;
je tire un trait sur le papier
en suivant le bord de la **règle**
avec mon crayon.
« Veux-tu faire une partie de cartes?
— Oui, mais je ne sais pas jouer.
— Je t'expliquerai comment on joue,
je t'apprendrai les **règles** du jeu :
je te dirai ce qu'il faut faire
et aussi ce qui est défendu. »

regretter
Nicolas n'est pas là en ce moment,
et Marc est triste : il **regrette** son ami.
« Je m'amuse bien avec Nicolas,
je voudrais qu'il soit encore là :
je **regrette** qu'il soit parti.
— Ça ne sert à rien d'avoir du **regret** :
ton ami va bientôt revenir,
et vous vous amuserez comme avant! »

remarquer
« As-tu vu que j'avais perdu une dent?
— Non, je n'ai pas fait attention :
je ne l'ai pas **remarqué.**
— Bien sûr, ça ne t'intéresse pas,
mais si c'était ta dent à toi,
tu t'apercevrais bien qu'elle est tombée :
tu le **remarquerais!** »

remonter
« Veux-tu descendre de là, Tom!
Tu ne dois pas **monter** sur les sièges.
Gare à toi si tu **remontes** sur ma chaise :
tu seras grondé si tu recommences... »
Ma montre est arrêtée :
pour qu'elle marche, il faut la **remonter**
en tournant le **remontoir :**
un petit bouton qui est fixé sur le côté.
Marc a une auto rouge
qui roule toute seule
quand on la **remonte** avec une clé.

remplir
Mon verre est vide, et j'ai soif,
alors je verse de l'eau dedans :
je le **remplis.** Voilà! il est plein :
il est **rempli** d'eau jusqu'au bord.
Il n'y a plus de place dans l'auto :
elle est **remplie** de bagages.

remuer
Sophie fait des gestes, elle s'agite,
elle **remue** tout le temps.
« Tu ne peux pas rester tranquille?
— Oh! non, dit Sophie
en **remuant** la tête,
j'aime bouger, danser, courir! »

renard
Le **renard** est un animal sauvage
qui a une fourrure rousse, un museau fin,
des oreilles pointues, une longue queue.
Sa femelle est une **renarde**
et ses petits sont des **renardeaux.**
Le **renard** vole quelquefois les poules
de la ferme pour les manger.

rencontrer
J'ai vu Philippe, ce matin.
Il passait dans la rue,
et moi je partais pour l'école :
nous nous sommes **rencontrés**
par hasard.
Il était content de me **rencontrer**.
Papa arrive, courons le chercher :
allons **à sa rencontre.**

rendre
« Voici le livre que tu m'as prêté.
Je l'ai lu, je n'en ai plus besoin,
prends-le, je te le **rends.** »
« Marc, veux-tu m'aider?
veux-tu me **rendre un service?**
Va acheter du pain, s'il te plaît.
Tu donneras 5 francs à la boulangère,
et elle te **rendra la monnaie.** »
Philippe attend Isabelle :
il a **rendez-vous** avec elle.
Elle lui a dit : « Je viendrai chez toi.
Je te donne **rendez-vous** à 7 heures.
Nous irons ensemble chez nos amis. »

renne
Le **renne** est un grand animal
qui a de belles cornes comme le cerf
et qui vit dans les pays très froids.
Le **renne** est fort et court vite,
il peut tirer des traîneaux sur la neige.

renseigner
« Je cherche la rue des Moulinettes.
Pouvez-vous me dire où elle est?
Pouvez-vous me **renseigner?**
— Oui, je peux vous aider :
c'est la première rue à droite.
— Merci pour le **renseignement!** »
Quand tu donnes un **renseignement**
à quelqu'un, tu lui expliques
ce qu'il voulait savoir :
tu le **renseignes.**

renverser
Thomas a **renversé** son lait :
il a tellement penché son verre
que tout le lait a coulé sur la table.
Dans la rue, une auto allait trop vite,
elle a **renversé** un piéton :
elle l'a fait tomber par terre.
Sophie se balance sur sa chaise :
« Ne fais pas cela, Sophie,
ta chaise pourrait **se renverser** en arrière.
Alors, tu tomberais **à la renverse**
et tu te ferais très mal. »

réparer
L'auto était en panne,
alors le garagiste l'a **réparée**;
maintenant elle marche bien.
On fait une **réparation** quand on arrange
quelque chose qui était abîmé.
Si je casse mon verre
en mille morceaux, c'est **irréparable** :
on ne peut pas le **réparer**.

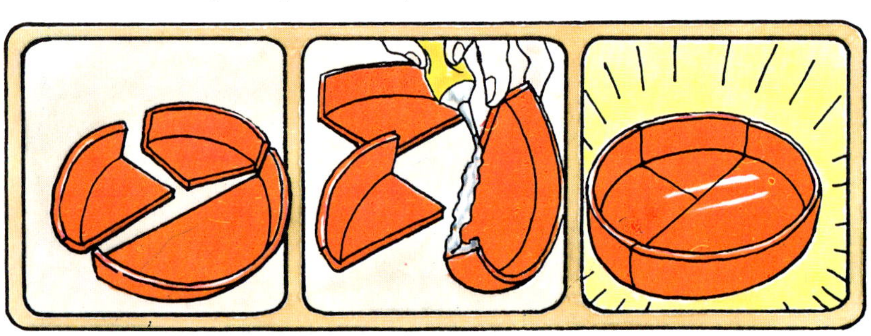

repas
C'est l'heure du **repas**,
nous nous mettons à table pour manger.
Nous faisons trois **repas** par jour :
le petit déjeuner, le déjeuner, le dîner.

repasser
Arnaud est **passé**, ce matin.
Il est resté cinq minutes, mais je crois
qu'il va revenir parce qu'il a dit :
« Je **repasserai** tout à l'heure
pour dire bonjour à Éric. »
Quand le linge lavé est sec,
on le **repasse** : on aplatit l'étoffe
en **passant** un fer chaud dessus.
Maman **repasse** un torchon
avec le fer électrique
sur une **planche à repasser.**

répéter
« Isabelle et Philippe vont venir.
— Je le sais. Tu me l'as déjà dit,
tu n'as pas besoin de me le **répéter.** »
Quand on **répète** quelque chose,
on le dit plusieurs fois.
« Si je te dis un secret,
il ne faut pas le **répéter** :
tu ne dois pas dire aux autres
ce que je t'ai raconté. »

répondre
« Tu connais cette chanson?...
Réponds-moi : dis-moi oui ou non,
quand je te pose une question!
— Tralala...
— Ce n'est pas une **réponse,** ça!
Je t'ai demandé quelque chose, alors,
en me **répondant,** tu dois me dire
ce que je veux savoir!
— Je ne la connais pas, ta chanson :
voilà ma **réponse!** »
« J'ai reçu une lettre d'Aline,
je vais lui écrire pour lui **répondre.**
— Envoie-lui une jolie carte postale,
en **réponse** à sa lettre. »

reposer
« Tu as beaucoup marché aujourd'hui,
arrête-toi : **repose-toi** un peu. »
Après une journée de travail,
les gens sont fatigués,
ils ont besoin de **repos.**
Nous **nous reposons** en dormant la nuit.
Le sommeil est **reposant.**

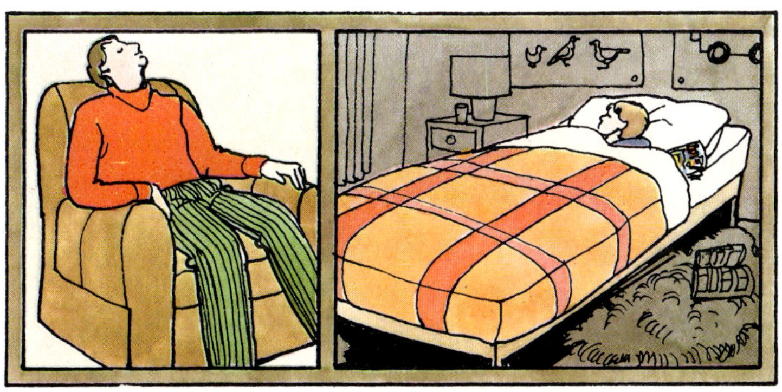

représenter
« Qu'est-ce que ça veut dire, ton dessin?
qu'est-ce que ça **représente?**
— Tu le vois bien!
Un toit, des murs, une porte :
mon dessin **représente** une maison. »
Nous allons au théâtre voir une pièce.
Vite, ça va commencer :
c'est l'heure de la **représentation!**

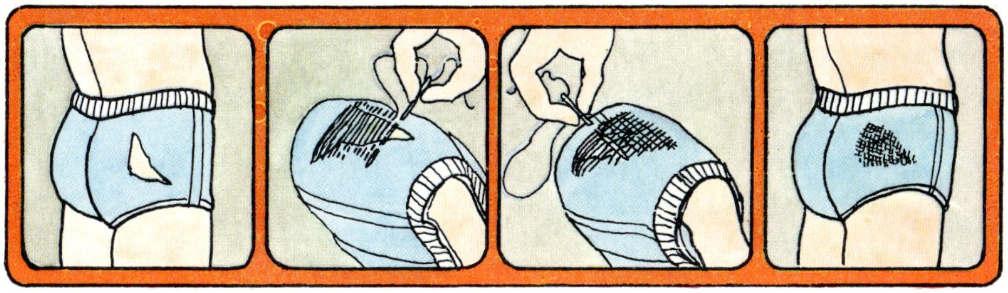

repriser
Marc a encore déchiré sa culotte bleue :
« Je vais te la **repriser,** dit Mamie.
Va me chercher du fil bleu
et une grande **aiguille à repriser.**
Regarde comment on fait une **reprise :**
on met les deux bords de la déchirure
tout près l'un de l'autre
et on passe le fil comme cela,
dans un sens, puis dans l'autre.
Voilà, on ne voit plus le trou :
ta culotte est bien **reprisée!** »

réservoir
Le **réservoir** de l'auto,
c'est l'endroit où on met l'essence
pour faire marcher le moteur.
Quand on a rempli le **réservoir,**
on le ferme avec un bouchon.
Les **réservoirs** servent à conserver
un liquide ou un gaz.

respirer
Quand je **respire**, je fais entrer l'air dans ma poitrine : il passe par mon nez, va dans mes poumons et ressort par ma bouche ou par mes narines.
Thomas dort; il **respire** doucement : on entend à peine sa **respiration**.

ressembler
Marc et Marie ont les yeux bleus, les mêmes cheveux bruns et plats, ils sont minces tous les deux : ils **se ressemblent**. On voit tout de suite qu'ils sont frère et sœur.
Éric **ressemble** plutôt à Maman : il est grand et blond comme elle.
Mais Sophie, c'est le portrait de Papa : elle lui **ressemble** beaucoup.
Il y a des jumeaux tout à fait pareils : on dit qu'ils **se ressemblent comme deux gouttes d'eau!**
« Tu as vu la photo de Robert?
On le reconnaît bien sur l'image!
— Oui, la photo est **ressemblante**. »

ressort
Ma petite auto roule toute seule si on remonte le **ressort** qui est dedans.
C'est un **ressort** qui fait tourner les aiguilles de ma montre.
Les **ressorts** sont en métal et ils sont élastiques.
Dans le sommier de mon lit, il y a de gros **ressorts** qui s'aplatissent quand je me couche dessus.

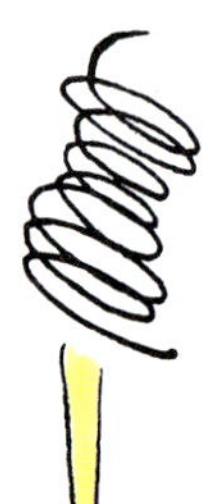

restaurant
Robert nous a emmenés déjeuner dans un **restaurant** : c'est un endroit où l'on mange en payant son repas.
Les gens qui voyagent en train peuvent manger au **wagon-restaurant.**

rester
Nicolas est enrhumé, il ne sortira pas : il **restera** à la maison.
« Ne me quitte pas, Maman...
Si tu t'en vas, je **resterai** tout seul!
— Je suis là, je **reste** avec toi.
— Nous avions trois oranges, nous en avons mangé deux, il en **reste** une. Je peux la prendre?
— Oui, mais tu n'as pas fini ton lait : il y en a encore dans le bol.
Tu ne veux pas boire le **reste**? »

retourner
« Tu vois cette carte postale?
— C'est une photo de montagne.
— Oui, mais **retourne**-la : tourne-la de l'autre côté, Éric a écrit quelque chose, derrière! »
« Tu as encore mis ta veste à l'envers!
Retourne-la dans le bon sens : mets-la à l'endroit! »
J'ai vu Papa de loin, je l'ai appelé, alors il **s'est retourné** : il a regardé derrière lui pour me voir.
« Éric est revenu de voyage?
— Oui, il **est de retour** depuis hier.
— Je ne l'ai pas vu depuis son **retour** : depuis qu'il est rentré.
Il est tard, je rentre chez moi : je **retourne** à la maison. »

réunir
Aujourd'hui, nous sommes ensemble :
toute la famille est **réunie.**
Nous nous **réunirons** encore pour Noël
et nous inviterons beaucoup d'amis :
ce sera une grande **réunion.**

réussir
Ça y est : Marc sait monter à bicyclette.
Il essayait depuis longtemps,
et c'était difficile, mais il a **réussi** :
il a fait ce qu'il voulait.
Sophie a dessiné la bicyclette,
et son dessin est bien :
il est **réussi.**

réveiller
« Il est l'heure de se lever, Sophie.
Réveille ton frère, il dort encore.
— Allez, debout! tu as assez dormi! »
Marc ouvre les yeux : il **s'éveille.**
« Pourquoi es-tu si brusque?
tu m'as **réveillé en sursaut,**
tu m'as fait peur en me **réveillant!** »
Un **réveil**, ou un **réveille-matin,**
c'est une petite pendule.
Éric remonte son **réveil**, en se couchant :
il met l'aiguille sur 6 heures;
demain matin, le **réveil** sonnera à l'heure,
et le bruit **réveillera** Éric.
On se couche tard, la nuit de Noël,
parce qu'on fait un **réveillon** :
c'est un repas de fête
qu'on prend au milieu de la nuit.

rêver
En dormant, nous faisons des **rêves** :
nous croyons voir des choses
qui ne sont pas là vraiment.
Marc a souvent l'air **rêveur** :
il ne pense pas à ce qu'il fait,
il voit des choses dans sa tête,
avec son imagination.
Nathalie aussi est quelquefois **rêveuse** :
« Tu **rêves,** Nathalie,
tu es dans la lune? »

revolver
Les bandits se sont sauvés
en tirant des coups de **revolver.**
Un **revolver** est une arme;
il sert à envoyer des balles de métal
qui peuvent tuer ou blesser les gens.
On l'appelle aussi un **pistolet.**

rez-de-chaussée
Pour aller chez la voisine,
on n'a pas besoin de monter l'escalier :
elle habite au **rez-de-chaussée,**
en bas de la maison.
Les boutiques sont au **rez-de-chaussée** :
leur porte s'ouvre sur le trottoir.

riche
« Regarde, nous avons beaucoup d'argent,
nous pouvons acheter des tas de choses :
nous sommes **riches!** »

rideau
Le matin, Maman ouvre les **rideaux**
pour laisser entrer la lumière
par la fenêtre de ma chambre.
Un **rideau** est un grand morceau d'étoffe
qu'on suspend devant une fenêtre.
Au théâtre, le **rideau** s'ouvre ou se lève
quand la pièce va commencer; il se baisse
ou se referme quand elle est finie.
On peut fermer les boutiques, la nuit,
ou la porte du garage,
avec une grande plaque de fer
qu'on appelle un **rideau de fer.**

rien
« Qu'est-ce qu'il y a dans cette boîte?
— Elle est vide : il n'y a **rien** dedans.
— Même pas une petite chose au fond?
— Non, **rien du tout!** »
Nicolas se tait, il ne dit **rien** :
il ne dit pas un seul mot.
« Tu croyais qu'il y avait des bonbons
dans la boîte?
— Oui, mais tant pis, **ça ne fait rien** :
cela n'a pas d'importance. »

rincer
Après le goûter, Marie **rince** les verres :
elle les lave sous le robinet.
Quand on a lavé le linge avec du savon,
il faut le **rincer** :
on le trempe plusieurs fois dans l'eau
pour enlever tout le savon.
Après avoir brossé nos dents,
nous **nous rinçons** la bouche :
« Lave ta bouche, mais n'avale pas l'eau :
recrache-la. »

rire
Sophie s'amuse beaucoup, elle **rit** :
elle fait « Ah! ah! ah! »;
sa bouche s'ouvre, et on voit ses dents.
As-tu remarqué le bruit
que font les gens quand ils **rient?**
En **riant,** Nathalie fait « Hi! hi! hi! »
et Nicolas dit « Oh! c'est drôle! Oh! oh! »
Si tu **ris** très fort, tu **éclates de rire,**
tu **ris aux éclats.**
Quand Aline a le **fou rire,**
elle ne peut plus s'arrêter.

rivière
Une **rivière**, c'est beaucoup d'eau
qui coule à travers la campagne
et quelquefois aussi dans les villes.
Des bateaux naviguent sur la **rivière.**
Les **rivières** reçoivent l'eau
des sources et des ruisseaux
et vont se jeter dans les fleuves.
Quand je suis au bord d'une **rivière,**
je suis sur la **rive;**
pour aller de l'autre côté,
sur l'autre **rive,** on passe sur un pont.
Le bord de la mer s'appelle le **rivage;**
on dit aussi la « côte ».

riz
Le **riz** que nous mangeons
est la graine d'une petite plante verte
qui a besoin de beaucoup d'eau.
On cultive le **riz** dans des champs
appelés **rizières.**

robe
Maman a une **robe** rouge,
et Papa est en **robe de chambre** :
une **robe** est un vêtement
qui couvre le corps
et qui peut avoir des manches
longues ou courtes.

robinet
Pour avoir de l'eau, j'ouvre le **robinet,**
et je le referme
quand je n'en ai plus besoin.
Le **robinet** est un appareil
fixé au bout du tuyau
qui amène l'eau dans la maison;
quand il est ouvert, l'eau coule,
et elle s'arrête quand il est fermé.

rocher
Éric et Sophie grimpent sur les **rochers.**
Un **rocher** est une très grosse pierre;
on en voit beaucoup dans les montagnes
et au bord de la mer.

roi
Un **roi** est un homme qui est le chef
de son pays; sa femme est la **reine.**
Un pays qui a un **roi** ou une **reine**
s'appelle un **royaume.**
Les abeilles, les fourmis, les guêpes
ont des **reines** : ce sont des femelles
plus grosses que les autres insectes;
il n'y a qu'une **reine** dans la ruche
ou dans la fourmilière,
et c'est elle qui pond tous les œufs.

rond
Mon ballon est **rond**, l'orange est **ronde**,
les roues de la bicyclette sont **rondes**.
Quand les enfants dansent une **ronde**,
ils font un cercle et tournent **en rond**
en se tenant par la main.
Le chat est couché **en rond** :
il s'est roulé en boule sur le tapis.
Marc a jeté un caillou dans le bassin,
et cela fait des **ronds** sur l'eau.

ronger
Le lapin mange la carotte
en prenant de tout petits morceaux
avec ses dents de devant :
il **ronge** la carotte.
L'écureuil, le rat, le cochon d'Inde
se nourrissent aussi en **rongeant** :
on les appelle des **rongeurs**.

ronronner
Je caresse le chat, alors il **ronronne** :
il fait un bruit doux avec sa gorge.
Sais-tu imiter le **ronronnement** du chat?

rose
La **rose** fleurit sur un arbuste
qu'on cultive dans les jardins
et qui s'appelle le **rosier**.
Les **roses** sont des fleurs
souvent très parfumées,
qui ont de belles couleurs.
Nathalie a un pull-over **rose** :
le **rose** est une couleur claire.
Tu peux faire de la peinture **rose**
en mélangeant du rouge et du blanc.

rosée
Si tu vas le matin de bonne heure
dans les champs ou dans le jardin,
tu vois des gouttes d'eau toutes petites
sur les feuilles et sur l'herbe :
c'est de la **rosée**.

rôtir
Maman met un morceau de bœuf
dans le four chaud pour le faire cuire :
elle le fait **rôtir**.
Nous mangerons du **rôti**, tout à l'heure :
c'est de la viande cuite au four
ou devant le feu.
Quand les poulets **rôtissent**,
leur peau devient brillante et dorée,
et ça sent bon!

roue
La bicyclette peut rouler
parce qu'elle a des **roues**.
La **roue** est ronde,
elle est fixée par le milieu
et elle avance en tournant.
Les autos et les trains ont des **roues**.
Les **patins à roulettes**
roulent sur leurs petites **roues** :
une petite **roue** est une **roulette**.

rouge
Les cerises bien mûres sont **rouges.**
J'ai un beau pull-over **rouge.**
Le **rouge** est la couleur du sang
et, quand il fait très froid,
mon nez **rougit**, mes joues **rougissent** :
ils deviennent un peu **rouges**
parce qu'on aperçoit mon sang
à travers ma peau.
Nathalie est malade, et le docteur dit
qu'elle a la **rougeole** :
elle a des taches **rouges** sur la peau.

route
Pour aller d'une ville à une autre,
les autos suivent la **route** :
c'est un grand chemin, souvent
goudronné, dont le sol a été préparé
exprès pour qu'on y circule facilement.
Une **autoroute** est une **route** très large
où il n'y a pas de croisements.
Le chauffeur qui conduit un camion
sur les **routes** est un **routier.**

rouler
À moi de jouer, je lance ma boule,
et elle **roule** par terre : elle avance
en tournant sur elle-même.
Les objets ronds peuvent **rouler.**
On dit que la voiture **roule,**
parce qu'elle avance sur ses roues.
Thomas aime **se rouler** sur le tapis.
Avant de faire frire les poissons,
il faut les **rouler** dans la farine.
« Qu'est-ce que ce **rouleau** de papier?
— C'est une affiche qu'on m'a donnée.
Pour la porter, je l'ai **roulée**
et j'ai mis un élastique autour;
ainsi le **rouleau** ne s'est pas défait :
il ne s'est pas **déroulé.** »
Le fil est **enroulé** sur la bobine;
le lierre **s'enroule** autour de l'arbre.
Les gens du cirque voyagent
dans une **roulotte** : c'est une voiture
où l'on peut manger et dormir
comme dans une maison.

roux
Philippe est **roux**, il a des cheveux
de couleur **rousse** : jaune-orangé.
En automne, les feuilles des arbres
deviennent **rousses** : elles **roussissent.**
Quand tu repasses du linge, attention!
Si le fer est trop chaud,
il brûle un peu et le linge est **roussi.**
Sophie a des petites taches brunes
sur le visage et sur les bras :
ce sont des **taches de rousseur;**
elles apparaissent sur la peau
quand on reste souvent au soleil.

ruban
Marie attache ses cheveux avec un **ruban** :
c'est une bande d'étoffe étroite
avec laquelle on peut faire des nœuds.

ruche
Les abeilles habitent dans une **ruche** :
c'est un abri en paille ou en bois
où elles fabriquent la cire et le miel.

rue
Pour circuler dans un village
ou dans une ville,
nous passons par les **rues** :
une **rue** est un chemin bordé de maisons.
Le sol des **rues** est recouvert
de pavés ou de goudron.
Une **rue** très étroite est une **ruelle.**

rugby
Éric et Philippe jouent au **rugby** :
c'est un sport qui ressemble au football,
mais le ballon est ovale,
il y a quinze joueurs par équipe
(ou quelquefois treize),
et l'on peut se servir de ses mains
pour saisir le ballon.

rugir
Le lion fait beaucoup de bruit
quand il **rugit;**
son cri est le **rugissement.**

ruine
J'ai vu une vieille maison abandonnée,
avec des murs fendus et le toit abîmé :
c'était une **ruine.**
Quand il y a une guerre dans un pays,
souvent tout est démoli :
les villes sont **en ruine.**

ruisseau
Au bout du champ, il y a un **ruisseau** :
on l'entend couler sous les arbres :
c'est comme une toute petite rivière.
Marc jouait dans la rue avec sa balle,
et elle est tombée dans le **ruisseau** :
c'est l'eau qui coule dans le caniveau
quand il a beaucoup plu.

ruminer
La vache avale l'herbe qu'elle mange,
et puis l'herbe remonte dans sa bouche,
et la vache la mâche longtemps
avant de la faire redescendre
dans son estomac : la vache **rumine.**
Le mouton, la chèvre, le chameau,
la girafe sont aussi des **ruminants.**

Ss

sable
Les enfants ont un tas de **sable** pour faire des pâtés dans le jardin.
Au bord de la mer, nous allons jouer sur la plage de **sable**.
Le **sable** est beige, jaune ou gris; il est fait de grains minuscules, qui sont des morceaux de pierre ou de coquillage.

sabot
Les **sabots** sont des chaussures en bois.
Certains animaux ont aux pieds une partie dure qu'on appelle un **sabot;** les **sabots** font partie de leur corps, ce sont des ongles très épais.
Le cheval et la vache ont des **sabots.**

sac
Plie une feuille de papier en deux et colle les bords sur deux côtés : cela fait un **sac** en papier.
On peut aussi fabriquer un **sac** en cousant deux morceaux d'étoffe.
Un **sac** a une ouverture en haut, et on peut mettre quelque chose dedans.
Je prends un **sac à provisions** pour aller faire les courses.
Quand Éric va camper, il porte son **sac à dos** sur ses épaules.
Le facteur porte une **sacoche :** un grand **sac** pour mettre les lettres.

sage
« Ne fais pas de sottises, sois **sage!** »
Voilà ce qu'on me dit souvent.
Être **sage,** c'est être raisonnable, obéir, ne pas faire trop de bruit... c'est quelquefois difficile, la **sagesse!**

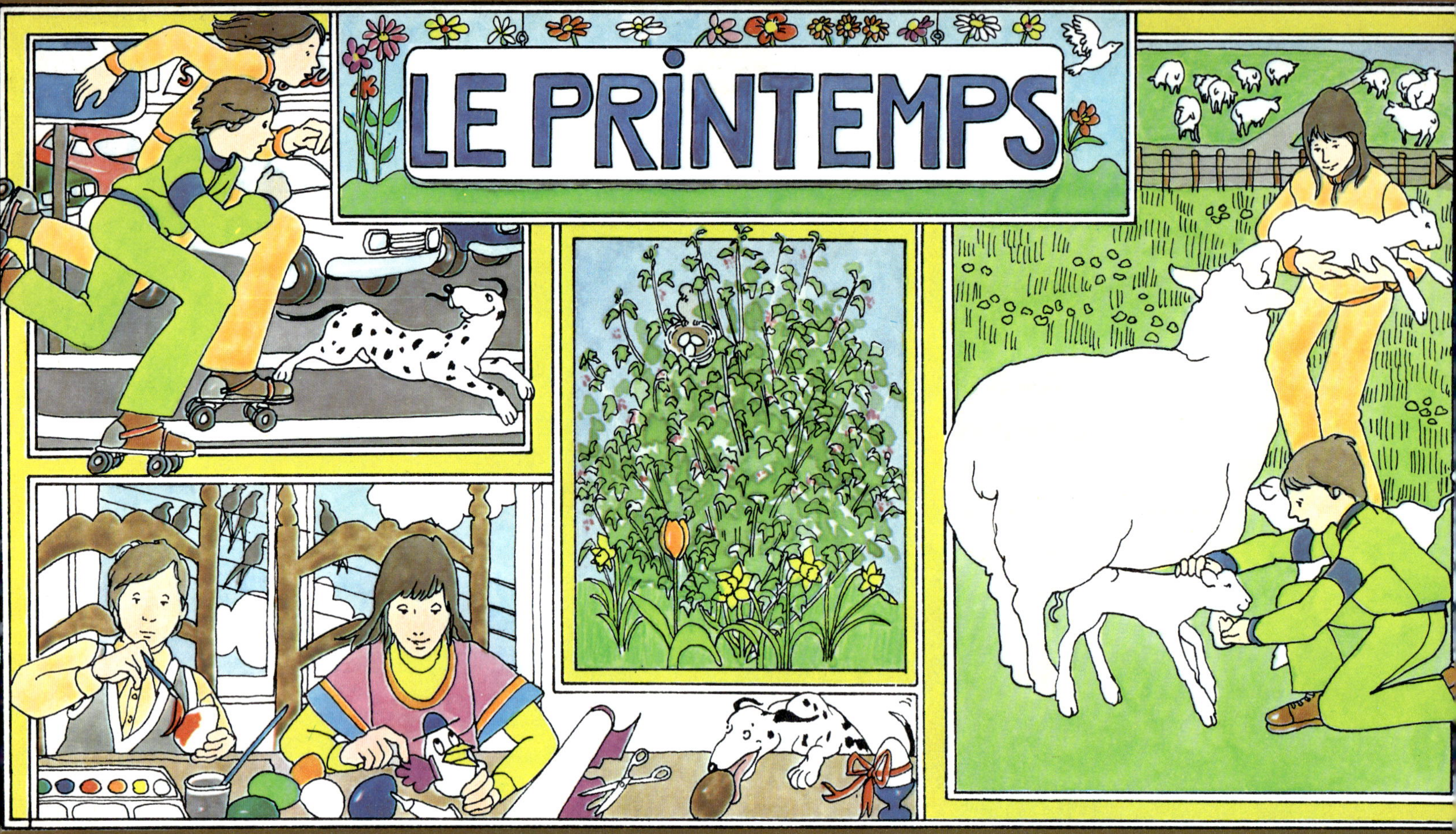
LE PRINTEMPS

L'ÉTÉ

L'AUTOMNE

L'HIVER

saisir
L'autre jour, en faisant du patin,
j'ai senti que j'allais tomber,
alors j'ai **saisi** Arnaud par le bras.
« Attends, je vais faire une photo! »
a dit Éric en **saisissant** son appareil.
Quand on **saisit** quelque chose,
on l'attrape vite et on le tient bien.

saison
Il y a quatre **saisons** dans l'année :
le printemps, l'été, l'automne et l'hiver.

regarde l'image des saisons pages 260 et 261

salade
La **salade** est une plante
qu'on cultive dans les jardins.
On mange souvent ses feuilles crues,
avec sel, poivre, huile et vinaigre.
On peut aussi manger
d'autres choses en **salade** :
des tomates, du riz, des légumes,
en les assaisonnant à la vinaigrette.
Le plat dans lequel on sert la **salade**
est un **saladier.**

salir
Le matin, Sophie est bien propre,
mais, à midi, elle a de l'encre sur le nez,
une tache à sa robe, les mains noires...,
elle est toute **sale.**
Comment fait-elle pour tout **salir?**
Elle se barbouille en déjeunant,
elle se tache en écrivant,
elle s'éclabousse en arrosant.
« Je **me salis** parce que je travaille.
Les gens qui ne font rien
ne **se salissent** pas! » dit Sophie.
Philippe travaille avec une **salopette** :
c'est un vêtement de toile
qu'il met par-dessus ses habits
pour ne pas faire de **saletés** dessus.

salle
Une **salle** est une grande pièce
dans une maison : une **salle** de classe,
une **salle** de cinéma ou de théâtre,
une **salle** d'hôpital, une **salle** de musée.
Une **salle de bains** est un endroit
où il y a une baignoire pour se laver.
La **salle à manger,** c'est la pièce
où nous prenons nos repas.

saluer
Je rencontre souvent la voisine
dans la rue, et nous nous sourions
en faisant un petit signe de tête :
nous **nous saluons.**
Je vois Philippe par la fenêtre,
alors je lève la main et je crie :
« **Salut,** Philippe! Comment ça va? »
Quand on **salue** quelqu'un, cela veut dire :
« Bonjour, je vous reconnais. »
C'est un signe d'amitié.

sandale
L'été, nous portons des **sandales** :
ce sont des chaussures légères.

sandwich
Un **sandwich,** c'est un peu de viande,
du fromage ou autre chose de bon
entre deux tranches de pain.

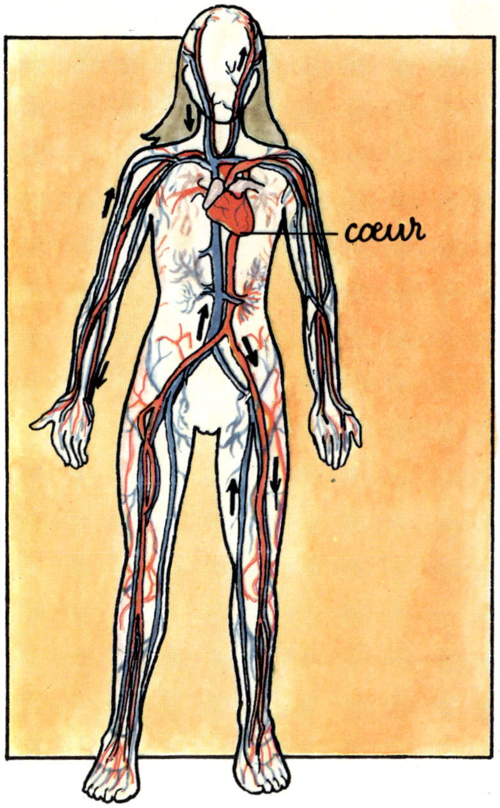

sang
Si je me coupe, mon **sang** coule.
Le **sang** est un liquide rouge
qui circule sous ma peau;
mon cœur le fait aller et venir
dans toutes les parties de mon corps.
Un homme ou un animal perd son **sang**
quand il est blessé : il **saigne.**
Il faut faire un pansement
pour empêcher la blessure de **saigner.**

sangloter
Nathalie a eu un gros chagrin,
elle a éclaté en **sanglots :**
elle s'est mise à pleurer
en respirant très fort, elle **sanglotait.**

santé
« Comment vas-tu?
— Je vais bien, merci, je ne suis pas
malade : ma **santé** est bonne.
je mange bien, je dors bien.
— Je vois que tu te portes bien,
tu as bonne mine, tu es en bonne **santé.** »

sapin
On choisit toujours un **sapin**
pour faire l'arbre de Noël.
Le **sapin** est un arbre
qui reste vert toute l'année.
On en voit beaucoup
dans les montagnes.
Ses feuilles sont fines et pointues :
on les appelle des aiguilles de **sapin.**

sardine
Les **sardines** sont des petits poissons
qui vivent dans la mer.
Comme elles nagent toujours en groupes,
les pêcheurs peuvent en attraper
beaucoup à la fois dans leurs filets.
On mange les **sardines** fraîches
ou on les garde, avec de l'huile,
dans des boîtes de conserve.

sauce
« Veux-tu de la **sauce** avec ta viande?
— Oui, je la mangerai avec du pain. »
La **sauce**, c'est ce qui est liquide
dans les plats que nous mangeons.

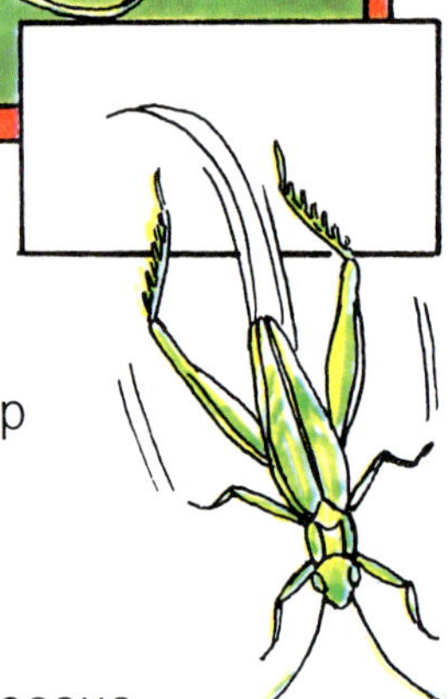

sauter

Le chat a **sauté** sur la table :
il était par terre et, en bondissant,
il s'est élevé en l'air d'un seul coup
pour retomber sur la table.
Sophie prend son élan et hop!
elle **saute à pieds joints.**
Les chevaux **sautent** la haie :
ils font un bond pour passer par-dessus.
Nathalie sait **sauter à la corde :**
elle fait tourner la corde autour d'elle
et **saute** juste au moment
où la corde va passer sous ses pieds.
« As-tu déjà vu une **sauterelle?**
C'est un insecte qui vit dans l'herbe
et sait très bien **sauter.** »

sauvage

Les animaux **sauvages** vivent en liberté
dans la nature. Ils ont peur des hommes
qui les chassent pour les tuer
ou pour les mettre en cage.
Les plantes et les fleurs **sauvages**
sont celles qui poussent toutes seules
dans la campagne, sans qu'on les cultive.
Si quelqu'un aime bien rester seul,
on dit qu'il est un peu **sauvage.**

sauver

Robert a été très malade,
et le docteur lui a **sauvé** la vie :
il l'a empêché de mourir, il l'a guéri.
Quand une maison brûle,
les habitants sont en danger.
Heureusement, les pompiers arrivent
pour les **sauver** de l'incendie.
Marc ne veut pas que je l'attrape,
il **se sauve :** il part en courant.
« Marie, il est l'heure de partir,
sauve-toi : va-t'en vite. »

savoir

« **Savez**-vous où est Maman?
— Non, je n'en **sais** rien.
— Moi, je le **sais** : elle est au jardin;
j'en suis sûr, je viens de la voir! »
Isabelle **saura** bientôt conduire
et elle pourra nous emmener en auto.
Marie voudrait bien **savoir** aussi :
« Il faut prendre des leçons, Marie.
— On ne peut pas **savoir** sans avoir appris. »
Quand on a bien appris
et qu'on **sait** beaucoup de choses,
on est **savant.**

savon

Je me lave avec de l'eau et du **savon;**
quand je me frotte avec le **savon,**
je **me savonne,** et cela fait de la mousse
car l'eau est devenue **savonneuse.**
Une **savonnette** est un **savon** parfumé;
on s'en sert pour faire sa toilette.
On nettoie aussi le linge avec du **savon.**

scaphandrier

Pour rester longtemps sous l'eau,
les plongeurs portent un **scaphandre :**
c'est un appareil qui permet de respirer
dans l'eau, avec un tuyau.
Les **scaphandriers** peuvent travailler
au fond de la mer, avec leur **scaphandre,**
par exemple pour réparer les bateaux.

scène
Au théâtre, quand le rideau se lève,
on voit la **scène** : c'est l'endroit
où les acteurs jouent la pièce.

scie
Une **scie** est un outil qui sert
à couper le bois, la pierre, le métal;
elle a une grande lame avec des dents.
C'est dur de **scier**!
La poussière qui tombe
quand on **scie** s'appelle de la **sciure**.
Une **scierie** est une usine
où l'on fait des planches
avec des **scies** mécaniques
qui marchent à l'électricité.

scintiller
Quelquefois, la lumière des étoiles
a l'air de bouger un peu,
comme si elle tremblait :
on dit que les étoiles **scintillent**.
Les guirlandes de l'arbre de Noël
brillent aussi en **scintillant** :
elles sont **scintillantes**.

seau
Nicolas remplit son **seau** avec du sable.
Arnaud apporte un **seau** d'eau
pour laver la voiture.
Clara revient de l'étable
avec deux **seaux** pleins de lait.
Un **seau** sert à transporter des liquides,
du sable, du charbon ou autre chose;
le **seau** est rond, ouvert en haut,
il a une anse pour qu'on puisse le porter.

sécher
Marie a lavé ses cheveux,
et ils sont encore mouillés :
ils ne sont pas **secs**.
Quand il n'a pas plu depuis longtemps,
la terre est **sèche** : elle manque d'eau.
Pour que son linge soit bien **sec**,
la voisine le fait **sécher** dehors :
elle l'étend sur un fil, au soleil,
ou bien elle le suspend au **séchoir**
accroché au plafond de la cuisine.
Nicolas mange son pain **sec** :
sans rien avec, ni beurre ni chocolat.

second
J'ai deux frères : Éric, le premier,
et Marc, le **second**, qui est né après.
Moi, je suis la **seconde** fille.
Le **second**, ou le deuxième,
c'est celui qui vient après le premier.
Robert habite au **second** :
son appartement est au deuxième étage.

seconde
Sur la montre d'Éric, il y a une aiguille
très petite qui marque les **secondes**.
C'est vite passé, une **seconde**;
on a juste le temps de dire : « Un! »
1 minute dure 60 **secondes**.

secouer
La voisine **secoue** son tapis
par la fenêtre : elle l'agite
pour en faire sortir la poussière.
Sophie dit « Non, non, je ne veux pas! »
en **secouant** la tête :
elle remue sa tête dans tous les sens.
« Tu as l'air de dormir, Nicolas.
Secoue-toi un peu : réveille-toi,
et viens jouer avec nous! »

secours
« Je ne sais pas faire mon problème,
aide-moi : viens à mon **secours**. »
« **Au secours!** venez vite!
un homme est tombé dans la rivière,
il est en danger, il faut le **secourir** :
il faut l'aider à se sauver! »

secret
« Pourquoi chuchotez-vous, tous les deux?
— C'est un **secret**,
il ne faut pas qu'on le sache. »
Un **secret** est une chose
qu'on ne veut pas dire à tout le monde.

secrétaire
Isabelle travaille dans un bureau,
elle est **secrétaire** :
elle tape des lettres à la machine,
elle répond au téléphone,
elle aide son patron dans son travail.
Un **secrétaire**, c'est aussi un meuble
dans lequel on range ses papiers.

sel
Papa ajoute du **sel** sur sa viande
pour lui donner plus de goût.
Le **sel** est blanc; il est fait
de tout petits grains.
Il y a beaucoup de **sel** dans la mer :
son eau est **salée**.
À table, pour **saler** nos aliments,
nous nous servons d'une **salière** :
elle a un couvercle percé de trous,
et le **sel** passe au travers
quand on secoue la **salière**.

semaine
Lundi, mardi, mercredi, jeudi, vendredi, samedi, dimanche sont les sept jours de la **semaine.** Dans une année, il y a cinquante-deux **semaines.** Une fois par **semaine,** le dimanche, mes parents se reposent, mais le reste du temps, **en semaine,** ils travaillent, comme tout le monde.

sembler
« Je crois que Marc a encore sommeil : **il me semble qu'**il dort.
— Non, il **fait semblant** de dormir : il a l'air de dormir, mais il ferme les yeux exprès pour nous faire une farce. »

semelle
Nos souliers ont une **semelle** : c'est le dessous du soulier. Quand on a beaucoup marché, les **semelles** sont usées, alors on porte les chaussures chez le cordonnier pour les faire **ressemeler** : pour qu'il mette des **semelles** neuves à la place des vieilles.

semer
Pour faire pousser du blé, des légumes ou des fleurs, on **sème** des graines : on les met dans la terre, où elles pourront germer. Mais quand Maman dit que Marc **sème** ses affaires, ça veut dire qu'il les met n'importe où ou qu'il les laisse tomber par terre.

sens
« Je vais avec toi, nous allons dans la même direction : dans le même **sens.** » J'ai rencontré Marc dans l'escalier; il montait, et moi je descendais : nous allions en **sens** contraire, lui vers le haut et moi vers le bas. Dans la cour de récréation, les enfants courent dans tous les **sens** : à droite, à gauche, de tous les côtés. Attention au **sens interdit** : les autos n'ont pas le droit de passer dans ce **sens.** La rue est à **sens unique** : on n'y circule pas dans les deux **sens.**
« Ça veut dire quoi, « abracadabra » ?
— C'est un mot pour s'amuser, il ne veut rien dire : il n'a pas de **sens.** »

sentier
Derrière chez Mamie, il y a un **sentier** qu'on prend pour aller dans le bois : un **sentier** est un petit chemin.

sentir
Le soleil me chauffe, je **sens** sa chaleur.
Quand je me suis piquée, je l'ai **senti** :
cela m'a fait mal.
La rose **sent** bon : elle a un parfum
qu'on peut **sentir** en le respirant.
« Comment **te sens**-tu? — Pas très bien...
— Qu'est-ce que tu **ressens**?
— J'ai mal à la tête.
Je crois que je suis un peu malade. »
Quand nous sommes en bonne santé
et heureux, nous **nous sentons** bien.

séparer
Il y a un mur entre le jardin de Mamie
et celui de son voisin :
leurs jardins sont **séparés** par un mur.
Le matin, nous partons pour l'école,
Papa et Maman vont à leur travail :
nous **nous séparons** pour la journée;
mais au dîner, tout le monde est réuni.
Marc et Sophie sont toujours ensemble
parce qu'ils n'aiment pas se quitter :
ils sont **inséparables**.

sérieux
Marie ne sourit pas en ce moment :
elle a l'air **sérieux**,
elle fait attention à ce qu'elle lit.
C'est une élève **sérieuse** :
elle travaille **sérieusement**,
en s'appliquant à ce qu'elle fait.

serpent
Les **serpents** ont un corps très long;
ils avancent en rampant sur le sol
ou ils s'enroulent autour des arbres.
Il existe des **serpents** très dangereux :
leur morsure vous empoisonne;
le **serpent** python peut vous étouffer.
On dit qu'une rivière **serpente**,
quand elle ne coule pas tout droit,
mais en tournant à droite et à gauche,
comme un **serpent** qui rampe.
À la fête, j'ai lancé des **serpentins** :
ce sont des rubans de papier de couleur
qui se déroulent quand on les lance.

serrer
Thomas **serre** son ours contre lui :
il le tient très fort dans ses bras.
« Assieds-toi à table avec nous, Aline,
nous **nous serrerons** pour te faire
de la place : nous nous rapprocherons
les uns des autres. »
Mon manteau me **serre** : on dirait
qu'il est trop étroit pour moi.
« C'est la ceinture qui est trop **serrée** :
tu as trop tiré dessus en l'attachant;
défais-la un peu : **desserre**-la. »

serrure
La clé est dans le trou de la **serrure** :
une **serrure** est un appareil en métal
qui est fixé sur une porte;
pour ouvrir ou pour fermer la porte,
on fait tourner la clé dans la **serrure**.
Celui qui fabrique des **serrures**
ou qui les répare est un **serrurier**.

serviette
Marie a fini de se laver, elle s'essuie avec une **serviette** de toilette.
Marc met une **serviette** devant lui pour ne pas se salir en mangeant : il a une **serviette** de table.
Les **serviettes** sont des rectangles ou des carrés de tissu; c'est du linge.

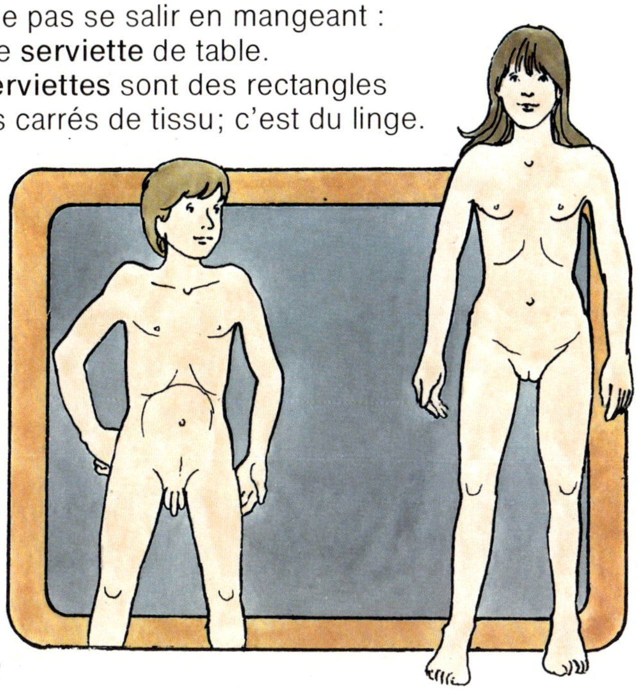

servir
« Vous pouvez commencer à manger, les plats sont sur la table : le déjeuner est **servi.**
— C'est moi qui **servirai** le dessert : je l'apporterai à table et je le partagerai entre nous tous. »
Le couteau **sert** à couper : il a été fabriqué pour cela.
Les outils **servent** à travailler : ils sont utiles pour faire un travail.
À quoi ça **sert,** un marteau? Sais-tu ce qu'on peut faire avec?
Je **me sers** de ma fourchette pour manger : je la prends pour mettre la viande ou les légumes dans ma bouche.
« Voici le fromage. **Sers-toi,** Philippe : prends ce que tu veux. »
La vendeuse **sert** les clients : elle leur vend ce qu'ils demandent.
« Veux-tu me **rendre un service?...** Aide-moi à ranger la vaisselle. »
J'aide Maman en faisant quelque chose qui lui est utile : je lui **rends service.**

seul
Éric est **seul** dans sa chambre : il n'y a personne avec lui.
Je fais mes devoirs **tout seul** : je n'ai pas besoin qu'on m'aide, c'est facile, **ça va tout seul!**
Marc n'a plus qu'un **seul** soulier, où est l'autre?... On ne sort pas avec **seulement** un soulier.

sévère
« Tes parents sont-ils **sévères?** est-ce qu'ils te grondent souvent?
— Non, mais si je fais du bruit à table, Papa me regarde **sévèrement** : sans rire et en fronçant les sourcils, alors j'ai peur d'être punie. »

sexe
Les hommes et les femmes ne sont pas du même sexe :
Maman et Marie sont du **sexe** féminin, Papa et Marc sont du **sexe** masculin.
Il faut deux personnes de **sexe** différent pour donner la vie à un enfant.
Chez les animaux, c'est la même chose : les mâles et les femelles font ensemble des petits qui sont leurs enfants.

short
Éric porte un **short** pour faire du sport : un **short** est une culotte courte.

siège
Les chaises, les fauteuils, les bancs, les tabourets sont des **sièges.**
Un **siège** est un meuble fait pour qu'on puisse s'asseoir dessus.

siffler
L'agent **siffle** pour arrêter les autos ;
il souffle dans un petit instrument
qui fait un bruit perçant
et qu'on appelle un **sifflet.**
Arnaud **siffle** avec sa bouche :
il fait passer l'air entre ses lèvres
et le bout de sa langue,
cela fait de la musique.
Marc ne **siffle** pas fort : il **sifflote.**

signe
Je peux dire oui ou non sans parler,
en remuant la tête :
en faisant des **signes** avec ma tête.
Sophie me **fait signe** par la fenêtre :
elle agite la main pour me dire bonjour.
Quand tu écris, n'oublie pas de mettre
les accents, les points, les virgules :
ce sont des **signes** qui montrent
comment on doit lire les mots
et où les phrases s'arrêtent.
Quand j'aurai fini ma lettre pour Aline,
je la **signerai** : j'écrirai mon nom
à la fin, je mettrai ma **signature;**
Aline saura que c'est moi qui lui ai écrit.
Le chef de gare siffle
pour donner le **signal** du départ :
cela veut dire que le train peut partir.
Les feux rouges sont des **signaux**
qui indiquent quand les autos doivent
s'arrêter devant les passages cloutés.

silence
« Comme tout est tranquille! Écoute...
— J'ai beau ouvrir mes oreilles,
je n'entends aucun bruit :
c'est le **silence.** »
La nuit, quand tout le monde dort,
la maison est **silencieuse.**
Sophie la bavarde garde le **silence** :
elle se tait. Tout est **silencieux.**

sillon
Le laboureur creuse la terre :
en poussant sa charrue
il trace des **sillons;**
cela forme des grandes lignes
les unes à côté des autres,
dans le champ labouré.

simple
Mon devoir n'est pas difficile :
il est **simple,** je comprends tout.

singe
Les **singes** sont des animaux très adroits
qui peuvent se tenir debout comme nous;
ils marchent aussi à quatre pattes
ou bien ils grimpent dans les arbres.
Ils nous ressemblent un peu
et apprennent à nous imiter.
La femelle du **singe** est la guenon.
Quand Sophie fait des grimaces,
Papa dit qu'elle fait des **singeries.**

sirop
« Veux-tu boire du **sirop** d'orange,
avec de l'eau bien fraîche? »
Le **sirop** est un liquide qu'on fabrique
avec du jus de fruits
et beaucoup de sucre.
Quand j'ai mal à la gorge,
on me fait boire du **sirop** :
c'est un médicament très sucré
qui m'empêche de tousser.

ski
À la montagne, nous faisons du **ski** :
nous glissons sur la neige
avec de longs patins en bois
qu'on s'attache aux pieds
et qui s'appellent des **skis**.
Je ne suis pas encore un vrai **skieur**,
mais Maman est une bonne **skieuse**.
Éric aime aussi le **ski nautique** :
il glisse sur l'eau avec des **skis**
en se faisant tirer
par un bateau à moteur.

slip
Sous mes vêtements, je porte un **slip** :
c'est une petite culotte.
J'ai aussi un **slip de bain**,
que je mets pour aller nager...

sœur
Sophie est la **sœur** de Marc :
ils ont le même père et la même mère.
Marc et Sophie sont frère et **sœur**.

soie
Isabelle a une robe en **soie**.
La **soie** est un tissu doux à toucher,
souple et quelquefois brillant;
on la tisse avec des fils
qui sont fabriqués par une chenille
qu'on appelle le **ver à soie**.
Thomas a les cheveux **soyeux** :
ils sont doux comme de la **soie**.

soif
J'ai envie de boire : j'ai **soif**,
ma bouche est sèche, j'ai besoin d'eau.

soigner
Quand je suis malade, Maman me **soigne** :
elle fait ce qu'il faut pour me guérir,
elle me donne des médicaments
et fait attention que je n'aie pas froid.
Elle **prend soin de** moi.
Clara **soigne** ses poulets :
elle s'en occupe et les nourrit.
Aline range ses affaires avec **soin**,
elle ne salit pas ses vêtements :
elle est **soigneuse**.
Philippe aussi est **soigneux**,
c'est un bon ouvrier,
il fait **soigneusement** son travail.

soir
Nous allons voir Arnaud, aujourd'hui;
il a dit qu'il viendrait ce **soir** :
à la fin de la journée.
Quand l'après-midi est fini,
et que le soleil se couche,
c'est le **soir** : il va bientôt faire nuit.
Mais, avant d'aller nous coucher,
nous avons encore une bonne **soirée**
à passer tous ensemble.

sol
Quand je marche, je pose mes pieds
sur le **sol**. À la campagne, le **sol** est la
terre où poussent les plantes.
Dans la rue, le **sol** est fait de pavés
ou couvert de goudron.
J'ai un tapis sur le **sol** de ma chambre.
Tom est couché par terre :
il est allongé sur le **sol**.
Robert range ses outils
dans le **sous-sol** : c'est une pièce
qui est sous la maison, comme la cave.

soldat
Les hommes qui se battent à la guerre
sont des **soldats**, ou des militaires;
ils sont armés pour attaquer et se défendre.
Même quand il n'y a pas de guerre,
tous les pays ont une armée de **soldats**.

soleil
Le **Soleil** nous éclaire pendant le jour,
et quand il n'y a pas de nuages,
on le voit briller dans le ciel.
Le **Soleil** est très loin de nous;
on dirait qu'il voyage dans le ciel,
mais c'est la Terre qui bouge
et qui tourne autour de lui.
Il fait beau aujourd'hui :
nous avons une journée **ensoleillée**.
C'est agréable de se chauffer au **soleil**,
mais attention, il peut brûler!
alors ta peau devient toute rouge :
tu as un **coup de soleil**.

solide
L'étoffe de mon pantalon est **solide** :
elle ne se déchire pas facilement.
Thomas jette souvent ses jouets,
heureusement qu'ils sont **solides**!
S'ils étaient fragiles,
ils seraient déjà tous cassés!
« Tu peux monter sur la balançoire,
la corde est **solidement** attachée :
le nœud ne peut pas se défaire. »

solution
Sophie a fini son problème.
Elle a bien su répondre à la question :
elle a trouvé la **solution**.

sombre
La nuit est **sombre** : tout est noir.
Il fait sombre dans ma chambre :
on n'y voit pas clair.
Ces sapins sont vert foncé :
ils sont d'une couleur **sombre**,
leur feuillage est presque noir.

sommeil
Thomas se frotte les yeux, il **a sommeil** :
il a envie de dormir.
Le soir, quand je suis fatigué,
je peux à peine me tenir debout :
je **tombe de sommeil**;
mais, quand j'ai bien dormi,
après une bonne nuit de **sommeil**,
je me sens tout à fait reposé.

sommet
J'aperçois un oiseau, là-haut;
il est perché au **sommet** de l'arbre :
sur la plus haute branche.
Le **sommet** de la montagne
est couvert de neige.
Le **sommet** est l'endroit le plus haut.

sommier
Le **sommier** de mon lit est recouvert
d'étoffe; il est posé sur quatre pieds.
Dedans, il y a des ressorts en métal,
c'est pourquoi il est élastique.
On pose un matelas par-dessus.

sonner
J'entends du bruit : on **sonne** à la porte,
quelqu'un appuie sur le bouton
de la **sonnette**; il veut entrer,
allons lui ouvrir.
Une **sonnette** est un petit instrument
qui fait du bruit quand on l'agite
ou quand on frappe dessus.
La **sonnerie** du téléphone
marche à l'électricité.
J'entends les bruits ou les **sons**
avec mes oreilles.
Les instruments de musique
ne font pas tous le même bruit.
Sais-tu reconnaître le **son** du piano,
le **son** du tambour, celui du violon?

sorcier
« Raconte-moi une histoire de **sorcière** :
un conte où il y a une méchante fée
qui fait des choses extraordinaires! »
Les **sorciers** et les **sorcières**
sont des sortes de magiciens.

sorte
Il y a des sonnettes
qui ressemblent à de petites cloches :
ce sont **des sortes de** clochettes.
Un album est **une sorte de** livre :
c'est quelque chose comme un livre
où il y a beaucoup d'images.
On peut faire des confitures
avec **toutes sortes** de fruits :
des cerises, des prunes, des groseilles...,
tous les fruits différents qui existent.

sortir
Maman **sort** : elle va dehors.
Éric aussi est **sorti.** Ils ont quitté la maison,
mais ils rentreront ce soir.
Au printemps, les plantes poussent ;
elles **sortent** de terre.
Pour payer ce que j'ai acheté,
je **sors** une pièce de ma poche :
je prends l'argent qui est dans ma poche
pour le donner à la marchande.
Papa est venu me chercher
à la **sortie** de l'école : il attendait
que la classe soit finie;
je l'ai retrouvé à la **sortie**
près de la porte par où on passe
pour **sortir** de l'école.

sot
« Que tu es **sot,** mon pauvre Marc!
Tu ne comprends rien!
— C'est toi qui es **sotte!** »
Les **sots** disent n'importe quoi,
ils parlent **sottement,** sans réfléchir.
Et ils font des bêtises : des **sottises,**
ils ne sont pas raisonnables.

sou
Quand Éric dit : « Je n'ai pas un **sou!** »
cela veut dire qu'il n'a plus d'argent.
Autrefois, il y avait des petites pièces
de monnaie qu'on appelait des **sous;**
maintenant, nous avons
des francs et des centimes.

soucoupe
Une **soucoupe,** c'est une petite assiette
qu'on met sous une tasse.

souffler
Pour éteindre une allumette, je **souffle** :
j'envoie de l'air sur la flamme
avec ma bouche.
Nathalie a **soufflé** toutes les bougies
de son gâteau d'anniversaire.
En **soufflant,** on fait sortir l'air
qu'on avait respiré, on vide ses poumons.
Sophie a couru, elle respire vite
et très fort : elle est **essoufflée;**
on entend son **souffle** :
l'air fait un peu de bruit
en sortant de sa bouche.
Quand il y a du vent, dehors,
on dit que le vent **souffle.**

souffrir
Quelquefois, Thomas pleure la nuit
parce que ses dents le font **souffrir.**
Moi aussi, j'ai eu mal, l'autre jour,
quand j'ai pincé mon doigt dans la porte :
j'ai crié « Aïe! » et je **souffrais** beaucoup.

souhaiter
« Je te **souhaite** de bonnes vacances :
j'espère que tu t'amuseras bien. »
Nous offrons nos **souhaits** à nos amis
pour leur fête ou pour le nouvel an
parce que nous avons envie
qu'ils soient heureux.
Je voudrais bien voir tante Clara :
je le **souhaite** de tout mon cœur.

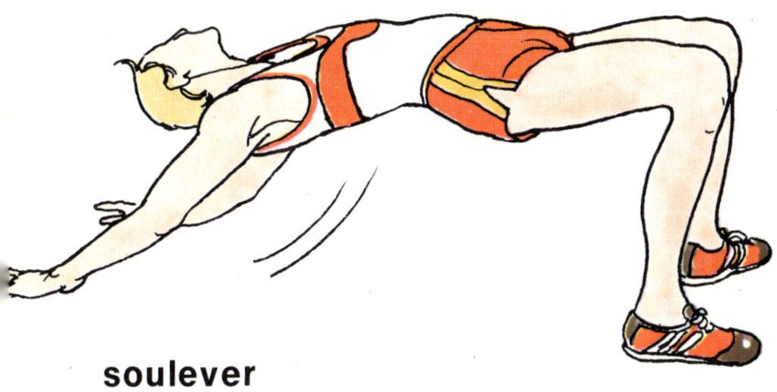

soulever
« Qu'est-ce qu'il y a dans cette boîte? »
Sophie **soulève** le couvercle :
elle le lève un peu pour voir
ce qui est caché dans la boîte.
Ce gros livre est tellement lourd
que je ne peux pas le **soulever.**

soulier
Marc a plusieurs paires de chaussures,
mais il aime surtout ses **souliers** marron,
qui sont en cuir, avec des lacets :
« Je marche bien avec mes **souliers.**
Ils ne me font pas mal aux pieds! »

soupe
« Mange ta **soupe,** Nicolas.
Je l'ai faite avec du bouillon, du pain
et des légumes écrasés. »
Nicolas mange avec une grande cuillère
qu'on appelle une **cuillère à soupe.**
À table, on sert la **soupe,** ou le potage,
dans une **soupière.**

soupirer
« Ah! dit Nathalie en **soupirant,**
où est Papa? Je voudrais le voir... »
Et elle pousse encore un gros **soupir!**
Quand on **soupire,**
on fait sortir beaucoup d'air de sa bouche
ou de son nez;
cela veut dire qu'on s'ennuie
ou qu'on n'est pas content.

souple
Éric sait faire beaucoup de mouvements,
il se courbe en avant, en arrière :
il est **souple,** son corps n'est pas raide,
il a de la **souplesse.**
Ce qui est **souple** se plie facilement.

source
Une **source,** c'est de l'eau
qui sort de la terre et qui coule.
Toutes les rivières ont une **source :**
c'est l'endroit où elles commencent.

sourcil
Nos **sourcils** sont au-dessus de nos yeux;
ce sont des poils au bas du front.
Quand Marie est fâchée
ou quand elle réfléchit très fort,
elle **fronce les sourcils** :
ça fait des plis au-dessus de son nez.

sourd
Il y a des gens qui ne peuvent pas
entendre les sons ou les bruits :
ils sont **sourds**,
ils vivent toujours dans le silence.
Les **sourds-muets** ne peuvent
ni entendre ni parler :
ils font des gestes pour dire ce qu'ils veulent,
pour se faire comprendre.
Il existe des écoles où les **sourds-muets**
peuvent apprendre à parler.

sourire
Maman **sourit** en me regardant :
les coins de sa bouche remontent,
et ça fait des petits plis sous ses yeux.
Un **sourire** ne fait pas de bruit,
c'est comme un petit rire.
Clara est toujours **souriante.**
Philippe a l'air gai et content
quand il est **souriant.**

souris
Une **souris** est un petit animal
gris ou blanc, avec un museau fin
et une longue queue.
Les **souris** rongent le bois, le papier;
elles vivent dans des trous,
dans les champs ou dans les maisons.
Leurs petits sont des **souriceaux.**
On attrape les **souris** dans des pièges
qui s'appellent des **souricières.**
La **chauve-souris** vole,
et pourtant ce n'est pas un oiseau;
elle ne sort que la nuit
et se nourrit d'insectes.

sous-marin
Un bateau qui peut aller sous la mer
s'appelle un **sous-marin.**
Arnaud plonge et nage au fond de l'eau
pour attraper des poissons :
il fait de la chasse **sous-marine.**

souterrain
Un **souterrain** est un chemin
qu'on a creusé sous la terre.
Une mine de charbon est **souterraine.**
Ce qui est sous la terre est **souterrain.**

souvenir (se)
Hier, c'était la fête,
et nous nous sommes bien amusés;
maintenant, la fête est passée,
mais je revois tout dans ma tête :
j'y pense, je **m'en souviens.**
« Tu te rappelles comme nous avons ri?
— Oh! oui, c'est un bon **souvenir,**
je ne l'oublierai pas. »
Arnaud a fait des photos;
nous les garderons **en souvenir.**

spectacle
Un film, une pièce de théâtre
sont des **spectacles** : on les regarde.
La voisine est à sa fenêtre
pour voir ce qui se passe dehors :
elle aime le **spectacle** de la rue.
Le samedi soir, les cinémas
sont pleins de **spectateurs**
qui sont venus voir le film.
Robert va au match de football;
il ne joue pas, mais il regarde :
il y va comme **spectateur.**

garde
mage
sports
ages
et 279

sport
La course, le football, la natation,
le tennis, le ski sont des **sports;**
ce sont des activités et des jeux
où nous faisons travailler notre corps
pour devenir plus forts et plus adroits.
Ceux qui font du **sport** sont des **sportifs.**

square
Les enfants jouent dans le **square.**
Un **square** est un petit jardin public
où les gens des villes peuvent aller
pour s'asseoir ou se promener.

squelette
Tous les os de notre corps
sont attachés les uns aux autres :
ils forment notre **squelette.**
Le **squelette** de l'homme ou de l'animal
est recouvert de chair et de peau.

station
Les voyageurs attendent à la **station** :
c'est un endroit où le train, l'autobus
ou le métro s'arrêtent d'habitude.
Les autos n'ont pas le droit
de s'arrêter ici :
elles ne doivent pas y **stationner,**
le **stationnement** est interdit.

statue
« Regarde Nicolas! Il ne bouge pas,
on dirait une **statue!** »
Les **statues** sont en pierre, en bois
ou en métal; elles représentent
des personnes ou des animaux.
Une petite **statue** est une **statuette.**

stop!
« **Stop!** arrête-toi! »
Les voitures s'arrêtent :
elles **stoppent** au feu rouge.
Philippe fait de l'**auto-stop**
pour partir en vacances :
il fait signe au bord de la route
pour que les conducteurs s'arrêtent
et l'emmènent en voiture.

stylo
Marie écrit avec un **stylo** :
c'est un porte-plume
avec de l'encre dedans,
dans un petit réservoir.
Mon **stylo à bille** n'a pas de plume :
à la place, il a une toute petite boule
qui sert à écrire.

rugby
natation
ski
équitation
course à pi
ping-pong
cyclisme
basket-ball
escrime

gymnastique
football
305
tennis
voile
pêche à la ligne
judo
volley-ball

succès
Marie a réussi tous ses examens :
elle a eu beaucoup de **succès**,
alors Arnaud l'emmène au théâtre
pour fêter son **succès**.
Les spectateurs applaudissent :
les acteurs ont du **succès**.

sucer
Thomas **suce** son pouce :
il le tient dans sa bouche en **suçant**
comme s'il buvait son biberon.
Sophie **suce** un bonbon :
elle le fait fondre en le remuant
dans sa bouche avec sa langue.
« Aimes-tu les **sucettes**? »

sucre
Le **sucre** en poudre est fait
de tout petits grains blancs;
le **sucre** en morceaux est dur.
On met du **sucre** dans le lait, le café,
pour les **sucrer**. Le **sucre** fond
quand on le met dans un liquide.
Le **sucre** est fabriqué dans une usine
qui s'appelle une **sucrerie**;
on le fait avec des betteraves **sucrières**
qu'on écrase pour faire cuire leur jus.
On prépare aussi le **sucre**
avec une grande plante des pays chauds
qu'on appelle la **canne à sucre**.
Les bonbons, les confitures
et toutes les choses très **sucrées**
sont des **sucreries**.

sud
Le matin, si je regarde par la fenêtre,
je vois le soleil se lever à ma gauche,
et le soir il se couche à ma droite :
c'est que ma maison regarde le **sud**;
au contraire, la maison d'en face
est tournée vers le nord.
Sur une carte, le **sud** est en bas.

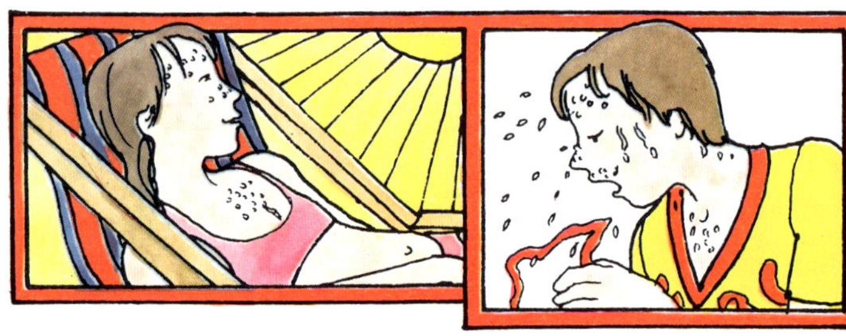

sueur
Quand il fait très chaud,
je vois un liquide qui sort de ma peau,
on dirait de l'eau : c'est de la **sueur**.
On est **en sueur** aussi
quand on fait un grand effort :
Marc a couru, sa peau est mouillée,
il transpire, il **sue**.

suffire
« Veux-tu encore du pain?
— Non, merci. J'en ai un morceau,
cela me **suffit** : j'en ai assez.
— Ne bois pas tant, Marc,
tu as assez bu : **cela suffit!** »

suivre
Tom marche derrière Maman : il la **suit.**
« Je n'avais pas envie d'aller dehors,
mais puisque vous sortez, je vous **suis** :
je vais me promener avec vous.
— Nous **suivrons** le bord de l'eau :
nous marcherons le long de la rivière. »
Lundi, mardi, mercredi, jeudi...,
les jours de la semaine **se suivent** :
ils viennent les uns après les autres.
« Tu as fini de lire? — Non, attends,
je tourne la page, il y a une **suite** :
l'histoire continue après. »
Souvent, dans mon journal,
quand une histoire n'est pas finie,
il y a **« à suivre »** en bas de la page :
ça veut dire qu'on aura la **suite**
dans le prochain numéro,
dans le numéro **suivant.**

sûr
« On ne va pas à l'école, aujourd'hui?
— **Bien sûr que** non, c'est mercredi!
— Tu en es **sûre?**
— Oui, je le sais, c'est **sûr,**
je ne me trompe pas.
— Alors Nathalie va **sûrement** venir :
c'est certain, elle vient toujours
jouer avec nous le mercredi.
— Voilà Nicolas! Il a peur de l'orage.
— Ne crains rien, tu es à l'abri, ici :
tu es en **sûreté,** dans la maison. »

surprendre
Maman est **surprise** de voir Nicolas :
elle est étonnée de le voir ici.
« Quelle bonne **surprise,** Nicolas,
je ne savais pas que tu venais!
— L'orage m'a **surpris** :
il est arrivé tout d'un coup,
je ne m'y attendais pas. »

surtout
J'aime bien les belles couleurs,
mais j'aime **surtout** le rouge :
c'est la couleur que je préfère.
« Marie, va donc faire les courses
et, **surtout,** n'oublie pas le pain :
nous en avons vraiment besoin! »

surveiller
La chatte fait attention à ses petits,
elle les regarde jouer :
elle les **surveille**
pour qu'il ne leur arrive pas de mal.

syllabe
« É-cou-tez. » On peut dire ce mot
en le coupant en trois parties :
il a trois **syllabes.**
Mais le mot « chat » n'a qu'une **syllabe** :
on le dit d'un seul coup.
Combien entends-tu de **syllabes**
dans le mot « pres-ti-di-gi-ta-teur »?

Tt

tabac
Éric fume du **tabac** dans sa pipe.
Le **tabac** est une plante
qui a de grandes feuilles vertes;
on les fait sécher pour fabriquer
les cigares et les cigarettes.
La boutique où on vend les cigarettes
s'appelle un **bureau de tabac**.

tablier
« Si tu fais de la peinture,
mets un **tablier** pour ne pas te salir. »
Un **tablier** est un vêtement léger
qu'on met sur ses autres habits
pour les protéger contre les taches.

tabouret
Sophie est assise sur un **tabouret** :
c'est un petit siège
qui n'a ni bras ni dossier.

table
« **Mettons-nous à table** : asseyons-nous
autour de la **table** pour déjeuner. »
Une **table** est un meuble, souvent en bois,
qui a un dessus plat
fixé sur un ou plusieurs pieds.
Un **tableau** est plat aussi,
mais il est accroché au mur.
En classe, j'écris sur un **tableau** noir.
Les peintres font des **tableaux** :
ils peignent des images
avec des couleurs sur du bois, du carton
ou de la toile tendue sur un cadre.
Marc mange une **tablette** de chocolat.

tacher
Attention, tu vas **tacher** ton livre!
Ne pose pas ta tartine dessus,
car le beurre fait des **taches** :
il salit le papier. Un livre **taché**,
ce n'est pas propre!

taille
Nathalie est aussi grande que Marc,
ils mesurent 1,10 mètre tous les deux :
ils ont la même **taille**.
Ce manteau est trop petit pour moi,
il ne me va pas : il n'est pas à ma **taille**.
La **taille** est aussi une partie du corps,
entre la poitrine et le ventre :
je mets une ceinture autour de ma **taille**.
Papa et Maman se tiennent par la **taille**.

tailler
Aline sait **tailler** une jupe :
elle sait couper les morceaux d'étoffe
dont elle a besoin pour faire sa jupe.
Le **tailleur taille** et coud les habits :
c'est son métier.
Quand mon crayon est usé, je le **taille**.
Un **taille-crayon** est un petit instrument
qui sert à refaire la pointe du crayon.

taire (se)
« Chut! **taisez-vous** : ne parlez plus,
ne faites pas de bruit! Silence!
— Bon, je ne dis plus rien : je **me tais**. »

talon
Quand je suis debout, pieds nus,
mes **talons** touchent le sol.
Le **talon** est la partie ronde
qui est à l'arrière du pied.
Ma chaussette a un trou au **talon**.
Mes chaussures ont des **talons** plats,
mais Maman porte des **talons** hauts.

tambour
Les musiciens jouent du **tambour**.
Le **tambour** est un instrument rond
qui fait du bruit quand on tape dessus
avec des baguettes.

tante
Tante Clara est la femme d'oncle Albert.
Si Maman avait des sœurs,
elles seraient aussi mes **tantes**.
« Alors, dit Sophie,
quand Marc aura des enfants,
je serai leur **tante**
et ils seront mes neveux. »

taper
Quelquefois, Sophie se met en colère,
alors elle **tape** du pied :
elle donne des coups par terre
avec son pied.
Isabelle sait **taper** à la machine :
elle frappe avec ses doigts
sur les lettres de la machine
pour écrire les mots sur le papier.
Le chat voulait toucher à mon gâteau,
mais je lui ai donné une **tape** :
un petit coup sur la patte avec ma main.
« Qui est-ce qui fait tant de bruit?
quel est ce **tapage**?
— Ce sont les enfants qui se disputent. »

tapis
Dans l'appartement d'Isabelle,
il y a des **tapis** par terre :
ce sont des grands carrés de tissu
très épais qui recouvrent le sol.
J'ai un petit **tapis** devant mon lit
pour poser mes pieds quand je me lève.
« Sais-tu faire de la **tapisserie?** »

taquiner
« Sophie se moque de moi :
elle me **taquine** tout le temps!
— C'est vrai, tu es trop **taquine,** Sophie.
Laisse un peu ton frère tranquille!
— Lui aussi, il est **taquin** :
il me fait des farces, quelquefois.
— Comme dit Mamie, les **taquineries**
finissent souvent par des fâcheries! »

tard
« Déjà 7 heures! **Il est tard;**
nous ne sommes pas en avance.
Allez vite vous laver,
car les autres vont bientôt rentrer :
ils ne vont pas **tarder,**
et si vous n'êtes pas prêts à l'heure,
nous serons tous **en retard** pour dîner.
— Ma montre marque seulement 6 heures,
elle marche trop lentement : elle **retarde.**
— Ne passez pas trop de temps
dans la salle de bains :
ne vous **attardez** pas! »

tarte
Nous aurons une **tarte** pour le dessert :
c'est un gâteau plat, fait d'une pâte
couverte de fruits et cuite au four.
Une **tartelette** est une petite **tarte.**
J'ai mangé quatre **tartines**
à mon petit déjeuner.

tas
« Qu'est-ce que c'est que ce **tas** :
tous ces vêtements les uns sur les autres?
Tu ferais mieux de ranger tes affaires,
au lieu de les **entasser** comme ça. »
Un **tas,** c'est beaucoup de choses
mises ensemble n'importe comment.
Sophie a **un tas de** jouets :
elle en a beaucoup.
Nicolas joue sur le **tas** de sable,
il a rempli son seau
et il **tasse** le sable avec sa pelle :
il tape dessus pour l'aplatir.

tasse
Marc boit dans une **tasse** :
c'est un petit pot avec une anse.
Thomas a bu une **tasse** de lait :
tout le lait qui était dans la **tasse.**

tâter
« Est-ce que tu peux nous reconnaître,
si tu as les yeux bandés?
— Oui, en **tâtant** les habits, les cheveux :
si je sens des nattes, c'est Nathalie,
et le pantalon de velours est à Marc. »
On **tâte** un objet en le touchant
avec le bout des doigts.
Dans le noir, on marche **à tâtons** :
en tendant les mains devant soi
pour ne pas se cogner aux meubles.
L'aveugle avance en **tâtonnant** :
il **tâte** le sol en le touchant
avec sa canne blanche.

taupe
« Tu vois ces petits tas de terre
qui font des bosses dans le champ?
C'est une **taupe** qui les a faits. »
La **taupe** est un petit animal à fourrure
qui creuse des tunnels sous la terre
pour se faire un abri.

taureau
Le **taureau** est le mâle de la vache.

taxi
Albert et Clara ont pris un **taxi**
pour aller à la gare :
ils paient le chauffeur de **taxi**
pour qu'il les conduise en voiture
à l'endroit où ils veulent aller.

téléphone
« Allô! C'est toi, Sophie?
— Qui est à l'appareil?
— C'est Arnaud. Comment vas-tu? »
Sophie sait se servir du **téléphone** :
c'est un appareil qui permet de parler
avec les gens, même s'ils sont loin.
Je **téléphonerai** demain à Isabelle :
je l'appellerai par **téléphone**.

télévision
Avec la **télévision**, je vois l'image
de personnes qui sont loin de moi,
je les entends parler,
mais elles ne me voient pas,
et je ne peux pas leur répondre.
Le **poste de télévision** est une boîte
avec un petit écran
où on voit bouger les images
comme au cinéma.

température
En hiver il fait froid :
on dit que la **température** est basse;
s'il fait chaud, au contraire,
on dit qu'elle est élevée.
Quand je suis malade,
on prend ma **température**
avec un thermomètre :
si mon corps est trop chaud,
c'est que j'ai de la fièvre.

tempête
Quel vilain temps! Le vent souffle fort,
la mer doit être très agitée :
c'est la **tempête.** Dans la **tempête,**
les bateaux sont en danger.

temps
« Il fait beau? il pleut?
il fait chaud ou froid?...
Quel **temps** fait-il? »
« Je ne sais pas si nous sortirons,
cela dépendra du **temps.** »
La montre mesure le **temps** qui passe;
une minute, une heure, un jour
ou une année, c'est du **temps.**
« Il est l'heure de partir, je suis pressé,
je n'ai pas le **temps** de t'attendre. »
Quand Thomas était petit,
il dormait **tout le temps** :
il restait toujours couché,
il passait son **temps** dans son berceau.
Nous ne voyons pas souvent Robert,
il vient quelquefois, **de temps en temps.**
Marie essaie de finir son devoir
en regardant la télévision,
mais ça ne va pas : on ne peut pas faire
deux choses **en même temps.**

tendre
Le pain frais n'est pas dur :
il est **tendre,** facile à manger.
Comme Thomas est gentil, ce soir!
Il a envie qu'on le caresse :
il est **tendre.** Je l'embrasse **tendrement,**
car je l'aime de tout mon cœur :
j'ai beaucoup de **tendresse** pour Thomas.

tendre
Thomas me **tend** les bras :
il avance les bras vers moi
pour que je le prenne.
« Bonjour! » dit Marc en **tendant** la main,
en avançant sa main pour serrer la mienne.
Marie écoute la radio,
elle **tend l'oreille** pour bien entendre.
La toile du tableau ne fait pas de plis,
elle est **tendue** sur un cadre :
on l'a fixée sur le bois, en tirant
pour qu'elle soit bien à plat.

tenir
Quand on **tient** un objet, on le garde
dans sa main fermée.
Marie a pris la main de Nicolas :
elle le **tient** par la main.
La souris blanche est petite,
elle n'a pas besoin de beaucoup de place :
elle **tient** dans la main de Nathalie.
« **Tiens!** tu as un nouveau livre?...
Prête-le-moi, s'il te plaît.
— Le voilà, **tiens,** prends-le,
mais fais bien attention,
ne l'abîme pas, car j'y **tiens** :
je l'aime beaucoup. »
« **Tenez-vous** bien, mes enfants;
restez bien droits sur vos chaises! »
Je n'ai pas froid avec mon pull-over :
il me **tient** chaud.

tennis
Maman et Robert jouent au **tennis** :
ils se lancent une balle
avec des raquettes,
en l'envoyant par-dessus un filet
qui est tendu au milieu du terrain.

tente
Une **tente** est une petite maison de toile
qu'on installe dehors.
Quand la **tente** est défaite et pliée,
elle ne tient pas beaucoup de place.
Pour dresser sa **tente** sur la plage,
Éric a planté des piquets.

terminer
J'ai fini de lire mon livre :
je l'ai **terminé.**
Nous avons fini de dîner, c'est le soir :
la journée est presque **terminée.**
« **Terminus!** tout le monde descend! »
Le **terminus** est l'endroit
où s'arrête le train ou le car
quand il a fini son voyage :
il ne va pas plus loin.

terre
La **terre,** c'est le sol
où poussent les plantes.
Tom a caché un os dans la **terre** :
il l'a **enterré;** il va le **déterrer** :
le sortir de la **terre,** pour jouer avec.
Il y a des animaux qui creusent
des trous dans la **terre** pour y habiter :
ce sont leurs **terriers.**
Nous vivons tous sur la **Terre,**
où il y a beaucoup de pays différents.
La **Terre** est une énorme boule.
Éric est sur le **terrain** de football :
c'est l'endroit où il joue le dimanche.
Les voyageurs descendent de l'avion
sur le **terrain d'atterrissage;**
c'est là que les avions arrivent :
ils se posent **par terre**
quand ils **atterrissent.**
L'été, nous dînons sur la **terrasse** :
c'est un endroit plat
qu'on a arrangé devant la maison.

terrible
Quand le lion rugit, il a l'air **terrible** :
il fait peur!
Mais si Sophie dit :
« J'ai une faim **terrible!** »,
ça veut seulement dire qu'elle a très faim.

tête
Je dessine une **tête** : je fais les yeux, la bouche, le nez, les oreilles...
Je vais mettre aussi des cheveux.
La **tête** est une partie du corps.
Une **tête** d'épingle, c'est le petit bout tout rond qui est en haut de l'épingle.
La **tête** de mon lit, c'est le côté du lit où je pose ma **tête** quand je suis couché.
Marie réfléchit : elle **se creuse la tête** pour trouver la solution de son problème.
Marc **n'a pas de tête** : il est étourdi.
Nathalie **fait la tête** : elle boude.
Celui qui gagne la course, c'est le premier : il est **en tête.**
Quand Nicolas **a une idée dans la tête,** il ne veut pas en changer : il est **têtu,** et même s'il a tort, il **s'entête;** c'est bête d'être **entêté** comme ça!

téter
Le petit veau **tète** sa mère : il boit son lait. Une maman aussi peut nourrir son bébé avec son lait : elle peut lui donner à **téter.**
Mais souvent les tout petits enfants boivent du lait dans un biberon, avec une **tétine** : c'est un capuchon en caoutchouc, percé d'un trou, qui sert de bouchon au biberon.

thé
Aline boit une tasse de **thé** : c'est une boisson qu'on fait avec de l'eau bouillante et les feuilles séchées d'un petit arbre.
On sert le **thé** dans une **théière.**

théâtre
Les acteurs font du **théâtre** : ils jouent pour les spectateurs.
Le **théâtre,** c'est aussi l'endroit où on joue la pièce :
Isabelle va souvent au **théâtre.**

thermomètre
Quand j'ai de la fièvre, Maman prend un **thermomètre** pour mesurer ma température.
Un **thermomètre** est un instrument qui montre combien il fait chaud ou froid : le liquide qui est dans le tube monte quand il fait chaud et descend quand il fait froid.
« Il gèle, dehors, regarde le **thermomètre** : il marque zéro! »

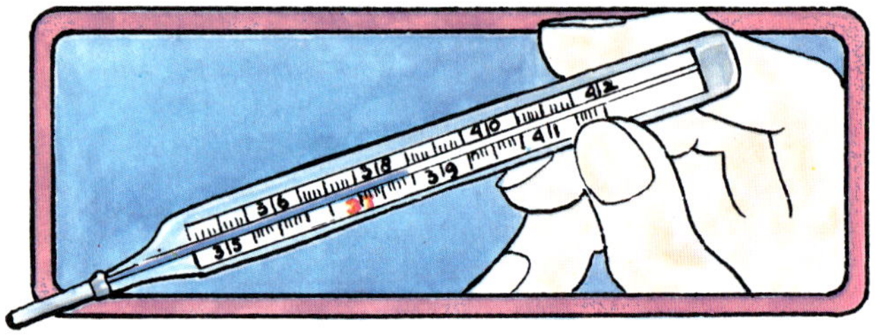

ticket
Pour prendre l'autobus, le car, le métro, il faut acheter un billet ou un **ticket** : c'est un petit rectangle de papier avec des chiffres imprimés dessus.

tiède
Viens te baigner, l'eau est **tiède** : elle n'est pas très chaude, mais elle n'est pas froide non plus.

tige
Pour cueillir une fleur,
je coupe sa **tige.**
La **tige**, c'est la partie de la plante
qui pousse au-dessus de la terre;
elle porte les feuilles et les fleurs.

tigre
Le **tigre** est un animal sauvage
qui a une belle fourrure jaune
avec de grandes rayures noires.
La femelle du **tigre** est la **tigresse.**

timbre
Avant de mettre ma lettre à la poste,
je colle un **timbre** sur l'enveloppe :
un **timbre** est un petit papier
carré ou rectangulaire, avec un prix
et une image imprimés dessus.
On achète les **timbres** à la poste
ou dans les bureaux de tabac.
On dit aussi un **timbre-poste.**

tirelire
Nathalie a une **tirelire** en faïence
avec une fente pour y glisser
des pièces de monnaie.
On ne peut pas ouvrir la **tirelire,**
alors Nathalie la cassera
quand elle voudra prendre l'argent
qu'elle a conservé dedans.

tirer
La locomotive **tire** les wagons :
elle les fait avancer
en les traînant derrière elle.
Je **tire** mon mouchoir de ma poche :
je le prends et je le sors.
Sophie me **tire la langue** :
elle me fait une grimace.
Le jour du **tirage** de la loterie,
on prend au hasard un billet, on le **tire**
pour savoir qui sera le gagnant.
« Sais-tu **tirer** un trait bien droit?
— Oui, je peux tracer une ligne droite
en me servant de ma règle. »
« Écoute! on entend les chasseurs
qui **tirent** des coups de fusil! »
Le **tire-bouchon** est un instrument
qui sert à ouvrir les bouteilles.
Ma table a deux **tiroirs.**
Un **tiroir** est une sorte de boîte
sans couvercle qui est dans la table;
je le fais sortir en le **tirant** vers moi.

tisane
La **tisane** est une boisson chaude
qu'on fait avec de l'eau bouillante
et des plantes séchées qui ont bon goût,
comme la menthe.
On dit aussi une « infusion ».

toile
L'été, nous portons des robes
ou des pantalons de **toile** :
la **toile** est un tissu
qu'on fabrique surtout avec du coton.
Les tableaux sont souvent peints
sur un morceau de **toile**
tendu sur un cadre en bois.
L'araignée tisse sa **toile** :
elle tend des fils légers
et les croise pour fabriquer un piège
où les mouches seront attrapées.

tisser
L'étoffe de ma robe est faite de fils
croisés les uns sur les autres,
elle a été **tissée**, c'est un **tissu**.
Les **tissus** sont fabriqués
avec de la laine, de la soie, du coton
ou d'autres fils qu'on peut **tisser**.
Le **tissage** se fait dans des usines,
avec des machines qu'on appelle
des **métiers à tisser**. On peut aussi
tisser à la main sur un métier en bois.

toilette
Le soir et le matin, je me lave :
je fais ma **toilette**.
Le **cabinet de toilette** est un endroit
où il y a un lavabo pour se laver.
Quand le chat se lèche pour se nettoyer,
on dit qu'il fait sa **toilette**.

titre
« Qu'est-ce que tu lis?
— Je lis « Pierre et le Loup »...
C'est le **titre**, le nom de l'histoire. »
Le **titre** du livre est écrit
sur la première page, en grosses lettres.

toboggan
Sur la plage et au jardin public,
on peut faire des parties de **toboggan** :
on s'assied tout en haut
et on se laisse glisser jusqu'en bas.

toit
La maison est couverte d'un **toit**
qui nous empêche d'avoir froid
et de recevoir la pluie.
Beaucoup de **toits** sont faits
de tuiles rouges ou d'ardoises grises.

tomate
La **tomate** est un fruit rouge
qu'on mange cru
ou cuit comme un légume;
elle pousse sur une plante
qu'on peut cultiver dans le jardin.

tomber
Pendant que je courais,
mon pied a rencontré une grosse pierre,
et je suis **tombé** : me voilà par terre!
« Tiens bien ton verre! Si tu le lâches,
il ira tout droit par terre : il **tombera.** »
J'ai une dent qui remue,
elle va sûrement **tomber.**
Le docteur est venu voir la voisine
parce qu'elle est **tombée** malade.
Ce n'est pas de chance : ça **tombe mal,**
elle allait partir en voyage.

tondre
Pour avoir une belle pelouse verte,
il faut couper l'herbe très court :
il faut **tondre** le gazon;
on se sert pour cela d'une machine
qui s'appelle une **tondeuse.**
Les moutons de la ferme sont **tondus** :
on a coupé leur laine.

tonneau
On conserve le vin dans un **tonneau.**
Le **tonnelier** fabrique les **tonneaux**
en assemblant des planches
qu'il serre dans des cercles de fer.

tonnerre
Voici l'orage. On entend un grand bruit
dans le ciel : c'est le **tonnerre.**
Quand tu vois briller un éclair,
c'est qu'il va bientôt **tonner** :
le bruit du **tonnerre** vient après l'éclair.

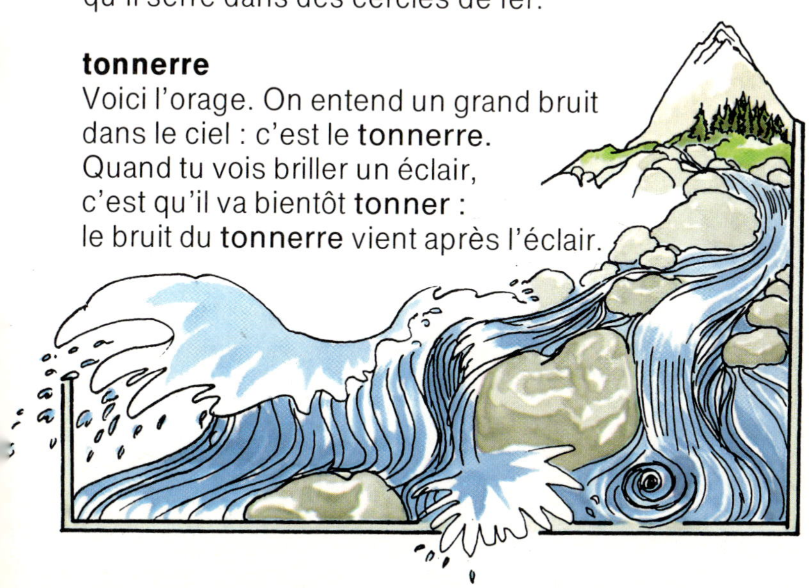

torchon
« Donne-moi un **torchon**
pour essuyer la vaisselle. »
Un **torchon,** c'est un morceau de toile
dont on se sert à la cuisine.

tordre
Aline a lavé son linge, il est mouillé,
alors elle le serre fort en tournant :
elle le **tord** pour en faire partir l'eau.
Le clou n'est plus droit : il est **tordu.**
Aïe! je me suis **tordu** le pied :
j'ai dû poser mon pied de travers
et je me suis fait mal.
Hier Sophie faisait tant de grimaces
que nous **nous tordions de rire** :
nous étions tout courbés à force de rire.
Moi, je **me tortillais** sur ma chaise :
je m'agitais dans tous les sens!
« Si tu regardes derrière toi comme ça
en **te tordant** le cou,
tu finiras par te faire mal au cou :
tu vas attraper un **torticolis.** »

torrent
Un **torrent** est une rivière qui descend
très vite du haut d'une montagne.
On dit qu'il pleut **à torrents**
quand la pluie tombe très fort.

tort
Marie et Éric ne sont pas d'accord :
« C'est moi qui ai raison!
— Non, tu te trompes : tu **as tort!** »
Je trouve qu'ils **ont tort** de se disputer :
ils feraient mieux de bien s'entendre.

tortue
La **tortue** est un animal à quatre pattes qui marche très lentement; son corps est protégé par une « carapace » : c'est comme une coquille très dure où elle rentre sa tête et ses pattes quand elle est en danger.
Les **tortues de mer** nagent très bien.

toucher
Ta joue est contre la mienne, je sens ta peau : nous **nous touchons.**
Je **touche** les choses avec mes mains.
La glace est froide, la pierre est dure, la fourrure est douce : je le sais parce que je les ai **touchées.**

tour (une)
Une **tour** est un bâtiment très haut et étroit, qu'on voit de loin.
Autrefois, les châteaux avaient souvent des **tours** en pierre; maintenant, dans les grandes villes, on construit des **tours** en béton; la **tour** Eiffel, à Paris, est en fer.

tour (un)
Les aiguilles de la montre tournent : elles font le **tour** du cadran.
Marc court tout autour de la maison; le voilà parti..., le voilà revenu : il fait le **tour** de la maison.
« Vas-y maintenant, Sophie, c'est à toi de courir : c'est **à ton tour.** »
Arnaud est parti se promener un peu : il est allé **faire un tour.**
Pour bien fermer la porte, je fais tourner la clé dans la serrure ; je donne un **tour de clé.**
Papa sait faire des **tours de cartes :** il les fait sortir, disparaître, si adroitement qu'on ne comprend pas comment il fait!
Sophie a caché mon livre pour me **jouer un tour :** elle aime faire des farces.

tourner
Les autos **tournent** sur la place : elles avancent en rond, les unes derrière les autres.
Pour aller chez Philippe, je **tourne** à gauche au bout de la rue : je ne vais pas tout droit, je prends une autre direction.
En voiture, il faut ralentir dans les **tournants :** aux endroits où la route n'est pas droite.
Marc **tourne** les pages de son livre : il prend chaque page par un coin pour la changer de place et regarder ce qu'il y a de l'autre côté.
Pour écouter de la musique, Éric a un **tourne-disque :** c'est un appareil électrique, son moteur fait **tourner** le disque, alors on entend la chanson.

tousser
Quand j'ai mal à la gorge, je **tousse :** l'air sort brusquement de ma poitrine, j'ouvre la bouche, et cela fait du bruit.
« Tu as pris froid, mon pauvre Marc, bois une cuillerée de sirop : c'est un médicament pour guérir la **toux.** »

tout
Voilà, j'ai bu **toute** la bouteille :
il n'y a plus de sirop dedans;
mais je n'ai pas avalé **tout** à la fois,
d'un seul coup,
j'en ai pris un peu **tous** les jours :
une cuillerée chaque jour.
Lundi, je serai complètement guéri :
j'irai **tout à fait** bien.
Je reverrai **tout le monde**, à l'école :
tous les garçons et **toutes** les filles
que je connais dans la classe.
J'en ai assez d'être **tout** seul ici;
heureusement, Nicolas va venir bientôt,
je voudrais qu'il arrive **tout de suite!**

trace
« Qui a marché dans la neige?...
On voit partout des **traces** de pas! »
Avec ses pieds mouillés,
Nicolas a laissé de l'eau partout;
on voit où il a marché :
on peut le **suivre à la trace.**
J'ai dessiné une ligne avec mon crayon :
j'ai **tracé** un trait sur le papier.

tracteur
Albert conduit son **tracteur** :
c'est une voiture à moteur
qui sert à tirer la charrue
ou d'autres machines agricoles.

train
Voilà le **train** qui arrive à la gare :
j'entends le bruit de la locomotive
qui tire les wagons derrière elle.
Le **train** transporte des voyageurs,
des bagages et des marchandises.
« Ne laisse pas traîner tes jouets!
— Justement, je **suis en train** de ranger :
c'est ce que je fais en ce moment. »

traîner
Nathalie **traîne** son ours derrière elle :
elle ne le porte pas, elle le tire
en le faisant glisser par terre.
« Pourquoi marches-tu comme cela,
en **traînant** les pieds? tu es fatiguée?
tu n'as pas la force de lever les pieds?
Tu devrais ramasser tes affaires,
elles **traînent** partout : tes jouets
et tes vêtements ne sont pas rangés. »
Thomas ne sait pas bien marcher,
il aime mieux **se traîner** par terre :
pour changer de place, il avance
sur les mains et les genoux.
Sophie a mis la vieille robe de Maman :
« Regarde, ma robe est si longue
qu'elle **traîne** par terre derrière moi :
j'ai une robe à **traîne**,
on dirait une grande queue! »
Dans les pays très froids,
les gens se promènent en **traîneau** :
dans une voiture sans roues,
qui a de grands patins
pour glisser sur la neige et la glace.

traire
La fermière **trait** la vache et la chèvre
pour avoir leur lait.
Dans les grandes fermes,
il y a des machines électriques
pour **traire** les vaches.

trait
Sophie a tiré un **trait** sur son cahier :
elle a dessiné une ligne droite,
d'un seul coup, avec son stylo.
« Tu as déjà bu ton jus d'orange?
— Oui, j'ai vidé mon verre **d'un trait** :
sans m'arrêter. J'avais soif! »

tranche
Papa coupe le rôti en **tranches** :
il le découpe avec un grand couteau
en faisant des morceaux larges
et pas très épais.
« Donne-moi une **tranche** de pain
pour faire une tartine, s'il te plaît. »
Le charcutier a une machine
pour couper les **tranches** de jambon.

tranquille
« Ne vous agitez pas, mes enfants,
restez **tranquilles**, cela vous reposera.
Il ne faut pas réveiller votre petit frère,
il dort **tranquillement** : sans bouger.
— Ne t'inquiète pas, Maman :
sois tranquille, Marc lit son livre,
et moi je vais dessiner. »

transparent
Quand l'eau est propre et tranquille,
elle est **transparente** : on peut voir
les cailloux au fond du ruisseau.
Je vois le vin qui est dans la bouteille
parce qu'elle est en verre **transparent** :
on voit au travers.
« Je parie que tu as un slip rouge.
— Oui, comment le sais-tu?
— Je le devine **par transparence**
à travers ta robe légère. »

transpirer
Qu'il fait chaud, sous le soleil!
je suis en sueur : je **transpire**.
Ma chemise est mouillée sous les bras
à cause de ma **transpiration**.

travailler
Philippe fait marcher les machines :
c'est son **travail** à l'atelier.
Mes parents **travaillent** dans un bureau.
Albert **travaille** en cultivant la terre.
On gagne sa vie en **travaillant**.
Et nous, en apprenant à l'école,
nous faisons aussi un **travail** utile.

traverser
Quand les voitures s'arrêteront,
nous pourrons **traverser** la rue :
passer de l'autre côté de la rue,
pour aller sur le trottoir d'en face.
La pluie **traverse** ma chemise :
elle passe **au travers** et je suis mouillé.
Je rentre à la ferme
en passant **à travers champs** :
je marche dans les champs pour rentrer.
Cet arbre n'est pas droit :
il est **de travers**, il penche d'un côté.

trèfle
Le **trèfle** est une petite plante qui pousse dans les prés; ses feuilles sont en trois parties. Le **trèfle** sert à nourrir les animaux de la ferme. Dans un jeu de cartes, le **trèfle** est le dessin noir qui a la forme d'une feuille de **trèfle**.

trembler
« Brrr! qu'il fait froid! je **tremble** : tout mon corps est secoué de petits mouvements brusques, je ne peux pas m'empêcher de **trembler**.
— C'est comme l'oiseau qui avait peur parce que tu l'avais pris dans ta main : il était tout **tremblant**, le pauvre! »

tremper
Marc **trempe** sa tartine dans son bol : il mouille le pain en le plongeant dans le café au lait.
« D'où viens-tu? tu es **trempé**!
— Il pleut très fort, et je suis mouillé comme si on m'avait **trempé** dans l'eau! »

trésor
Tom a enterré son os au fond du jardin comme si c'était un **trésor** : un **trésor** est une chose précieuse, par exemple de l'argent ou des bijoux, qu'on garde soigneusement pour ne pas les perdre.

triangle
Une part de tarte a trois côtés : elle a la forme d'un **triangle**.
Tu peux faire un **triangle** en assemblant trois crayons sur la table ou en traçant trois lignes droites qui se rencontrent.

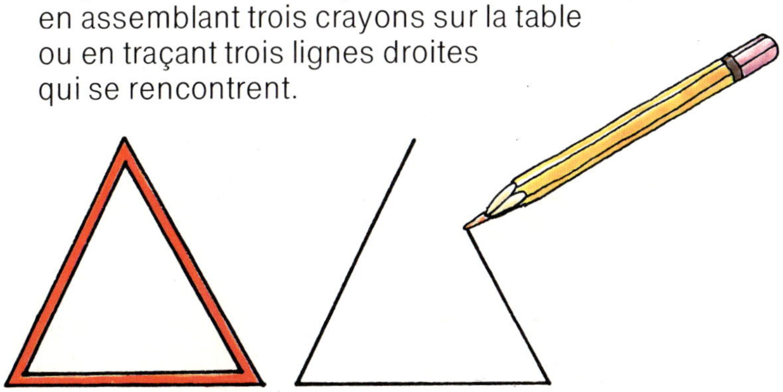

tricher
« Tu n'as pas le droit de regarder mes cartes, en jouant! tu es un **tricheur** : tu essaies de gagner en faisant ce qui est défendu! Tu n'es pas obligé de jouer avec nous, mais si tu joues, ne **triche** pas : il faut suivre les règles du jeu. »

tricoter
Aline fait un pull-over en **tricotant** de la laine avec des **aiguilles à tricoter**.
Le **tricot** est une sorte de tissu fait de mailles, comme des boucles, attachées les unes aux autres.
Il existe des **machines à tricoter** qui **tricotent** bien plus vite qu'Aline.

trier
« Vous ne pouvez pas emporter tous vos jouets en vacances, il faut les **trier** : choisissez ceux que vous prendrez pour les mettre dans la valise, et rangez les autres dans le placard.
Moi, je fais un **tri** dans les vêtements : je mets d'un côté ceux qu'on emporte, et je laisse les autres dans la commode. »

tripoter
« Prends un gâteau, Nicolas, mais ne les **tripote** pas tous, ne les touche pas : tu les abîmes.
— Et vois comme il a les mains sales : il a **tripoté** du sable tout l'après-midi, il a remué le sable avec ses mains!
— Je faisais un beau château, ce n'était pas du **tripotage**! »

triste
Nicolas est un peu **triste,**
depuis que Nathalie est partie :
il rit moins, il n'a pas l'air gai,
je crois qu'il s'ennuie d'elle.
On ressent de la **tristesse,**
quand on est malheureux.
Les gens qui ne sont jamais contents
vivent bien **tristement!**

trompe
L'éléphant a une **trompe** :
c'est un nez très très long,
et il s'en sert pour attraper
ce qu'il veut, comme avec une main.

trompette
La **trompette** est en métal;
on dit que c'est un instrument à vent
parce qu'il faut souffler dedans
pour faire de la musique.

tromper
« Aujourd'hui, c'est mercredi.
— Non, ce n'est pas vrai, c'est mardi,
tu **te trompes** : tu fais une erreur.
— Mais c'est Sophie qui me l'a dit!
— Elle t'a **trompé** : elle t'a fait croire
quelque chose qui n'est pas vrai.
— Alors, elle m'a menti?
— Peut-être qu'elle **s'est trompée,**
elle aussi! »
Marie a pris mon cahier
en croyant que c'était le sien :
elle **s'est trompée** de cahier.

tronc
Où est Marc? il est caché
derrière un **tronc** d'arbre.
Le **tronc** de l'arbre,
c'est ce qui pousse au-dessus du sol :
c'est une très grosse tige
qui porte les branches de l'arbre.
Moi aussi, j'ai un **tronc** :
c'est la partie de mon corps
qui porte ma tête et mes membres.

trotter
Maintenant que Thomas sait marcher,
il **trotte** dans toute la maison :
il va vite d'une pièce dans l'autre;
il suit Maman en **trottinant** :
en faisant de tout petits pas
parce qu'il n'a pas de grandes jambes.
Quand un cheval marche vite,
on dit : « Il **trotte** », « Il va **au trot** ».
Nicolas a une **trottinette** :
elle a deux petites roues
et un guidon, comme une bicyclette.
Dans la rue, nous marchons
sur le **trottoir** : c'est un endroit
qui est fait pour les piétons.
Le **trottoir** passe le long des maisons;
il y en a un de chaque côté de la rue.

trou
Il y a un **trou** dans ma chaussette :
elle est percée, on peut passer
le doigt au travers.
Marc a fait une tache sur son cahier
et il a frotté si fort avec sa gomme
qu'il a **troué** le papier!
« Qu'est-ce que ce **trou** dans la terre?
— C'est un terrier creusé par un lapin. »

troupeau
Les moutons, les vaches, les éléphants, les chevaux vivent en **troupeaux**. Un **troupeau** est un groupe d'animaux qui vivent toujours ensemble.

trouver
« À quoi est-ce qu'on pourrait jouer?
— J'ai **trouvé** : j'ai une idée! Je vais cacher quelque chose, et il faudra que tu le cherches. Tu regarderas bien partout pour le **retrouver**.
— Le voilà! je l'ai **trouvé**!
— Tu le **trouves** joli, ce coquillage?
— Oui, je pense que c'est le plus beau de toute ta collection. »

truc
« Papa, j'ai trouvé un drôle de **truc**!
— Qu'est-ce que c'est?
— Je ne sais pas, un machin...
— Un **truc**, un machin, c'est n'importe quoi, je ne comprends pas ce que tu veux dire. Explique-moi plutôt à quoi ça ressemble! »

tube
La pâte dentifrice est dans un **tube** en métal avec un petit bouchon au bout. Pour peindre, j'ai des **tubes** de couleur; on presse dessus pour faire sortir la peinture. Un **tube** est un objet rond et long, creux à l'intérieur; on peut mettre quelque chose dedans. Il existe des **tubes** en métal, en verre, en plastique ou en carton.

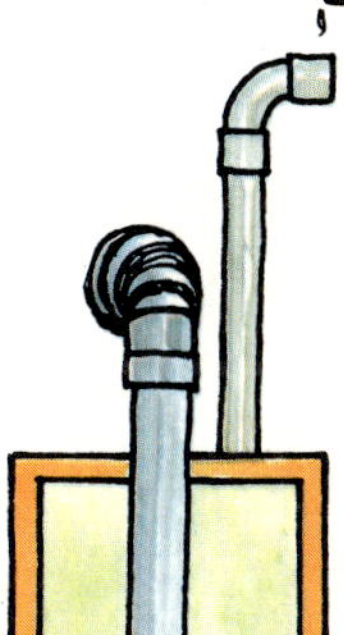

tuer
Les bouchers **tuent** les moutons, les bœufs, les veaux que nous mangeons. Le chasseur fait mourir les lapins en les **tuant** avec son fusil. Quand il y a la guerre dans un pays, beaucoup de gens sont **tués** ou blessés par les armes des soldats. Papa connaissait un monsieur qui est mort la semaine dernière : il a été **tué** dans un accident d'auto.

tuile
La maison de tante Clara a un toit fait de **tuiles** rouges : une **tuile** est une sorte de carreau en terre cuite, rouge ou brune.

tunnel
Le train traverse la montagne en passant dans un **tunnel** : c'est un chemin creusé dans la terre; on n'y voit rien, il fait tout noir!

tuyau
L'eau et le gaz arrivent dans la maison en passant par des **tuyaux** en métal ou en caoutchouc. Un **tuyau** est rond et creux comme un tube, et il peut être très long. Le poêle a un gros **tuyau** en métal par où la fumée s'en va dehors quand nous faisons du feu. Les pompiers déroulent leurs **tuyaux** pour éteindre l'incendie en lançant de l'eau sur le feu. Nous nous servons aussi d'un long **tuyau** en plastique pour arroser le jardin.

U u

user
J'ai tellement marché avec mes souliers
que je les ai **usés** : ils sont abîmés,
il y a des trous dans les semelles;
je ne peux plus les mettre,
ils sont trop vieux.
Les choses ne restent pas neuves
si on s'en sert souvent : elles **s'usent.**
Quand les vêtements sont trop **usés,**
il n'y a plus qu'à les jeter
et à en acheter d'autres.

usine
Les ouvriers travaillent à l'**usine.**
Les **usines** sont de grands bâtiments
où il y a beaucoup de machines
pour fabriquer toutes sortes d'objets.

utile
« Tu en as des choses dans ta poche!
Un canif, un crayon, de la ficelle...
— Ce sont des objets **utiles** :
j'en ai besoin, je m'en sers souvent.
— Mais un caillou, un vieux ticket,
ça ne sert à rien : c'est **inutile!**
— C'est vrai, je ne sais pas pourquoi
je les garde! »
On élève les vaches et les moutons
parce qu'ils sont **utiles** :
nous nous servons de leur lait,
de leur laine, de leur viande...
Notre chat est **inutile** :
il n'attrape même pas les souris,
et pourtant nous l'aimons bien.

V v

vacances
Chaque année, nous allons en **vacances.**
Pendant les **vacances,** on se repose :
les grandes personnes ne travaillent pas,
et les enfants ne vont plus à l'école.
On a le temps de s'amuser, de lire,
de se promener ou de partir en voyage.

vache
La **vache** est un animal domestique
qui a des cornes et se nourrit d'herbe.
La **vache** est la femelle du taureau,
et ses petits sont des veaux.
On élève les **vaches** pour avoir leur lait.
Ceux qui soignent les **vaches**
sont des **vachers** et des **vachères.**

vague
La mer remue tout le temps,
l'eau monte et descend
en faisant des **vagues.**
Quand le vent souffle très fort,
la tempête soulève l'eau de la mer,
alors les **vagues** sont très hautes,
et c'est dangereux pour les bateaux.

vaisselle
Les plats, les assiettes, les tasses
sont de la **vaisselle.**
On les lave après le repas;
cela s'appelle **faire la vaisselle.**
Quand la **vaisselle** est lavée,
on l'essuie avec un torchon.

valise
« Marie, nous partons demain matin,
as-tu **fait ta valise?**
— Oui, j'ai préparé les vêtements
et les livres que je veux emporter,
puis je les ai rangés dans ma **valise.** »
Une **valise** est une sorte de boîte
en cuir, en toile ou en plastique,
avec un couvercle et une poignée
pour qu'on puisse la porter à la main.

vallée
La rivière coule dans la **vallée :**
une **vallée** est un grand espace creux
entre deux montagnes.
Une petite **vallée** est un **vallon.**

valoir
« Combien ça coûte, une glace?
ça **vaut** cher? — Je ne sais pas
combien ça peut **valoir.**
Il **vaut mieux** demander à Maman :
alors, on saura si on a assez d'argent
pour en acheter. »

vanille
Aimes-tu la glace à la **vanille?**
Elle est parfumée avec le fruit
d'une plante des pays chauds
qui s'appelle le **vanillier.**

vapeur
Quand l'eau bout dans la casserole,
on voit comme un petit nuage au-dessus :
c'est de la **vapeur** d'eau.
Et si la **vapeur** se refroidit,
elle redevient de l'eau.
La **vapeur** fait bouger le couvercle
de la casserole qui est sur le feu,
elle le pousse pour essayer de sortir.
On se sert de la force de la **vapeur**
pour faire marcher des moteurs.

vase
Pour garder les fleurs à la maison,
on les met dans un **vase** plein d'eau.
Un **vase** est une sorte de pot,
en verre ou en terre cuite.

veau
Le **veau** est un animal domestique
dont la chair est bonne à manger.
Les **veaux** sont les petits
de la vache et du taureau.

velours
Marie a mis son pantalon de **velours :**
le **velours** est une étoffe un peu épaisse
qui a des poils courts et serrés.
On dit que la pêche a une peau **veloutée**
parce qu'elle est douce
comme du **velours.**

vendanger
Quand les raisins sont mûrs,
il faut les cueillir : il faut faire la **vendange.**
Quand on aura fini de **vendanger,**
et que toutes les grappes seront coupées,
on les écrasera pour faire du vin.
Les gens qui travaillent dans les vignes
pour récolter le raisin
sont des **vendangeurs.**

vendre
Le boulanger **vend** du pain :
vous lui donnez de l'argent,
et il vous donne du pain en échange.
Dans les magasins, il y a des **vendeurs**
et des **vendeuses** pour recevoir les gens
et leur **vendre** ce qu'ils demandent.
Robert a **vendu** sa voiture :
quelqu'un lui a donné de l'argent
pour l'avoir; l'auto est **vendue.**
À la librairie, les livres sont **en vente,**
ils sont à **vendre** : on peut les acheter.

venir
« Nous allons regarder les images,
viens près de moi :
approche-toi, tu es trop loin. »
« Tu **viendras** chez nous, demain?
— Oui, j'arriverai de bonne heure.
— Le soir, nous irons voir Robert.
Tu pourras **venir** avec nous :
tu nous accompagneras, si tu veux. »
« Tu n'as pas faim?
— Oh! non, nous **venons de** déjeuner :
nous avons déjeuné il y a un instant. »
« Tu sais qu'Éric est rentré?
Il était parti, mais il est **revenu.**
— Avant, il **venait** souvent à la maison.
Je serais content de le voir encore :
j'aimerais bien qu'il **revienne.** »

vent
« Regarde, mes cheveux s'envolent,
et les feuilles remuent,
c'est qu'il y a du **vent** : l'air bouge. »
Cela fait du bruit quand le **vent** souffle fort.
Quand il fait très chaud,
Sophie agite son **éventail**
pour faire du **vent** et se rafraîchir.
Il existe aussi un appareil électrique
qui fait du **vent** en tournant :
cela s'appelle un **ventilateur.**

ventre
« Tom a avalé tellement de soupe
qu'il a le **ventre** tout rond!
— Moi aussi, j'ai trop mangé :
j'ai un peu **mal au ventre.** »
Le **ventre** est une partie du corps,
il est en bas du tronc, sous la poitrine.
Marc est **à plat ventre** sur le tapis :
il est allongé sur le tapis.

ver
J'ai trouvé un **ver** dans ma pomme :
un **ver** est un petit animal sans pattes
qui a le corps long et mou.
Dans le jardin, quand il a plu,
on voit ramper les **vers de terre;**
ils creusent des tunnels dans le sol
et se nourrissent de feuilles mortes.

verre
Je bois dans un **verre.**
Arnaud a cassé le **verre** de sa montre,
Éric nettoie les **verres** de ses lunettes :
tous ces objets sont en **verre.**
Le **verre** est brillant et transparent,
il est dur, mais se casse facilement.
On fabrique le **verre** dans des usines.

pompiste
hôtesse de l'air
égoutier
agent de police
2
3
maître nageur
soldat
monitrice de ski
coureur automobile
infirmière

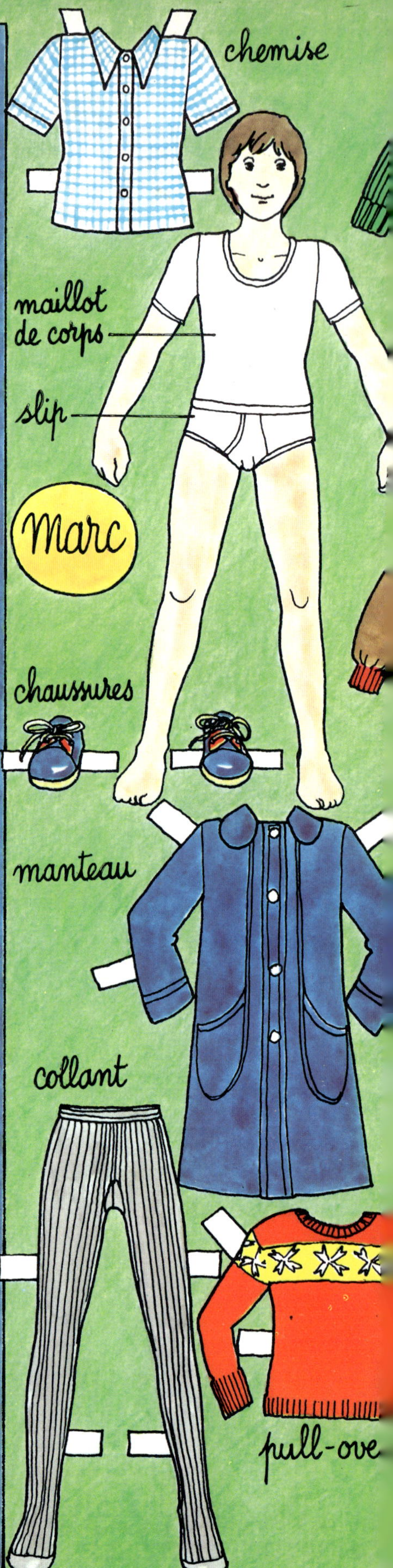
chemise
maillot de corps
slip
Marc
chaussures
manteau
collant
pull-ove

pull-over
haussettes
pantalon
blouson
jupe
maillot de corps
slip
Sophie
sabots

cuisinier
ballerine
ouvrier du bâtiment
marin
pompier
homme-grenouille
pays chaud (une Africaine)
pôle Nord (un Eskimo)
pays chaud (une Indienne)

verrou
La porte de la cabane
est fermée avec un **verrou** :
c'est une petite barre de fer
qu'on tire pour ouvrir la porte;
on pousse le **verrou** pour refermer,
alors la porte est **verrouillée.**

verser
Quand j'ai soif, je remplis mon verre
en **versant** de l'eau dedans :
je prends la bouteille et je la penche
au-dessus du verre pour que l'eau coule.
« **Verse**-moi aussi à boire », dit Marc.

vert
L'herbe est **verte,** les arbres sont **verts.**
Il n'y a pas beaucoup de **verdure** en ville.
Les autos attendent le feu **vert**
pour démarrer.
Pour faire de la peinture **verte,**
on mélange du jaune et du bleu.
Les fruits sont **verts**
quand ils ne sont pas mûrs;
alors, ils sont durs et acides.

veste
« Si tu as trop chaud, enlève ta **veste.** »
Une **veste** est un vêtement court,
ouvert devant, et qui a des manches.
Un **veston** est une **veste** d'homme.

vêtement
Les manteaux, les robes, les pantalons
sont des habits ou des **vêtements.**
Un **vêtement** sert à nous habiller,
il protège notre corps
et nous tient chaud.

Regarde l'image des vêtements pages 302 et 303

vétérinaire
Si un animal est malade ou blessé,
on peut le conduire chez le **vétérinaire** :
c'est le médecin des animaux.

viande
Le bifteck, le jambon, les côtelettes,
le poulet sont de la **viande** :
la **viande,** c'est la chair des animaux.
On achète la **viande** chez le boucher
ou chez le charcutier.

vider
Cette boîte était pleine de bonbons,
mais nous les avons tous mangés;
maintenant, la boîte est **vide** :
il n'y a plus rien à l'intérieur.
Thomas a **vidé** son bol : il a bu le lait
jusqu'à la dernière goutte.

vieux
Mes grands-parents sont **vieux** :
il y a très longtemps qu'ils sont nés,
ils ont déjà vécu beaucoup d'années.
« Je suis **vieille,** dit Mamie,
je ne peux plus courir
comme quand j'étais jeune,
car on se fatigue en **vieillissant.** »
Les gens très **vieux** sont des **vieillards.**
Les choses aussi **vieillissent** :
mon manteau est **vieux,** usé,
il n'est plus neuf,
il y a longtemps que je le porte.
Mais les **vieilles** maisons
peuvent être encore très solides
et durer pendant dc longues années.

vif
L'écureuil a deux yeux brillants
qui bougent vite pour tout regarder :
on dit qu'il a l'œil **vif.**
Ma robe est d'un beau rouge,
on la voit de loin : elle est rouge **vif,**
elle est d'une couleur **vive.**
Une lumière **vive** est très brillante.
Sophie n'est pas lente : elle est **vive;**
aussitôt qu'elle est réveillée,
elle se lève **vivement** :
avec elle, tout est vite fait!

vigne
Le raisin est le fruit de la **vigne,**
qui est un petit arbre.
Le père de Philippe est **vigneron** :
il cultive ses **vignes**
et fabrique du vin avec le raisin.

vilain
Il ne fait pas beau, il pleut :
quel **vilain** temps!
Sophie n'est pas sage aujourd'hui,
elle fait des bêtises, elle désobéit :
quelle **vilaine** fille!
« Ce n'est pas bien, Sophie,
ce que tu fais là : c'est très **vilain.** »

ville
Il y a beaucoup de rues dans la **ville,**
de grandes maisons, de boutiques,
de voitures et de piétons
qui circulent toute la journée.
Il n'y a pas tant de monde
dans un **village** : c'est plus petit,
et les gens travaillent presque tous
dans les champs.

vin
Le **vin** est une boisson
qu'on fabrique avec le jus du raisin.
Il existe beaucoup de sortes de **vins** :
du **vin** rouge, du blanc, du rosé,
et aussi du champagne, qui mousse.
Avec le **vin,** on peut faire du **vinaigre** :
c'est un liquide très piquant
qui sert à assaisonner la salade.
Connais-tu la sauce **vinaigrette?**
On la fait avec du **vinaigre,**
de l'huile, du sel et du poivre.

violette
La **violette** est une petite fleur
très parfumée qui pousse au printemps
dans les bois et dans les jardins.
Le **violet** est la couleur de la **violette**;
on fait de la peinture **violette**
en mélangeant du rouge et du bleu.

violon
Le **violon** est un instrument de musique;
il a des cordes très fines
tendues sur une boîte en bois.
Le musicien qui sait jouer du **violon**
est un **violoniste**.

virage
En auto, il ne faut pas aller trop vite
dans les **virages** : ce sont les endroits
où la route tourne.
On dit aussi un tournant.

virgule
Connais-tu la **virgule**? c'est un signe
comme un point avec une petite queue,
en écrivant, on met une **virgule**,
entre certains mots : cela veut dire
qu'on peut s'arrêter un petit instant
en lisant. Mais pas aussi longtemps
que s'il y a un **point-virgule**;
ou surtout un point.

vis
Une **vis** est une sorte de clou
qui s'enfonce en tournant dans le bois.
La serrure est **vissée** sur la porte :
elle est fixée dessus avec des **vis**.
Pour enfoncer une **vis**,
on se sert d'un instrument
qui s'appelle un **tournevis**.
Pour enlever le bouchon du tube
de pâte dentifrice, on le fait tourner :
on le **dévisse**. Pour refermer, on **visse**
en tournant dans l'autre sens.

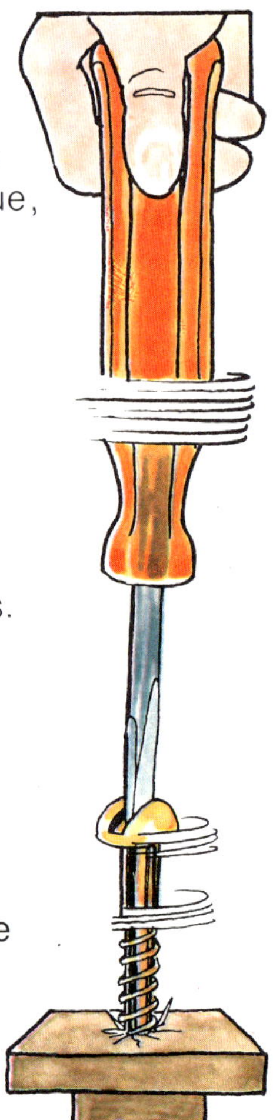

visage
Mon nez est au milieu de mon **visage** :
mon **visage**, c'est ma figure,
avec mon front, mes yeux, mon nez,
ma bouche, mes joues et mon menton.

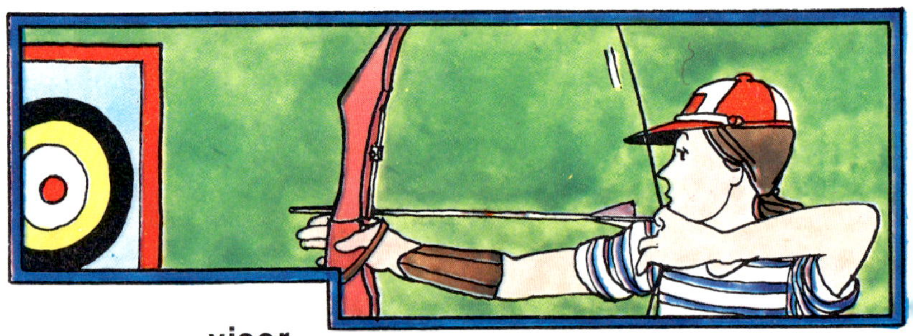

viser
Pour toucher la cible
avec une flèche, il faut **viser** :
bien regarder l'endroit
où on veut envoyer la flèche
pour la lancer juste où il faut.
Le chasseur **vise** le lapin avec son fusil
avant de tirer dessus.

visière
Ma casquette a un petit bord
qui dépasse en avant :
c'est une **visière**,
elle sert à protéger les yeux.

visiter
Dimanche, nous **visiterons**
le musée de l'automobile :
nous irons dans toutes les salles
pour voir les voitures d'autrefois.
Ce matin, nous avons eu une **visite** :
une amie de Maman est venue nous voir,
je lui ai fait **visiter** la maison :
je lui ai montré toutes les pièces.
J'aime bien quand il vient des **visites** :
quand des gens viennent chez nous.

vite
« Tu as juste le temps d'aller à l'école,
dépêche-toi : il faut marcher **vite.** »
On va plus **vite** en auto qu'à pied :
en une heure, on fait plus de chemin;
mais l'avion est encore plus rapide :
sa **vitesse** est plus grande.
« Ne parle pas si **vite,** Sophie,
parle plus lentement. »

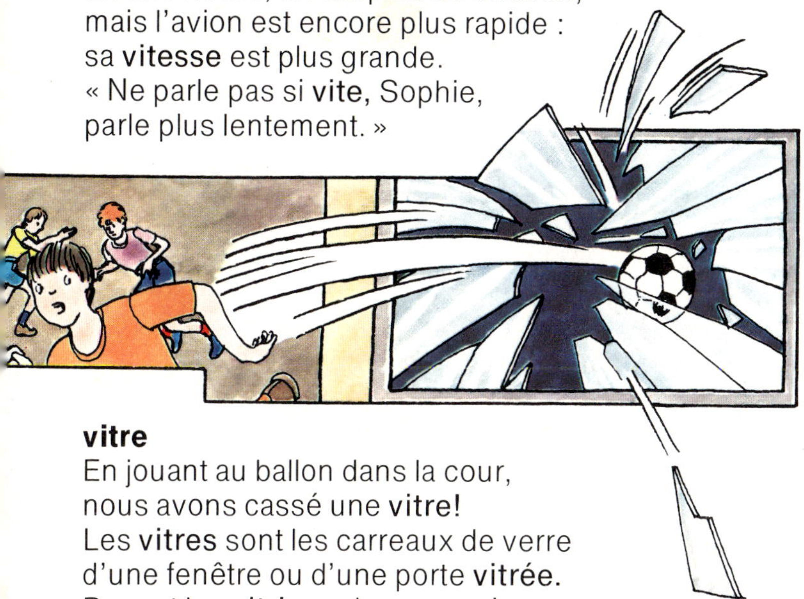

vitre
En jouant au ballon dans la cour,
nous avons cassé une **vitre!**
Les **vitres** sont les carreaux de verre
d'une fenêtre ou d'une porte **vitrée.**
Devant les **vitrines** des magasins,
il y a de grandes plaques de verre.
Quand un carreau est cassé,
il faut appeler le **vitrier** :
c'est celui qui vend les **vitres.**
Dans les églises, on voit des **vitraux**
à la place des fenêtres.
Un **vitrail** est fait de morceaux de verre
de toutes les couleurs;
cela ressemble à un tableau.

vivre
Depuis que je suis né, je grandis,
je bouge, je parle, je mange, je dors,
je regarde autour de moi, je respire :
je suis **vivant,**
mes parents m'ont donné la **vie.**
Les hommes, les animaux, les plantes
naissent, grandissent et meurent :
ce sont des **êtres vivants.**
Il y a des insectes qui **vivent** seulement
quelques heures : leur **vie** est courte;
au contraire, la **vie** des hommes
peut être très longue.
Moi, je **vis** dans une ville :
c'est là que j'habite, mais peut-être
que je **vivrai** ailleurs, quand je serai grand.
Tante Clara a toujours **vécu** à la campagne.
Cet été nous irons la voir,
quelle chance! **Vive** les vacances :
je voudrais qu'elles durent longtemps.

vœu
« Dis-moi ce que tu souhaites,
dit la fée à petit Pierre,
fais un **vœu,** et je le réaliserai,
tu auras ce que tu demanderas. »
Le 1er janvier, nous offrons nos **vœux**
à nos parents et à nos amis :
nous leur souhaitons une bonne année.

voile (un)
Sophie se déguise,
elle se met un **voile** sur la tête :
c'est un morceau d'étoffe légère
qui sert à couvrir les cheveux.

voile (une)
La **voile** du bateau est en toile,
elle est attachée au mât.
quand le vent souffle, il pousse la **voile,**
et cela fait avancer le bateau.

trains

camion-citerne
voiture de police
autobus
217
fourgonnette
TAXI
TIR
ambulance
taxi
bicyclette

CONCORDE
SORTIE

autocar
SOS VACANCES SOS VACANCES
camion
transports VITESSE
téléphérique
voiture de pompiers
moto
voiture électrique
voiture-caravane
C'EST BON !
CONCORDE
C'EST BEAU !
RIKIKI
C'EST MOINS CHER
métro

voir
Quand je regarde autour de moi,
je **vois** les gens et les objets
avec leurs couleurs et leurs formes,
mais si je ferme les yeux
je ne **verrai** plus rien.
Nous **voyons** avec nos yeux.
J'ai **vu** Nicolas, ce matin :
je l'ai rencontré à l'école.
Nous irons **voir** Isabelle, demain :
nous irons lui dire bonjour.
« **Au revoir**, Isabelle,
nous nous **reverrons** bientôt. »
De ta fenêtre, on a une jolie **vue** :
on **voit** un beau paysage.
Arnaud a besoin de lunettes
pour **voir** les choses qui sont loin :
il a une mauvaise **vue.**
« **Voyons**, ne te penche pas comme ça!
attention, tu n'es pas raisonnable,
tu **vois** bien que c'est dangereux :
tu le comprends bien. »
Quand il y a beaucoup de brouillard,
on ne peut pas **voir** les arbres là-bas :
ils sont **invisibles**;
mais aujourd'hui, il fait beau,
et on les **voit** très bien :
ils sont bien **visibles.**

voisin
Les gens qui habitent près de chez nous
sont nos **voisins.**
La **voisine** est couturière,
elle vit dans la maison d'à côté.
Quand nous allons chez ma tante,
nous faisons souvent des courses
à la ville **voisine** : ce n'est pas loin,
on peut y aller à bicyclette.

Regarde l'image des voitures pages 308 et 309

voiture
Les autos, les charrettes ont des roues,
elles servent à transporter les gens
ou les choses : ce sont des **voitures.**
Une **voiture** peut marcher avec un moteur
ou être tirée par un cheval;
on fait avancer une **voiture à bras**
en la tirant ou en la poussant à la main.
La poussette de Thomas
est une **voiture d'enfant.**

voix
Maman est là, j'entends sa **voix** :
notre **voix** est le son
qui sort de notre bouche
quand nous crions, quand nous chantons
ou quand nous parlons.
Nous n'avons pas tous la même **voix.**
Quand Philippe téléphone,
je reconnais bien sa **voix.**

volant
En voiture, pour aller à droite,
ou à gauche, on tourne le **volant**
vers la droite ou vers la gauche :
le **volant** sert à conduire la voiture,
c'est lui qui fait tourner les roues
dans le sens où on veut aller.

volcan
Un **volcan** est une montagne
qui fume quelquefois
comme une cheminée :
il laisse sortir le feu
qui est au fond de la terre,
et c'est très dangereux pour les gens
qui habitent dans le pays.

voler
Les oiseaux vont et viennent dans l'air
en remuant leurs ailes : ils **volent.**
Les avions aussi **volent** dans le ciel.
En automne, le vent fait voltiger
les feuilles mortes : il les fait **voler**
un instant dans l'air
avant qu'elles retombent sur le sol.
Un moineau s'est posé sur ma fenêtre,
il a ouvert ses ailes pour **voler**
et il est parti : il s'est **envolé.**
Les hirondelles voyagent très loin :
elles peuvent faire de longs **vols.**

voler
Philippe est bien ennuyé
parce qu'on lui a **volé** sa bicyclette :
quelqu'un la lui a prise, il ne l'a plus.
Les **voleurs** et les **voleuses**
prennent ce qui n'est pas à eux,
mais si les gendarmes les arrêtent,
ils les envoient en prison.
« Je t'ai pris ton crayon,
mais ce n'est pas un **vol** :
je te l'emprunte seulement,
je vais te le rendre tout de suite. »

volet
Le soir, Mamie ferme ses **volets** :
un **volet** est une sorte de petite porte
en bois ou en fer
qui protège les fenêtres la nuit,
ou l'été quand il y a beaucoup de soleil
et qu'on a trop chaud dans la maison.

vomir
Marc avait trop mangé et il a **vomi** :
tout ce qu'il avait avalé
est ressorti par sa bouche.
« Oh! je suis malade! dit Marc.
Donne-moi une cuvette
pour que je ne salisse pas tout
en **vomissant,**
si j'ai encore mal au cœur. »

vouloir
« Je **voudrais** bien sortir avec vous,
cela me ferait plaisir,
mais je **veux** d'abord finir mon travail :
j'ai décidé de le faire.
— Alors, tu le finiras sûrement :
quand on **veut** quelque chose, on le fait,
et tu as beaucoup de **volonté!**
— Tu te moques de moi,
mais je ne **t'en veux** pas pour cela :
je ne suis pas fâchée.
Venez me chercher quand vous **voudrez.**
Éric, s'il te plaît,
veux-tu me prêter ton dictionnaire?...
Il y a un mot difficile dans mon livre,
et je ne sais pas ce qu'il **veut dire** :
je ne le comprends pas. »

voyage
Cet été, nous partirons en **voyage** :
nous quitterons la maison
pour aller loin d'ici, à la mer,
à la montagne, dans d'autres villes.
Éric aime beaucoup **voyager** :
il prend le train, l'avion ou le bateau
pour voir des pays qu'il ne connaît pas.
Le mari de la voisine est souvent absent,
il est **voyageur de commerce** :
son travail, c'est de **voyager**
pour aller vendre des choses aux gens
dans les villes ou à la campagne.
Les personnes qui **voyagent**
sont des **voyageurs** et des **voyageuses**.
Connais-tu les **pigeons voyageurs**?
Ils peuvent voler très loin
et savent toujours retrouver leur chemin.

vrai
« Marc dit qu'il y a une lettre pour moi,
c'est **vrai**?
— Oui, il n'a pas menti : c'est la **vérité**.
— Et elle est **vraiment** pour moi?
— Bien sûr, il n'y a pas d'erreur,
ton nom est écrit dessus, regarde!
— Et dedans, il y a une fleur séchée,
pas une fleur en papier,
une **vraie** fleur! »

Ww
Xx

wagon
Ce train a beaucoup de **wagons**
attachés derrière la locomotive :
chaque **wagon** est une voiture du train;
il y a des **wagons** pour les voyageurs
et d'autres pour les marchandises.
On peut coucher dans le **wagon-lit**
et prendre ses repas au **wagon-restaurant**.
Dans les mines, on transporte le charbon
dans des **wagonnets** : des petits **wagons**
qui n'ont pas de toit.

week-end
Le samedi et le dimanche, on se repose,
c'est le **week-end** : la fin de la semaine.
Philippe est heureux parce qu'il s'en va
à la campagne pendant ces deux jours :
il part en **week-end** avec Isabelle.

xylophone
Arnaud sait jouer du **xylophone** :
c'est un instrument de musique
fait avec des planchettes très étroites
rangées les unes à côté des autres;
il y en a des courtes et des longues,
alors, quand on frappe dessus
avec des baguettes de bois,
elles donnent des sons différents.

Yy Zz

yaourt
Comme dessert,
je mange souvent un **yaourt**.
Le **yaourt** est fait avec du lait,
quelquefois parfumé avec de la vanille,
des fruits ou du caramel.
On achète le **yaourt** dans des petits pots
de verre, de carton ou de plastique.
Le **yaourt** s'appelle aussi du **yogourt**.

zèbre
Le **zèbre** ressemble à un petit cheval,
mais il a une fourrure rayée de blanc
et de noir, ou de jaune et de brun.
Il vit dans les pays chauds;
on dit qu'il court très vite.

zéro
Zéro est un chiffre
qui sert à écrire des nombres.
« Dix », ça s'écrit : **10** (un et **zéro**);
« vingt » : **20** (deux et **zéro**)...
Si j'ai **0** franc,
cela veut dire que je n'ai rien du tout!

zigzag
As-tu déjà vu un éclair pendant l'orage?
Il a la forme d'un **zigzag** :
c'est une ligne qui va brusquement
à droite, à gauche, à droite...
Une route en **zigzag**, c'est dangereux :
il y a beaucoup de virages.
Les gens qui boivent trop de vin
ne savent plus marcher droit :
ils vont d'un côté et de l'autre,
ils **zigzaguent**.

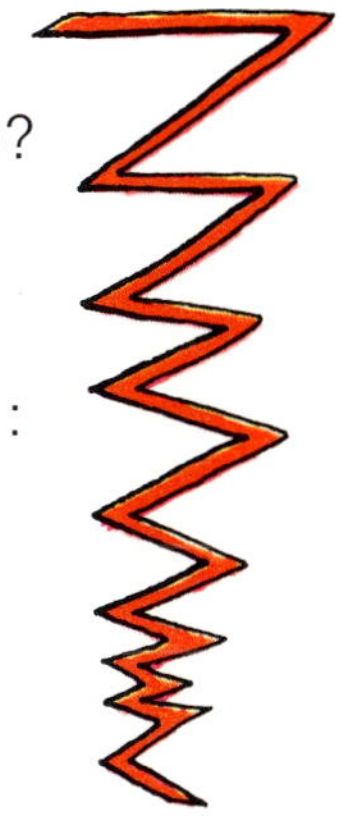

zoo
Un **zoo** est un endroit où on garde
des animaux sauvages : des tigres,
des lions, des ours, des singes...
Ils vivaient en liberté dans leur pays,
mais, au **zoo**, on les met parfois en cage
car on a peur qu'ils ne s'échappent.

Tout le monde se retrouve le mercredi.
Les uns apportent un ballon,
les autres une voiture ou **autre chose.**
Il ne faut pas **grand-chose**
pour s'amuser :
on peut jouer avec **n'importe quoi!**
Plusieurs sont assis dans un coin :
ils parlent de **je ne sais quoi,**
chacun donne son avis;
certains se taisent :
ils écoutent **tout** ce qu'on dit,
mais ils ne disent **rien.**
Le soir, **personne** n'a envie de rentrer.

Qui? Quoi?

« **Je** parle, **tu** répètes, **elle** raconte,
il murmure, **nous** causons,
vous bavardez, **elles** chuchotent,
ils expliquent.
— À qui parles-tu?
À **moi?** à **lui?** à **elle?**
— Ce n'est pas à **eux** que je parle,
c'est à **toi** : je **te** parle.
Tu **me** réponds, oui ou non?
— Attends, ils **s'**en vont,
je vais **leur** dire au revoir.
— Laisse-**les** partir. Asseyons-**nous** ici.
J'ai apporté des pommes, **en** veux-tu?
— Oui, donne **m'**en une rouge.
Les vertes ne sont pas mûres,
n'**y** touche pas.

— **Qui** veut venir avec moi?
— **Que** dit-elle?
— **Qu'**est-ce que c'est?
— À **quoi** voulez-vous jouer?
— Tiens, voilà la fille
dont tu parlais hier.
— **Laquelle? Quelle** fille?
— Celle **qui** est dans ta classe
et **que** tu aimes bien.

— Tu cherches quelqu'un, Christine?
— Non, j'ai perdu **quelque chose.**

— **Un** mouchoir? **Une** ceinture?
— **Du** chocolat? **des** images?
de l'argent? **de la** laine?
— **Le** chat de ta voisine?
— **Les** cornes de **la** lune?
— **L'**oiseau-qui-sait-tout?

— Non, **ce** n'est pas **ça,** ni **ceci** ni **cela.**
Celui qui trouvera **ce que** je cherche
aura **ces** deux bonbons-là :
celui-ci et **celui-là.**
— Et **cette** auto verte, qui l'aura?
— C'est **mon** auto, elle est à moi,
c'est la **mienne.**
Je te prêterai **mes** autos
et tu me prêteras les **tiennes.**
Ma sœur apportera **ses** jouets;
alors nous aurons les **siens,**
les **tiens** et les **miens.**
Et, comme **votre** maison
est plus grande que la **nôtre,**
Nathalie et Nicolas pourront
venir aussi avec **leurs** jeux. »

Où?

Christine a perdu quelque chose :
comment faire pour le retrouver?
« **Où** as-tu cherché, Christine?
Chez toi, à la maison?
Près de la maison
et **loin** de la maison?
Autour de la maison?
Dedans et **dehors?**
Devant la porte et **derrière** la porte?
Vers la fenêtre? **Contre** le mur?
En bas du placard?
En haut de l'armoire?
Au-dessus du buffet et **au-dessous?**
Sur la table et **sous** le lit?
À côté de la baignoire?
Parmi les jouets? **Entre** les livres?
Hors de la maison? **Dans** le jardin?
Au milieu du bassin?
Tout autour de la pelouse?
Au pied de l'arbre?
As-tu cherché **ici** et **là?**
De-ci de-là, par-ci par-là?
Là-bas? Là-haut? Là-dessous? Là-dedans?
Et **ailleurs** encore?
En d'autres endroits?
— J'ai cherché **partout,** dit Christine,
jusque dans la rue,
et je ne l'ai trouvé **nulle part.**
Il est pourtant **quelque part!**
Il **y** est sûrement... mais **où?**
Mais le **voici!** le **voilà!**
il était au fond de ma poche... »

Quand?

« **Quand** viens-tu nous voir?
Je t'ai attendu **avant-hier** et **hier.**
Et puis j'ai cru
que tu passerais **aujourd'hui,**
mais il est **déjà** midi...

— Je ne peux pas venir **maintenant;**
à présent, il est **trop tard.**
Mais je t'appellerai **bientôt,**
aussitôt que je pourrai,
dès que j'aurai un moment,
lorsque tout sera **enfin** arrangé...

— **Avant** les vacances,
tu m'avais promis de venir
sitôt que tu serais rentré
et, **depuis,** j'ai **souvent** pensé à toi.
Qu'as-tu fait **pendant** tout ce temps?
— Je te raconterai **plus tard...**
En ce moment, c'est difficile...
Je ne peux pas te parler **longtemps.**

— Qu'y a-t-il? Dis-le-moi **tout de suite!**
— Eh bien, **d'abord** Maman a décidé
de tout repeindre.
Alors on a poussé les meubles.
Ensuite mon petit frère a inondé
la salle de bains.
Après ça, la chatte a eu des petits,
puis, tout à coup,
il y a eu une panne d'électricité.
Il va arriver des gens **tout à l'heure** :
des amis que Papa a connus **autrefois,**
il y a longtemps.
Je ne sais **pas encore** combien de temps
ils resteront :
jusqu'à demain ou **après-demain!**
Mais appelle-moi **de temps en temps.**
Je suis **toujours** content de t'entendre... »

Comment?

« **Comment** vas-tu?
— Je vais **bien.**
Hier matin, tout allait **mal**
et, le soir, c'était encore **pis.**
Mais, maintenant, cela va **mieux.**
— **Comme** je suis content de te retrouver!
je viens **exprès** pour te voir.
— Ça tombe **pile!**
Je suis **tout à fait** libre aujourd'hui.
Ainsi, nous pouvons sortir **ensemble**
ou rester ici, **comme** tu voudras.
— **Au lieu de** sortir,
nous pourrions regarder la télévision.
— **Volontiers!**
je crois qu'il y a un bon film.
À propos, as-tu vu celui d'hier?
— Je ne l'ai pas vu **entièrement;**
je me suis couché plus tôt que
d'habitude.
Mais j'ai trouvé le début
plutôt ennuyeux
et j'en ai eu **vite** assez.
Je suis **pour** la télévision,
mais je suis **contre** les mauvais films.
— Moi, je n'ai rien vu :
nous étions **sans** électricité,
et le poste ne marche pas
avec une bougie! »

Combien?

« **Combien** en veux-tu?
Un **peu**, **beaucoup**, **pas du tout**?
— Donne m'en **peu**, **très peu**,
un tout petit peu, **à peine**.
— Tu n'as **guère** faim!
Tu n'as **presque** pas mangé.
— Moi, j'en veux bien **encore**.
— Tu en veux **plus**?
Davantage? **Tant** que cela?
— C'est **tellement** bon!
— Et tu es **si** gourmand!
Aussi gourmand que Sophie.
Tu as dévoré **autant** qu'elle.
— Mon assiette est **moins** grande.
J'en ai eu **moitié moins** que toi.
— **Que** de bonnes choses!
J'en ai croqué **pas mal**...
— Il y avait **à peu près**
trois douzaines de petits fours.
Ça fait **environ** quatre par personne.
— Moi j'en ai eu **seulement** trois!
— J'en ai **assez**. J'ai **trop** mangé.
Je n'ai **plus du tout** faim.
— Isabelle est **bien** gentille
de nous avoir tous invités.
Elle est **très** contente aussi :
elle a eu **tout plein** de baisers. »

Oui ou non?

« Viens-tu, **oui** ou **non**?
Tu **ne** veux **pas** venir?
Mais si, il faut **pourtant** rentrer.
Tu crois **peut-être** que je vais t'attendre?
Dépêche-toi, **sinon** je me fâche!
Si tu fais la mauvaise tête,
tu **n'**auras **ni** os **ni** sucre.
Tu t'en moques, **n'est-ce pas**?
pourvu que tu aies ta soupe!
...Bien!
D'ailleurs, tu as raison :
tu sais que je t'aime, **au fond**,
sauf quand tu cherches à me contrarier.
À moins que tu ne penses à rien du tout
mon vieux Tom! »

Pourquoi?

« **Pourquoi** chantes-tu?
— **À cause** du soleil,
parce qu'il fait beau.
— Mais **pourquoi faire**?
— **Pour** te répondre,
puisque tu m'écoutes.
J'aime chanter, **donc** je chante.
Je chante, **car** je suis un oiseau.
— Et **pourquoi donc**?
— Et **pourquoi pas**? »

**Étonnant,
terrible, bruyant?**

adieu!	flûte!
ah! oh!	hein?
aïe!	hourra!
allo!	hum!
attention!	ouf!
boum!	ouste!
bravo!	pan!
chut!	patatras!
crac!	pif! paf!
clic! clac!	salut!
eh bien!	stop!
flic! flac!	zut!

Et, en, de, par, pour?

Cette carotte est *à* moi!
Je vais *au* bois.
Et moi *à la* chasse *aux* papillons.
« Voyages *par* bateau — 2 F *par* personne
trois *pour* 5 F. »
A toi *pour* la vie!
*D'*où viens-tu? *De* l'école *des* lapins.
Je vais *en* ville, qui vient *en* voiture *avec* moi?

Roudoudou n'a pas *de* femme
il en fait une avec sa canne
il l'habille *en* feuilles de chou
voilà la femme à Roudoudou.

Toi *et* moi
deux *et* un font trois.

Dites-moi, que voulez-vous :
une chouette *ou* un hibou?

Les mots groupés par famille ne commencent pas forcément par la même lettre.
Quand il y a **voir** *entre deux mots, cela veut dire qu'ils ne sont pas de la même famille* (arachide **voir :** *cacahouète*).

si tu cherches :	regarde à :
accourir	courir
adresse	adroit
aérer, aérien, aérodrome	air
affamé	faim
agenouillé	genou
agir	action
à la fois	fois
aligner	ligne
allonger	long
amour, amoureux	aimer
an	année
antimite	mite
aplatir	plat
arachide	**voir :** *cacahouète*
au revoir	voir
auto-stop	stop
autrefois	fois
avant-hier	hier
baigner, baignoire	bain
basse-cour	cour
belle	beau
bracelet	bras
canne à sucre	sucre
carapace	**voir :** *tortue*
casse-noix	noix
cavalier	cheval
centimètre	mètre
chaleur	chaud
chasse-neige	neige
chauve-souris	souris
cirage, cire	cirer
clarté	clair
clin d'œil	œil
coloriage, colorier	couleur
combattant	battre
comique	comédie
compagne, compagnie	accompagner
compte-gouttes	goutte
confiance	confier
contredire	contraire, dire
contrepoison	poison
coquetier	coquille
correction	corriger
cosmonaute	**voir :** *astre*
coup d'œil	œil
coup de soleil	soleil
courant d'air	air
couture, couturière	coudre
couvercle	couvrir
couvert, couverture	couvrir
crayon	craie
creux	creuser
croiser	croix
cycliste	bicyclette

si tu cherches :	regarde à :
débarbouiller	barbouiller
déborder	bord
déboucher	boucher
décharger	charger
déchausser	chaussure
décoiffer	coiffer
décoller	coller
découdre	coudre
découpage	couper
décourager	courage
décrocher	accrocher
défaire	faire
déformer	forme
défraîchi	frais
dégonfler	gonfler
dégoûtant	goûter
démouler	moule
dénicher	nid
dénouer	nœud
dépanner	panne
dépeigner	peigne
déplacer	place
déplier	pli
déplumé	plume
déraciner	racine
dérailler	rail
dérouler	rouler
désagréable	agréable
déshabiller	habiller
désherber	herbe
désobéir	obéir
désordre	ordre
desserrer	serrer
déterrer	terre
dévisser	vis
détacher	attacher
disparaître	paraître
doré	or
écrémé	crème
élevage, élève	élever
éloigner	loin
émietter	mie
emmailloter	maille, maillot
emmancher	manche
empailler	paille
empaqueter	paquet
empiler	pile
empoisonner	poison
emprisonner	prison
encadrer	cadre
enchaîner	chaîne
endormir	dormir
enfermer	fermer
enfiler	fil
enfin	finir
enflammer	flamme
enjamber	jambe

si tu cherches :	regarde à :
enlaidir	laid
ennui	ennuyer
enrouler	rouler
ensoleillé	soleil
entasser	tas
enterrer	terre
entêté	tête
entraider	aider
entrecroiser	croix, croiser
entrouvrir	ouvrir
envoler	voler
essoufflé	souffler
éveillé	réveiller
éventail	vent
faïence	**voir :** *porcelaine*
fin	finir
flamber	flamme
folle	fou
forain	foire
force	fort
frayeur	effrayer
frictionner	frotter
frit, friture	frire
gare, garer	garage
gras, grasse	graisse
gril, griller	grille
guenon	**voir :** *singe*
hérisser	hérisson
horreur	horrible
humain	homme
illumination, illuminé	lumière
impatient	patient
impossible	possible
imprudent	prudent
incertain	certain
inconnu	connaître
incroyable	croire
indicateur, indiquer	index
infusion	**voir :** *tisane*
inhabité	habiter
injuste	juste
inséparable	séparer
inutile	utile
invisible	voir
irréparable	réparer
jambon	jambe
jet d'eau	jeter
joufflu	joue
jumelle	jumeau
jument	**voir :** *cheval*
lacté	lait
là-haut	haut

si tu cherches :	regarde à :
laisse	laisser
lampadaire, lampion	lampe
lavabo	laver
lecteur, lectrice, lecture	lire
lendemain	demain
liberté	libre
libraire, librairie	livre
machin	machine
maillot	maille
maladroit	adroit
malheureux	heureux
maligne	malin
malpropre	propre
maman	mère
manchette	manche
marché	marchand
maternelle	mère
mécontent	content
mensonge	mentir
mi-(chemin)	moitié
militaire	**voir :** *soldat*
mobilier	meuble
molle	mou
mort	mourir
mort-aux-rats	rat
morsure	mordre
moucher	mouchoir
muselière	museau
musicien	musique
naissance	naître
natation	nager
net	nettoyer
nichée, nicher	nid
nièce	neveu
nocturne	nuit
noisette	noix
nouer	nœud
nourrice, nourrisson	nourrir
oculiste	œil
ordonner	ordre
pacifique	paix
paie	payer
paisible	paix
pancarte	carte
panser	pansement
parasol	parapluie
parfois	fois
passage, passant	passer
pâté, pâtée	pâte
peignoir	peigne
peinture, peintre	peindre
penderie	pendre
perce-neige	neige
permission	permettre
piéton	pied

si tu cherches :	regarde à :
pistolet	**voir :** *revolver*
plaisanter	plaire
plaisir	plaire
pleurnicher	pleurer
plisser	plier
poème, poète	poésie
poignée, poignet	poing
portefeuille	porter
porte-plume	plume
poulain	**voir :** *cheval*
poussin	poule
prairie	pré
prénom	nom
profession	professeur
promesse	promettre
prouver	preuve
puiser	puits
quadrillé	carré
quartier	quart
quelquefois	fois
raccourcir	court
rafraîchir	frais
raie	rayer
rajeunir	jeune
ralentir	lent
ramollir	mou
rang	ranger
rapetisser	petit
rapiécer	pièce
rapporter	apporter
ratisser	râteau
rattacher	attacher
rebondir	bondir
réchauffer	chaud, chauffer
recommencer	commencer
reconduire	conduire
recoudre	coudre
recourbé	courber
recouvrir	couvrir
recracher	cracher
redescendre	descendre
redresser	dresser
réel	réaliser
refaire	faire
refroidir	froid
regonfler	gonfler
reine	roi
rejoindre	joindre
rembourrer	bourrer
remercier	merci
remplacer	place
rendez-vous	rendre
rentrée, rentrer	entrer
replier	plier
réponse	répondre
ressemeler	semelle
ressentir	sentir
retour	retourner

si tu cherches :	regarde à :
retrouver	trouver
revenir	venir
revoir	voir
rhume	enrhumer (s')
rivage, rive	rivière
rouleau, roulotte	rouler
rousse, roussir	roux
saigner	sang
saler	sel
sauterelle	sauter
savant	savoir
sciure	scie
sec	sécher
signal, signature	signe, signer
s'il te plaît	plaire
soin	soigner
son, sonnette	sonner
sous-sol	sol
suer	sueur
supermarché	marchand, marc
supporter	insupportable
surprise	surprendre
suspendu	pendre
tableau	table
taches de rousseur	roux
tailleur	tailler
tapage	taper
tartine	tarte
tiroir	tirer
tortiller	tordre
tourne-disque	tourner, disque
tournevis	vis
tout à coup	coup
toux	tousser
transformer	forme
transporter	porter
tricycle	bicyclette
trottoir	trotter
vélo	**voir :** *bicyclette*
velouté	velours
verdure	vert
vente	vendre
vérité	vrai
vie	vivre
vieillir	vieux
village	ville
vinaigre	vin
visible	voir
vitrail, vitrine	vitre
vivement	vif
volonté	vouloir
vue	voir
yeux	œil
zeste	**voir :** *citron*

G.E.A., via Assab, 1 – MILAN.
Achevé d'imprimer le 30-6-1980 pour France Loisirs. – Dépôt légal 1980-3e. – N° de Série Éditeur 5131.
Imprimé en Italie *(Printed in Italy)*. – 64156-6-80.

0 zéro
1 un
2 deux
3 trois
4 quatre
10 dix une dizaine
11 onze
12 douze une douzaine
13 treize
14 quatorze
15 quinze une quinzaine
20 vingt une vingtaine
21 vingt et un
22 vingt-deux
23 vingt-trois... etc.
30
trente = 10+10+10= trois fois dix=10×3
une trentaine
31 trente et un...
80 quatre-vingts
81 quatre-vingt-un...
90 quatre-vingt-dix...
Quand trois poules s'en vont aux champs
la première va devant
la seconde suit la première
la troisième va derrière
quand trois poules s'en vont aux champs
la première va devant.
100
cent = dix fois dix
une centaine
101 cent un...
110 cent dix...
120 cent vingt...
1000 mille = cent fois dix
un millier
1000000
un million = mille fois mille